Peter Honnen
Alles Kokolores?

W0085201

Eine Veröffentlichung des
LANDSCHAFTSVERBANDES RHEINLAND
Rheinische Landeskunde

Peter Honnen

Alles Kokolores?

Wörter und Wortgeschichten aus dem Rheinland

GREVEN VERLAG KÖLN

© Greven Verlag Köln, 2008
Dritte Auflage, 2009
www.Greven-Verlag. de
Lektorat und Satz: Michael Lauble, Billerbeck
Gesetzt aus der Palatino und der Folio
Umschlag: Thomas Neuhaus, Billerbeck
Druck und Bindung: Friedrich Pustet GmbH & Co. KG, Regensburg
Alle Rechte vorbehalten
ISBN 978-3-7743-0418-5

Inhalt

Vorwort

Nicht nur Wörter, auch Bücher haben eine Geschichte. Die von „Alles Kokolores?" ist fest verankert in der jahrzehntelangen Arbeit der Sprachabteilung der Rheinischen Landeskunde in Bonn. Denn schon immer haben die Sprachwissenschaftler des Landschaftsverbandes Rheinland Jagd auf besondere Wörter gemacht.

Am Anfang standen die Mundartwörter. Wenn heute das Rheinland eine der faszinierendsten Wörterbuchlandschaften ist, so ist das nicht nur ein Ergebnis der Sammelleidenschaft rheinischer Dialektsprecher und -sprecherinnen, sondern auch ein Erfolg der Beratungs- und Fördertätigkeit der Sprachabteilung in Bonn. Bei dieser Wörterbucharbeit ist schon früh die Vorliebe der Rheinländer für echte oder vermeintlich französische Lehnwörter aufgefallen. Auch der Leiter der Abteilung, Georg Cornelissen, hat ein Faible für diese Exoten und sich ihrer des Öfteren angenommen. Dieses Buch profitiert gleich mehrfach von seinen Arbeiten zu *Fisimatenten* oder *Tippo*.

Überhaupt Lieblingswörter. Die Rheinländer und Rheinländerinnen haben da ihre ganz eigenen Ansichten, wie eine Umfrage der Rheinischen Landeskunde in den frühen 1990er Jahren ergeben hat. Einige ihrer interessantesten Favoriten haben es deshalb auch in „Alles Kokolores?" geschafft. Ganz andere Wörter hat Peter Honnen 1998 in seiner Dokumentation „Geheimsprachen im Rheinland" erkundet. Es ist erstaunlich und immer noch kaum bekannt, wie stark das Leben in unserer Region einmal von Wanderhändlern und ihrem „Rotwelsch" genannten Wortschatz geprägt gewesen ist. Viele der nun hier gesammelten Wortgeschichten zeugen davon, wie präsent diese alten Geheimsprachen auch heute noch sind.

Durch den dramatischen Rückgang der Dialekte im Rheinland ist die regionale Umgangssprache zunehmend ins Visier der Sprachwissenschaftler gerückt. Die „Regiolekte" haben die alten Mundarten nahezu überall als allgemeine Alltagssprache abgelöst. Eine Teilmenge des regiolektalen Wortschatzes hat Peter

Honnen 2002 in dem Wörterbuch „Kappes, Knies und Klüngel"
erstmals vorgestellt. Darin sind die Mundartwörter versammelt,
die auch heute noch im sprachlichen Alltag zu hören sind, deren
Herkunft aber nur den wenigsten noch bewusst ist und über die
deshalb interessante Geschichten erzählt werden. Zwei der
schönsten Wortlegenden, zu *Kasalla* und zum *Ratsch im Kappes*,
sind der Redaktion vom Leser Hermann Müller aus Troisdorf
zugesandt worden.

„Kappes, Knies und Klüngel" war nur ein Anfang. Die
Sprachabteilung hat mittlerweile ein Projekt zur vollständigen
Erfassung der rheinischen Umgangssprache aufgelegt. Dieses
„Rheinische Mitmachwörterbuch" ist seit anderthalb Jahren im
Internet freigeschaltet und bereits auf über 6000 Einträge ange-
wachsen. Auch hier beschäftigen sich wieder viele Kommentare
mit der Geschichte und Herkunft einzelner Wörter. Grund
genug, diese interessanten Wortgeschichten in einem Buch zu
sammeln und zu kommentieren. „Alles Kokolores?" ist somit
direkt aus der jahrelangen Arbeit der Sprachwissenschaftler des
Landschaftsverbandes Rheinland erwachsen – und zeugt damit
nicht zuletzt auch vom Engagement der Rheinländer und Rheinländerinnen für ihre regionale Sprache. Dafür sei ihnen herzlich
gedankt.

Dank gilt auch den Mitarbeiterinnen der Sprachabteilung.
Mit Recherchearbeiten, dem Erstellen des Registers und mehrfa-
chem Korrekturlesen haben Erika Steinhausen, Janine Over-
mann, Clara Hedtrich und Stephanie Eumann ihren Teil zum
Gelingen des Projekts beigetragen.

Mir bleibt nur, allen Leserinnen und Lesern den gleichen
Spaß bei der Lektüre zu wünschen, den der Autor beim Sammeln der vielen Wortgeschichten hatte. Und auch diesmal ist
eine Fortsetzung schon fest geplant. Weitere Geschichten über
Wörter und ihre Geschichte wird man schon bald auf der Website der Rheinischen Landeskunde in Bonn finden.

Bonn, im Juli 2008 *Eckhard Bolenz*
Leiter der Rheinischen Landeskunde

Einleitung

1. Was sind Wortgeschichten?

1.1 Wortlegenden

Es gibt Wörter, die Geschichte machen, es gibt Geschichten über Wörter – und es gibt die Geschichte von Wörtern. Wörter, die Geschichte machten, interessieren hier eher weniger. Man begegnet ihnen in den einschlägigen Ranglisten zum jeweiligen Wort oder Unwort des Jahres oder in historischen Zeitschriften. Es sind Wörter wie Antibabypille, Blitzkrieg, Hippie, Single, Urknall, Ozonloch oder Peanuts, die alle eine Rolle in der Geschichte spielten, deren Wortgeschichte aber eigentlich wenig aufregend ist.

Es gibt aber auch Ausnahmen wie zum Beispiel das Wort okay. Das ist ein Wort, das Geschichte gemacht hat. Wie kein anderes steht es für die Amerikanisierung der deutschen Sprache. Anfangs begeistert aufgenommen als sprachlicher Ausweis des Modernseins und der Aufbruchstimmung, später Symbol der sprachlichen Überfremdung des Deutschen durch Anglizismen, erlebt okay heute eine atemberaubende Renaissance bei jüngeren Sprechern und Sprecherinnen. Gleichzeitig ist es aber auch das Wort, über das wohl die meisten Geschichten überhaupt erzählt werden. Mal soll es ein indianischer Gruß (okeh) sein, dann eine (falsche) Abkürzung für „all correct", oder die Abkürzung von „Old Kinderhook" (der Spitzname des Präsidenten Martin van Buren), ein Rum aus den Kolonien („aux cayes"), eine Kriegsmeldung (0 killed), eine Ableitung aus dem griechischen „ola kala" (alles schön) oder die Initialen von allen möglichen Leuten, die irgendwann mal irgendeine Sache mit ihrem Kürzel O.K. unterzeichneten.

Um die Wortgeschichte von okay ranken sich also ganz viele Geschichten – und um diese Geschichten über die Herkunft von Wörtern geht es unter anderem in diesem Buch. Solche Wortgeschichten sind oft phantasievolle, weit hergeholte, erfundene, phantastische oder bewusst irreführende Geschichten über die Geschichte eines Wortes, wie z. B. diese:

Wieso heißt der Amerikaner eigentlich Amerikaner? Gemeint sind hier natürlich nicht die männlichen Bewohner des gleichnamigen Kontinents, sondern die Ufo-förmigen Gebäckstücke, die man überall in Bäckereien kaufen kann. Die Antwort ist verblüffend: Ursprünglich hießen diese relativ trockenen *Teilchen*, wie man im Rheinland sagt, gar nicht Amerikaner. Ihre eigentliche Bezeichnung war „Ammoniumhydrogencarbonatikaner" oder später einfach „Ammoniakaner". Der seltsame Name war dem ausgiebigen Gebrauch eines ammoniumhaltigen Backtriebmittels geschuldet, dem das Gebäck beim Auskühlen einen etwas aufdringlichen Geruch verdankte. Später ist diese Bezeichnung dann zu „Amerikaner" verballhornt worden. Da die heute verwendeten Backpulver chemisch neutraler daherkommen, ist die eigentliche Wortgeschichte mittlerweile in Vergessenheit geraten.

Diese Amerikaner-Legende ist auf unzähligen Internetseiten, in Wörterbüchern und Zeitungen oder Zeitschriften nachzulesen. Sie wird also geglaubt und deshalb weitererzählt, an ihrem Inhalt wird offensichtlich nicht gezweifelt. Sie erscheint den Erzählern logisch und einleuchtend. Das ist sehr verwunderlich, denn eigentlich kann man sich doch nur verblüfft fragen, wieso sich überhaupt jemand vorstellen kann, dass irgendwann ein Bäcker eines seiner Erzeugnisse ernsthaft Ammoniumhydrogencarbonatikaner genannt haben sollte. Selbst in Zeiten, die weniger sensibel im Umgang mit Zusatzstoffen in Lebensmitteln waren, wäre diese Bezeichnung ein marketingtechnischer Super-Gau gewesen. Auch die abgeschwächte Variante Ammoniakaner hätte wohl nur Schnüffler zum Kauf animieren können.

Andererseits hat diese Wortlegende alles, was eine gute Geschichte haben muss. Sie macht einen alltäglichen Gegenstand besonders, sie hat eine überraschende Pointe, sie ist in sich schlüssig und bietet eine überzeugende Erklärung an: Sie ist offensichtlich interessanter als die naheliegende Deutung, die als nicht erzählenswert erscheint. Dass die Gebäckstücke wahrscheinlich nach ihren beiden alternierend weißen oder braunen Unterseiten benannt sind (weiße und schwarze Amerikaner), bietet keinen Stoff für eine Geschichte.

Damit ist ein wichtiges Prinzip vieler Wortlegenden benannt. Ein Wort ist umso interessanter, je fremdländischer oder abenteuerlicher seine Geschichte ist. Das gilt z. B. auch für das eigentlich unverdächtige „mutterseelenallein":

„Dass **mutterseelenallein** ein eingewandertes Wort ist, mag erstaunen. Mutter-seelen-allein: deutscher geht's doch nicht! Von Mutter und Vater, Gott und der Welt verlassen, sozusagen ein Superlativ der Einsamkeit. Und das bedeutet das Wort wohl, nur ist es eben nicht so urdeutsch, wie wir meinen, denn es kam folgendermaßen zustande: Am Anfang war da das französische ‚moi tout seul', (ich ganz allein). Dieses ‚moi tout seul' ergab in der phonetischen Eindeutschung zunächst ‚mutterseel'. Ein schönes Wort zwar, aber der Sinn war weg. Man fügt also den Sinn hinzu, ‚allein', und schuf das schöne deutsche ‚mutterseelenallein'."[1]

Auch diese Geschichte ist ein besonders gelungenes Beispiel für eine Wortlegende. Hier wird ein eigentlich einfaches und in seinen Bestandteilen durchaus nachvollziehbares Wort verrätselt. Wie die Erzählerin schreibt, ist das Wort einfach „zu deutsch", als dass dahinter nicht ein Geheimnis zu vermuten wäre. Dabei war die ‚Mutterseele' in der Bedeutung „Mensch" früher durchaus allgemeingebräuchlich, sodass sich „mutterseelenallein" ganz einfach erschließt als „von allen Menschen verlassen".[2] Dazu braucht es keine Ausflüge in fremde Sprachen.

Phantasievolle Ableitungen aus dem Französischen haben in diesem Zusammenhang durchaus Tradition, wie ein weiteres Beispiel zeigt: „Mit dem Wörtchen alle, etwa in dem Ausdruck ‚das Brot ist alle', kommen wir nach Berlin zurück. Die Anekdote erzählt, dass zwei hugenottische Schwestern, die in Berlin ihre Stickereien und Spitzen verkauften, ihren Kunden ‚c'est allé' sagten, ‚es ist (aus)gegangen', wenn etwas nicht mehr auf Lager war."[3] Auch an dieser Anekdote ist nichts Wahres dran. Das umgangssprachliche „alle sein" (leer, ausgegangen sein) ist ein simpler Konstruktionswechsel: Wenn die Kartoffeln im Keller alle verbraucht sind, dann sind sie eben alle.[4] Das ist an sich nicht erzählenswert, aber durch die hugenottischen Schwestern wird aus der einfachen Wortgeschichte eine richtige Erzählung. Auch das ist typisch für diese Gattung, denn häufig liest man von konkreten Personen oder Ereignissen, die der Ursprung eines Wortes sein sollen. Diese historische Verortung verschafft einer Wortlegende eine vertrauenswürdige Basis, die man von klassischen modernen Wanderlegenden auch kennt. Diese Großstadtmythen oder „urban legends" (Die Spinne in der Yuccapalme, der thailändische Rattenhund oder der Hunde fressende Wels) leben geradezu von der Versicherung, dass sich ein Ereignis nicht nur zugetragen hat, sondern an bekannten Orten von benennbaren Augenzeugen (Oma, Tante, Freund usw.) erlebt oder zumindest miterlebt wurde. Dasselbe findet man auch bei Wortgeschichten. So ist der berühmte freche oder stolze Oskar ein Wirt in Berlin (oder Dessau, Breslau...) oder der Berliner Kritiker Oskar Blumenthal (oder der Leipziger Messeverkäufer Oskar Seifert), der Most holende Barthel ein Wirt auf dem Messegelände oder der Bienenstich eine Erfindung eines Bäckers aus Andernach. Diese Geschichte geht so:

„In der Stadt Andernach am Rhein kennt jedes Kind die Geschichte. Angeblich wurde der Blechkuchen mit der süßen Creme vor über 500 Jahren erfunden. Im Jahr 1474 sollen die Linzer vom gegenüberliegenden Rheinufer sauer gewesen sein, weil der Kaiser ihnen ihre wichtigste Geldquelle, den Zoll für die Rheinschifffahrt, genommen hatte. Stattdessen bekam Andernach die begehrten Einnahmen. Nun waren die Andernacher dafür bekannt, dass sie abends gern lang feierten, dafür aber morgens erst spät von ihren Strohsäcken kamen. Man nannte sie deshalb auch die Andernacher ‚Siebenschläfer'. Deshalb rückten die Linzer im Morgengrauen zum Angriff gegen die Nachbarstadt aus. Der Sage nach wollten jedoch auch andere die Gunst der verschlafenen Stunde nutzen: Die beiden Andernacher Bäckerjungen Fränzje und Döres hatten nach dem Brotbacken noch Lust auf etwas Süßes. Deshalb kletterten sie auf die Stadtmauer, wo der Nachtwächter seine Bienenkörbe aufgestellt hatte. Wie erschraken die beiden Naschkatzen, sie vor den Toren der Stadt plötzlich Waffen klirren hörten. Geistesgegenwärtig warfen sie die Bienenkörbe auf die Angreifer. Man kann sich vorstellen, was Bienen im Inneren einer Ritterrüstung bewirken... Die Linzer nahmen schreiend Reißaus. Die beiden Bäckerjungen wurden natürlich nicht fürs Naschen geschimpft, sondern als Helden gefeiert. Zur Feier des Tages wünschten sie sich einen Kuchen – und der heißt nach diesem Ereignis ‚Bienenstich'."

Diese Geschichte könnte natürlich wahr sein, allerdings ist der Angriff der Linzer Neidhammel nirgendwo belegt. Das gilt auch für das Wort selbst. Wenn es schon im 15. Jahrhundert aufgekommen wäre, dann hätte es bestimmt irgendwo in irgendeinem Text Erwähnung gefunden. Tatsächlich sind der Kuchen und seine Bezeichnung aber erstmals um 1900 nachgewiesen. Diese lange Überlieferungslücke macht die Andernacher Legende eher unwahrscheinlich. Wahrscheinlich ist das Wort eine reine Phantasiebezeichnung und wegen der steifen Cremefüllung an den „Eierstich" angelehnt. Der „Stich" hat dann wohl das Bestimmungswort „Biene" provoziert.

Sehr oft sind auch Napoleon oder seine Soldaten „schuld", wenn es um auf den ersten Blick eher fremdländisch anmutende Wörter geht. Eine ganz typische Geschichte ist diese: „Tütebelle ist der Name eines Gasthofs bei Altena in Westfalen, der sicherlich über 200 Jahre alt ist. 1812 ließ Napoleon seine Truppen in den Russischen Feldzug marschieren, und der Weg dieser Truppen führte auch über das Rheinland und durch Teile Westfalens. Es waren französische Soldaten, die dem kleinen westfälischen Gasthof seinen Namen gaben – ursprünglich ‚toute est belle' (‚alles ist schön'). Unter der Feile westfälischer Zunge wurde mit der Zeit dann ‚Tütebelle' daraus. Wer sich das Ende des Russischen Feldzugs vor Augen führt, der weiß, dass es wohl Galgenhumor war, was die französischen Soldaten mit ‚toute est belle' ausdrückten."[5]

Auch diese Geschichte hat alle Ingredienzien einer klassischen Legende: Es geht um einen ganz bestimmten Ort, der historisch verbürgt ist und noch heute existiert; wenn auch nicht namentlich genannt, so agieren historisch verbürgte Personen (französische Soldaten der napoleonischen Armee), und schließlich macht die verblüffende Lautgleichheit die französische Abstammung mehr als glaubwürdig und die ganze Geschichte richtig schlüssig.

Leider ist *Tütebell* aber ein alter westfälischer Flurname, der schon lange vor dem Einmarsch französischer Truppen in Gebrauch war und nicht erst von Soldaten erfunden werden musste (ein *Tütebell* ist die mundartliche Bezeichnung für ein Hebenetz der Fischer, dessen Trapezform den Flurstücken den Namen gab). Die armen Franzosen waren also mit Sicherheit nicht die Urheber dieses lustigen Wortes. Diese Wortgeschichte ist nur eine von vielen, in denen die französischen Soldaten nicht nur für die Besetzung der deutschen Territorien, sondern auch für die Okkupation der deutschen Sprache verantwortlich gemacht werden. Dass die aber eigentlich immer unschuldig waren und angeblich französische Lehnwörter oft gar keine sind oder zumindest nicht aus der Franzosenzeit stammen, das wird in vielen Kapiteln dieses Buches offenbar.

Wie Wortgeschichten entstehen und welche Wirkung sie haben können, dafür ist die Kampagne um das „schönste deutsche Wort" ein beredtes Beispiel. Diesen vom deutschen Sprachrat und dem Goethe-Institut im Jahr 2004 ausgerufenen Wettbewerb gewann bekanntlich das Wort „Habseligkeiten", nicht zuletzt auf Grund der ein wenig poetischen aber auch einleuchtenden Begründung der Vorschlägerin: „Lexikalisch gesehen verbindet das Wort zwei Bereiche unseres Lebens, die entgegen gesetzter nicht sein könnten: das höchst weltliche Haben, d. h. den irdischen Besitz, und das höchste und im irdischen Leben unerreichbare Ziel des menschlichen Glücksstrebens: die Seligkeit."[6] Diese schöne Erklärung zerlegt das Wort also in die Bestandteile „Hab-Seligkeiten" und deutet es als „selig machenden Besitz". Sprachwissenschaftler würden diese Deutung des Wortes allerdings als „Volksetymologie" bezeichnen, da hier die wahren Wortelemente nicht erkannt und deshalb durch bekannte Wörter wie eben die „Seligkeit" ersetzt wurden. Die ist hier aber völlig fehl am Platze, denn wortgeschichtlich korrekt müsste man die Habseligkeit in Habsel-igkeit auftrennen. Der erste Bestandteil des Wortes ‚Habsel' bezeichnet nämlich die Gesamtheit dessen, was jemand hat, und gehört damit in eine Reihe mit Wörtern wie „Füllsel", „Geschreibsel", „Wechsel", aber auch „Trübsal", „Mühsal" oder „Schicksal". Zu diesem ‚Habsel' gehört dann ein Adjektiv ‚habselig', das wiederum die Grundlage für das schönste deutsche Wort bildete.[7] Diese Herleitung entspricht viel mehr der eigentlichen Bedeutung von Habseligkeiten (wertloser Besitz), wäre jedoch sicher nie Anlass zur Kür zum schönsten deutschen Wort geworden.

1.2 Volksetymologien und Rotwelsch

Solche Missverständnisse, Missdeutungen oder auch spaßige Umdeutungen sind häufig Anlass zu Volksetymologien[8] und Wortgeschichten. Berühmte Beispiele sind der Vielfraß, der seinen Ursprung im norwegischen Raubmarder „Fjellfross" hat, der eigentlich als „Bergkater" zu übersetzen wäre. Das gleiche gilt für den Maulwurf, der aus dem mittelhochdeutschen „moltwerf" entstanden ist, was „Erdwerfer" bedeutet, oder das Felleisen, das eigentlich aus dem mittellateinischen „valisia" hervorgegangen ist, womit die „Satteltasche" gemeint ist. Meist sind es solche Verballhornungen[9] fremder oder unbekannter Wörter, die die eigentliche Wortgeschichte verschleiern. Unsere Alltagssprache ist voll davon. Besonders die Übernahmen aus dem Rotwelschen oder dem Jüdisch-Deutschen, die sich auch in der Umgangssprache finden, sind dafür beredte Zeugen. Dabei ist es immer wieder verwunderlich, wie selbstverständlich diese oft seltsamen und eigentlich unsinnigen Wörter und Wendungen in der Alltagssprache benutzt werden. Niemand denkt sich etwas beim Pustekuchen und Kohldampf oder fragt, warum es „wie Hechtsuppe zieht", etwas „unter aller Sau" oder „Essig" ist, es „eine raue Menge", „Hals und Beinbruch" oder „frech wie Oskar" heißt. Und wieso weiß jemand, „wo Barthel den Most holt", oder weshalb zeigt ein anderer, „was eine Harke ist"?

Hinter all dem stecken interessante Wortgeschichten, wobei die besagte Harke sicherlich den ebenfalls sprichwörtlichen Vogel abschießt. Denn ihre Deutung führt so weit in die deutsche oder nordische Mythologie, wie es weiter eigentlich gar nicht mehr gehen kann. Dort geistert bekanntlich Frau Holle herum, die ein besonderes Auge auf die Mädchen und Frauen hat. Ihr ursprünglicher Name ist jedoch Frigga oder Freya, so etwas wie die germanische Obermuttergöttin, die unter sehr vielen Pseudonymen aufgetreten ist. Darunter findet sich auch der Name Harke. Und es verwundert nicht, dass selbige eine ihrer Insignien ist, mit der sie schon mal bei Unbotmäßigkeiten kräftig dazwischenfahren konnte.[10] Oft reichte es schon, ihre Harke nur vorzuzeigen, um die Gemüter wieder zu beruhigen – und um eine Redewendung zu generieren, die noch im 21. Jahrhundert geläufig ist. Wer nicht gar so weit in die Vorgeschichte zurückgehen will, kann sich an die Anekdote vom „ungeratenen Sohn" halten, die ihren Ursprung im 16. Jahrhundert hat: „Da ist die Rede von einem Bauernsohn, der, (hochnäsig) in seine Heimat zurückgekehrt (nachdem er wohl eine Lateinschule besucht hatte), vorgab, die Sprache seines Herkunftsortes nicht mehr zu kennen, nicht einmal die Bezeichnung für einfachste Gegenstände, wie eine ‚Harke'. Sein ‚Gedächtnis' kehrt aber schnell zurück, als er auf eine Harke tritt und er (am Kopf getroffen) ausruft: ‚Verfluchte Harke'." Diese kleine Erzählung wird im Übrigen, wie es sich für eine richtige Wortgeschichte gehört, meist einem realen Ort mit benennbaren Bewohnern zugeordnet. Bald ist es ein Bauernhof bei Hamburg, dann wieder eine kleine Kate in der Nähe von Stuttgart, die als Illustration für das Sprichwort „Hochmut kommt vor dem Fall" herhalten müssen.

In Berlin glaubt man diese Erklärung nicht, im Gegenteil beanspruchen die Einwohner der Hauptstadt wie so oft die Autorschaft in dieser Angelegenheit für sich selbst. Sie sehen die Geschichte ganz praktisch und eher unhistorisch und verweisen auf die außergewöhnliche Beliebtheit der Klein- oder Schrebergärten in ihrer Stadt. Deren Betreiber seien virtuose Artisten im Umgang mit Gartengerätschaften und hätten dem Unkraut schon immer mit der Harke gedroht. Eine solche Feld-Wald-Wiesen-Erklärung befriedigt natürlich nicht, aber sie ist ein weiterer Beleg für das Bestreben, die Entstehung von Wörtern und Redewendungen konkret zu verorten und wirklichen Menschen zuzuordnen. Dass die Berliner und Berlinerinnen sich selbst hier als besonders phantasievolle „Worterfinder" sehen, verwundert eigentlich nicht. Metropolen und deren Sprachen sind immer dominant, und Sprachentwicklungen, die die Umgangssprache betreffen, nehmen oft von hier aus ihren Weg in die sprachliche Provinz. Das gilt im Rheinland ganz genau so. Hier ist es Köln und sind es die Kölner und Kölnerinnen, die sich für die Urheber sehr vieler origineller Wortschöpfungen der Umgangssprache halten. Ob zu Recht oder Unrecht, darüber klärt das vorliegende Buch in vielen Fällen auf.

Berlin (wie auch Köln) war als Großstadt immer schon ein Schmelztiegel. Hier traf sich nicht nur die große Welt, sondern hier war auch das Zentrum des Kleinhandels und Wandergewerbes, hier trafen zwielichtige Gestalten nachts in Kneipen auf abenteuerlustige Studenten. Auch das hatte Auswirkungen auf die Umgangssprache. Das Rotwelsche, die alte „Sprache" der sozialen Außenseiter und sogenannten Gauner, drang über die Schüler-, Studenten- und Marktsprachen in den sprachlichen Alltag ein – und über das Rotwelsche wurden auch viele jüdisch-deutsche Wörter heimisch, wenn sie nicht von den vielen jüdischen Bürgern in Berlin auf direktem Wege vermittelt wurden. Die meisten dieser Lehnwörter sind leicht zu erkennen und werden noch heute benutzt: *malochen, schnorren, kess, Kluft, Knast, Mackes* (etwas *mit Mackes tun*), *Mischpoke, Moos, Pleite, Reibach, Schmus* oder *Kittchen*. Andere wiederum sind nicht so leicht zu entschlüsseln, weil sich die des Rotwelschen oder Jüdisch-Deutschen unkundigen Berliner ihren eigenen Reim auf manche Wörter oder Wendungen gemacht und unverständliche oder „seltsam" lautende Wörter kurzerhand ihrer eigenen Sprache angepasst haben. Eine solche Verballhornung könnte auch bei der ominösen Harke vorliegen. Dann ginge es hier gar nicht um ein Gartengerät, sondern um das jüdisch-deutsche Wort „harigo", das „Totschlag" oder „Mord" bedeutet. Somit erhielte die Drohung, jemandem zu zeigen, *was eine Harke ist*, einen ganz anderen Unterton.

Ob die Berliner aber tatsächlich hier einfach ein unbekanntes Wort verballhornt haben, kann nicht mit Sicherheit behauptet werden. Immerhin ist die Redewendung in niederdeutscher Literatur schon seit dem 17. Jahrhundert belegt, und solcher Art Sprachspielereien können immer nur angenommen, aber nie schlüssig bewiesen werden. Das gilt auch für den *Pustekuchen*, den *frechen Oskar*, die *Sauregurkenzeit* oder die Wendungen *Hals und Beinbruch* und *unter aller Sau*. Bei allen diesen Beispielen vermutet man einen jüdisch-deutschen oder rotwelschen Hintergrund. So hat die *Sauregurkenzeit* vielleicht gar nichts mit dem Gemüse zu tun, sondern geht auf das jüdisch-deutsche Wort „jokreszeit" zurück, das für die „Zeit der Leiden und der Trennung" steht. Daraus wurde ein Scherzwort der Berliner Kaufleute für die geschäftsruhige Zeit im Sommer, das später zu einem Fachwort der Journalisten für das stoffarme „Sommerloch" mutierte. [11]

Auch der *Pustekuchen* ist gar keiner, sondern ebenfalls so etwas wie eine volksetymologische Umdeutung eines ursprünglich hebräischen Wortes. Schon die umgangssprachliche Wendung *Ja, Kuchen* für *Denkste* geht auf „chochem" (klug, wissend) zurück. Der *Pustekuchen* ist eine „Verdeutschung" des genauen Gegenteils „poschut chochem", was „wenig klug, dumm" bedeutet.[12] Beim *frechen Oskar* meinen dagegen viele das historische Vorbild für die Redewendung zu kennen. Die einen führen sie auf den Berliner Theaterkritiker Oskar Blumenthal zurück, der für seine Streitsucht besonders gefürchtet war. Andere bringen den Leipziger Jahrmarktschreier Oskar Seifert ins Spiel, der für seine derben Sprüche berüchtigt war. Wahrscheinlich haben aber beide nicht recht, weil auch hier wohl ein jüdisch-deutsches Wort die Folie abgegeben hat. „Ossik" bedeutet „frech", womit der Spruch eigentlich eine Wendung ins Tautologische bekommt. Man könnte ihn mit „frecher als frech", also „besonders frech" übersetzen.

Das Wissen um die lustige Verballhornung der jüdisch-deutschen Segensformel „hazloche we broche" (Glück und Segen) in *Hals und Beinbruch* ist dagegen mittlerweile alltagssprachliches Gemeingut, auch wenn sich die Sprachwissenschaftler noch gar nicht so sicher sind, dass diese Herleitung überhaupt stimmt, denn es könnte sich hier genau so gut um eine abergläubische Formel handeln, die nur zufällig lautliche Ähnlichkeit mit der aus dem Hebräischen stammenden Wendung aufweist.[13] Das ist bei *unter aller Sau* auch so. Warum etwas, über das man sich ärgert (*Ich finde dein Verhalten unter aller Sau!*), mit dem armen Schwein zu tun haben soll, leuchtet nun wirklich nicht ein. Da erscheint die Ableitung aus dem jüdisch-deutschen „seo/ssea" (Maß, Maßstab) durchaus glaubhaft[14], denn daraus ließe sich eine ursprüngliche Bedeutung „untermaßig sein" rekonstruieren, die sehr gut die Folie für unsere umgangssprachliche Wendung abgegeben haben könnte. Unfaire Vergleiche mit der Tierwelt sind im Übrigen in der Alltagssprache nicht eben selten (einen Vogel haben, feige Ratte usw.); dass sie oft gar nichts mit der Fauna zu tun haben, davon zeugt auch ein schönes Beispiel in diesem Buch.

Die vielen echten oder auch vermeintlichen Entlehnungen aus dem Jüdisch-Deutschen und Rotwelschen zeigen anschaulich, aus welch vielfältigen und interessanten Quellen sich die Alltagssprache speist und wie phantasievoll und oft spielerisch die Sprecherinnen und Sprecher mit diesen Einflüssen umgehen.

Das gilt genauso für die rheinische Umgangssprache, auch hier gibt es nicht nur die leicht zu erkennenden Entlehnungen wie *baldowern, pennen, Platte machen, für lau, Ische* oder *Schickse*, sondern auch die versteckten, erst auf den zweiten oder gar dritten Blick zu findenden rotwelschen Wurzeln in eher unverdächtigen Wörtern. Bei der Suche nach ihnen wird man in diesem Wörter-Buch fündig.

1.3 Die Franzosenzeit

Wie schon die wenigen einleitenden Beispiele gezeigt haben, spielt die „Franzosenzeit" nicht nur in rheinischen Wortgeschichten eine große Rolle. Es ist eine beliebte volksetymologische Praxis, umgangssprachliche Wörter auf französische Wurzeln zurückzuführen. Die landeskundliche Literatur im Rheinland ist voll mit Wortsammlungen, die französische oder vermeintlich französische Lehnwörter in den regionalen Mundarten auflisten.[15] Dabei schwingt oft eine Art Stolz auf diesen besonderen Wortschatz mit, der die Dialekte für die Autoren erst interessant zu machen scheint. Das ist in Zeiten, in denen ständig vor der sprachlichen Überfremdung des Deutschen durch Anglizismen und vor allem Amerikanismen gewarnt wird, wahrlich bemerkenswert. Offenbar werden französische Einflüsse in der eigenen Sprache nicht als Bedrohung oder gar Verfremdung aufgefasst, sondern eher als Bereicherung. Von Sprachpurismus ist hier nichts zu spüren.

Noch mehr verblüfft, dass dabei regelmäßig auf die sogenannte Franzosenzeit verwiesen wird, die in diesem Zusammenhang als eine Phase intensiven sprachlichen Kontakts erscheint, die viel zum sprachlichen und damit auch kulturellen Austausch zwischen den beiden Nachbarn beigetragen hat. Als Franzosenzeit wird im Rheinland die französische Herrschaft unter Napoleon in den Jahren 1794 bis 1814 bezeichnet. Diese wird hier heute offensichtlich weniger als Besatzungszeit begriffen denn als eine historische Periode, die im Rheinland durchaus positive Spuren hinterlassen hat. Hier scheint noch etwas von der Begeisterung zu spüren zu sein, mit der die Kölner seinerzeit die französischen Truppen empfingen. Kölner gelten hierzulande ja auch

„als traditionell eher frankophil"[16], was auch die folgende Wanderlegende auf das Schönste unterstreicht: Als im Mai 1804 der Besuch des frischgebackenen französischen Kaiserpaars anstand, waren die Bewohner der rheinischen Metropole durchaus bereit, Napoleon und seine Gattin gebührend zu empfangen. Die Stadt wurde prächtig herausgeputzt und ein umfangreiches Programm vorbereitet. Allerdings machten das ungewohnte Französische und der geforderte Ausruf „Vive l'empereur" (Es lebe der Kaiser) verständliche Schwierigkeiten. Um den Kindern die richtige Aussprache beizubringen, erklärte ihnen ein Lehrer kurzerhand: „Das Wort habt ihr im Kölschen doch auch, ruft einfach *Lamperühr*! Aus dem Kaiser wurde so ein Lampenrohr."[17]

Dass diese Geschichte allerdings wirklich eine „urban legend", also eine moderne städtische Sage ist, belegt eine Variante, die man sich im niederländischen Groningen erzählt. Als nämlich Napoleon dort den kleinen Ort Ekamp besuchen wollte, bereitete der örtliche Lehrer seine Schüler ebenfalls auf den Jubelruf „Vive l'empereur" vor, „indem er sie auf die Dialektwörter *ool Wieven* (alte Frauen), *Troonlampe* (Tranlampe) und *Piepenröhr* (Pfeifenrohr) hinwies. Sie sollten nur von jedem der drei den jeweils letzten Bestandteil nehmen; dann komme *Wieve-Lampe-Röhr* dabei heraus." Als Napoleon aber leicht verspätet einige Wochen danach tatsächlich kam, sollen die Ekamper sich nicht mehr genau an diese Eselsbrücke erinnern und ihn mit *Oole Troonpiepe* (alte Tranpfeife) begrüßt haben.[18] In Deventer, einem anderen niederländischen Ort, erzählt man sich eine Variante mit *Vive de Lamme en sein Bröhr* (Es lebe der Lahme und sein Bruder).[19]

Diese Wanderlegende zeigt im Übrigen, dass nicht nur Rheinländer und Rheinländerinnen gerne Wortgeschichten aus der Franzosenzeit erzählen, sondern auch die Niederländer davon einen reichen Fundus haben. In ihrer Napoleonbegeisterung und ihrer Überschätzung der Bedeutung der Franzosenzeit für die Umgangssprache unterscheiden sie sich nicht von ihren deutschen Nachbarn. Denn von der Sprachwissenschaft ist der angebliche napoleonische Einfluss auf die Sprache im Rheinland längst auch als Legende entlarvt worden. Es gilt vielmehr als erwiesen, dass die napoleonische Besatzung kaum Spuren im

Deutschen Sprachraum hinterlassen hat. Man kann sogar behaupten: „Die Franzosenzeit fand im Rheinland weitgehend unter Ausschluss der Franzosen statt, die sprachliche Französisierung war an dem weitaus größten Teil der Bevölkerung spurlos vorübergegangen."[20] Zwar gab es eine aktive französische Sprachpolitik, doch wirkte sie sich auf den größten Teil der Bevölkerung kaum aus. Französisch war und blieb die Sprache der Verwaltung, selbst der angeordnete Französischunterricht fand nur selten statt und hatte wohl auch nur wenig Erfolg. Die „normale" Bevölkerung kam mit der französischen Sprache nur selten in direkten Kontakt.

Das heißt wiederum nicht, dass es keine französischen Lehnwörter im Deutschen gibt. Das Gegenteil ist der Fall. Im Hochdeutschen geht man von etwa 2000 Wörtern aus, die einen französischen Ursprung haben. Viele davon kann nur der Fachmann erkennen: Kordel, kosten, Lampe, Latz, Lupe, matt, Miene, nett, nobel, Nippes, prüde, rollen oder sogar turnen (das der berühmte Turnvater Jahn aus dem Wort Turnier bildete).[21] Im großen Rheinischen Wörterbuch hat man sogar über 7000 romanische Lehnwörter gezählt[22] (wobei hier die Wörter lateinischer Abstammung mitgerechnet wurden) und selbst im „Neuen Kölnischen Sprachschatz" von Adam Wrede sind rund 500 kölnische Wörter französischen Ursprungs verzeichnet.[23] Viele davon sind mittlerweile veraltet, etwa *Kundewitt* (Betragen, aus französisch „conduite") oder *Tipesch* (Depesche), andere sind im rheinischen Alltag auch heute noch durchaus gebräuchlich: *Friko* (widerliche Person), *Filu, Ottekolong, Kamesol, Plümmo, Schavu* (Wirsing), *blümerant, Lamäng, kötte* (betteln), *Klür/Klör* (Farbe), *Bajasch, Trottewar* oder *Paraplü*. Allen ist jedoch gemeinsam, dass sie nicht während der Franzosenzeit im Rheinland heimisch geworden sind, sondern schon im 17. und 18. Jahrhundert als Lehnwörter nachgewiesen werden können. Das Französische hatte seit dem Mittelalter, als die höfische Kultur in Frankreich zum Vorbild wurde, immer einen großen Einfluss auf die deutsche Sprache, zur Zeit des französischen Absolutismus wurde es in der feinen Gesellschaft und bei denen, die dazu gehören wollten, einfach à la mode, in die Unterhaltung Französisches einfließen zu lassen. Selbst französische Zeitungen gab es in dieser Zeit in Köln. Das alles hat natürlich auch Spuren in der

Alltagssprache der „einfachen" Leute hinterlassen, die viele Wörter aufschnappten und in ihren Dialekt integrierten – und darauf noch heute stolz sind.

Als die französischen Besetzer ins Rheinland kamen, konnten sie sich also durchaus mit vielen Rheinländern verständigen, sprachliche Spuren konnten sie jedoch in den zwanzig Jahren ihrer Herrschaft kaum hinterlassen. Selbst das kölnische *Tippo* für „Quartier, Gefängnis", das als eines der wenigen Lehnwörter aus der Franzosenzeit gilt[24], scheint älteren Ursprungs zu sein. Es leitet sich zwar aus dem französischen „dépôt" ab, die Schreibung des rheinischen Erstbelegs „tipbo" deutet jedoch auf eine frühere Entlehnungszeit[25]. Doch auch wenn die napoleonischen Soldaten wenig Gelegenheit zu eingehenderen Gesprächen mit der einheimischen Bevölkerung hatten, so haben sie doch einen tiefen Eindruck gemacht. Was man ihnen alles zugetraut und in die Schuhe geschoben hat, kann man in vielen Kapiteln dieses Buches (*Fisematenten, Pumpernickel, Muckefuck, Fisternöll* usw.) nachlesen.

2. Was sind rheinische Wortgeschichten?

„Rheinisch" ist ein schillernder Begriff. Hier wird er kurzerhand und ohne weitere Problematisierung sehr weit ausgelegt. Rheinisch bezieht sich in diesem Wörter-Buch sowohl auf das geographische als auch das sprachliche Rheinland. Es reicht – und hiermit werden alle hegemonialen Ansprüche „echter" Rheinländer wohlwollend ignoriert – von den westfälischen Randgebieten im Norden und Osten bis hinunter zur Nahe. Die Menschen in dieser Region sprechen deshalb definitionsgemäß rheinisch. Damit ist die regional geprägte Sprache gemeint, sei es die Umgangssprache oder ein rheinischer Ortsdialekt.

Da nur noch die wenigsten Rheinländerinnen und Rheinländer Mundart sprechen [26], hört man im Alltag in aller Regel nur noch die mehr oder weniger dialektal verankerte Umgangssprache. Typisch für diese Sprachlage sind Sätze wie: *Komm effkes rüber. Für dat Essen aus de Pommesbude bin ich fies. Erzähl doch nich son Kappes. Ich hab Knies mitte Nachbarn. Sie hat ihre liebe Last mitte Blagen. Der is schon den ganzen Tach im Garten am brasseln.* Dies ist kein falsches Deutsch, sondern ein Konglomerat aus sprechsprachlichen Erscheinungen sowie grammatischen Reliktformen und Wörtern aus den rheinischen Dialekten. So spricht man im Rheinland, wenn man unter sich ist, beim Einkaufen, in der Kneipe oder mit Freunden. Nur die wenigsten – genau wie in Bayern oder Sachsen – sprechen im Alltag gestochenes Hochdeutsch, wenn es nicht unbedingt sein muss.

Dieser Sprachschicht entstammen auch die meisten der hier besprochenen Wörter und Wendungen: *Kuck ma, wie der aussieht, man meint, der wär am* **abnibbeln**. *Mach doch nich son* **Buhei** *um son bisken Geld. Der fährt hier mit sein Mercedes wie* **Graf Koks** *durch de Siedlung. Immer son* **Heckmeck**, *wenn die Besuch kriegen. Wat is dat fürn* **Kokelores**, *dat glaubs de doch selbs nich. Die sind den Jung immer nur am* **piesacken** *in der Schule. Der hat doch en* **Ratsch im Kappes**, *hier so um die Ecke zu rasen. Die Blagen sind im Zoo* **verschütt** *gegangen, wir ham die stundenlang gesucht. Die* **Zimtzicke** *von gegenüber hat schon wieder gemeckert.* Solche Wörter kann man nicht nur im Rheinland an jeder Ecke hören, sie sind typisch für den umgangssprachlichen Wortschatz. Obwohl man sie teilweise auch schon in Wörterbüchern zur Standardsprache findet, zeichnet sie eines aus: Sie werden zwar häufig benutzt, aber eigentlich nie geschrieben. Sie gehören eindeutig zur Sphäre der gesprochen Sprache.

Das macht sie für Wortgeschichten einerseits interessant, andererseits aber bei Etymologen unbeliebt. Will man nämlich die Geschichte eines Wortes erforschen, benötigt man Informationen über eben diese. Man sucht nach früheren oder gar frühesten Belegen, man wertet entsprechende schriftliche Quellen aus und erforscht möglichen Bedeutungswandel sowie das regionale Vorkommen. Man ist also auf die schriftliche Überlieferung angewiesen – und genau die fehlt bei Wörtern, die ausschließlich der gesprochenen Sprache angehören. Damit ist auch der Grund benannt, weshalb es sich so schön über *Fisematenten*, *Fisternöll* oder den *lieben Scholli* spekulieren lässt. Da es kaum gesicherte Nachweise über die Entstehung dieser Wörter gibt, können selbst phantastische Wortgeschichten oft nur schwer widerlegt werden. Die Sprachwissenschaft muss hier den mühsamen und nicht immer erfolgreichen Weg *über die Dörfer* gehen. Es gilt dabei herauszufinden, wo ein Wort mit welcher Bedeu-

tung gebraucht wird. Damit könnte das mögliche Entstehungs-
gebiet eingekreist werden. Dann heißt es, in regionaler oder
örtlicher Literatur nachzuforschen, ob das Wort eventuell in den
dortigen Dialekten verankert ist. Ortsmundartwörterbücher und
vor allem die großlandschaftlichen Dialektdokumentationen, die
auch historisches Material verarbeiten, sind hier unverzichtbare
Hilfsmittel. Aber bei aller Mühe lassen sich nicht alle Wörter die
Geheimnisse ihrer Entstehung entreißen.

Dazu ist die die rheinische Umgangssprache zu bunt und
vielschichtig. Sie speist sich aus zu vielen unterschiedlichen
Quellen, als dass eine völlige Entschlüsselung möglich wäre. Da
sind einmal die Wörter, die nicht auf das Rheinland beschränkt
sind, sondern auch in anderen Regionen im sprachlichen Alltag
benutzt werden. Dazu gehören *aufdonnern, belämmert, Bollerwagen, bräsig, Heckmeck, Kaventsmann, Kohldampf, petzen, paletti,
Plätzchen, Schmant, Spekulatius* oder *versifft*. Nicht immer gelingt
es, solche Wörter einer „Ursprungsregion" zuzuordnen. Bei
anderen dagegen ist die Sache eindeutig: *Baselümpche, Drickes,
Fisternöll, Hippeland, Kabänes, Klüngel, Köbes, Pimpernellen, putekrämpig, Schäl Sick, Schmitz Backes* oder *Schottelplack* gehen auf
rheinische Mundarten zurück und können nur im Rheinland
entstanden sein (wobei hier, wie gesagt, großzügig Teile der
angrenzenden Dialekträume wie das Pfälzische, Westfälische
oder Limburgische jenseits der Staatsgrenze dazu gerechnet
werden). Bei anderen wiederum streiten sich gleich mehrere
Regionen um die Urheberschaft: *blümerant, Bollerwagen, Buhei,
Fisematenten, Heiermann, Kaventsmann* oder *Muckefuck*.

Rheinische Wortgeschichten sind in diesem Wörter-Buch also Geschichten über Wörter, die in der rheinischen Umgangssprache vorkommen. Sie müssen nicht rheinischen Ursprungs,
aber hiesigen Sprechern und Sprecherinnen geläufig sein. Sie
rechnen nicht zum Standardwortschatz, sondern finden sich nur
in der gesprochenen Sprache. Sie können der tiefsten rheinischen
Mundartschicht angehören wie *Schottelplack, putekrämpig, fuckackig* oder *mönkskesmaß*, regiolektalen Ursprungs sein, das sind in
der regionalen Umgangssprache auch heute noch gebräuchliche
rheinische Mundartwörter wie *Ömmes, usselig* oder *Kabänes*, aus
überregionalen Mundarten stammen wie *Heckmeck, piesacken* und
klamüsern, moderne regionale Wortschöpfungen sein wie *Kasalla,*

Pinörkel, Graf Koks, Paselacken und *Seeger,* oder auch einer der vielen Ebenen der allgemeinen Umgangssprache angehören: *funzen, Kohldampf, Heiopei, paletti* und *Mein lieber Scholli.*

Viele der hier erzählten Geschichten sind also nicht exklusiv rheinisch, haben aber immer mit der Alltagssprache der hier lebenden Menschen zu tun. Einige „echt" rheinische Wortge-schichten können auch gar nicht mehr erzählt werden, weil sie nur kleinräumige Varianten betreffen, die heute kaum noch bekannt sind. Das zentralrheinische Mundartwort *Piterzelije* wäre zum Beispiel deshalb zu erwähnen, weil hier in Analogie zum Personennamen „Peter" aus dem zweiten Wortbestandteil im lateinischen Vorbild „Petrosilium" kurzerhand der Frauenname „Cäcilie" wird (im Kölschen *Zilije*). Oder aus dem Anisbrot hat man in Köln einfach das *Angeniesbrot* (zum Personennamen „Agnes") gemacht. Früher war die Kartoffelsorte „Magnum bonum" im Rheinland sehr beliebt. Weil sie auch auf wenig ergiebigen Böden wuchs, hieß sie überall nur *Magere Bonne* oder *Mangelbonne.*[27] Auch Ortsnamen können Anlass zu Wortlegen-den sein. Man denke nur an Ürdingen (*dat is üer Dinge*), Zons (*kommt ze ons*), den Bonner Stadtteil Endenich (*hier enden isch*) oder die berühmte Ratinger Straße in der Düsseldorfer Altstadt, die bei den alteingesessenen Düsseldorfern nur *Retematäng* heißt. Das geht natürlich auf Napoleon persönlich zurück, der die Straße bei guter Laune in der Morgensonne kennen lernte und sie deshalb „rue de matin" (Straße des Morgens) taufte, weil, wie die Düsseldorfer glauben, da schon über zwanzig Kneipen geöffnet hatten. Da sieht man wieder: Im Rheinland landet man irgendwie immer bei Napoleon.

Zum Schluss

Diese Sammlung ist noch lange nicht abgeschlossen, sie ist erst ein Anfang. Deshalb freut sich die Sprachabteilung in der Rheinischen Landeskunde auf weitere Wortgeschichten von Lesern oder Leserinnen, über Ergänzungen oder Korrekturen. Wie beim Regionalwörterbuch „Kappes, Knies und Klüngel" ist auch hier daran gedacht, neue Wortgeschichten in eine offene Internetdatei einzustellen. Das „Rheinische Mitmachwörterbuch", das aus diesem Regionalwörterbuch hervorgegangen ist, wächst ständig und ist bereits jetzt eine umfangreiche Dokumentation. Genau so soll ein „Rheinisches etymologisches Wörterbuch" entstehen, in dem prächtig über die Geschichte umgangssprachlicher Wörter spekuliert werden kann, in dem aber auch und vor allem interessante Wortlegenden gesammelt werden. Deshalb zum Abschluss die Bitte: Falls Sie sich für die rheinische Umgangssprache interessieren, wenn Sie interessante Wortgeschichten kennen oder Informationen über die Herkunft von „rheinischen" Wörtern haben, dann wenden Sie sich an die „Rheinische Landeskunde", eine Kulturdienststelle des Landschaftsverbandes Rheinland (www.rheinische-landeskunde.lvr.de). Das „Rheinische Mitmachwörterbuch" finden Sie unter: www.mitmachwörterbuch.lvr.de.

Anmerkungen

1. Legros 15.
2. Duden Etymologie 547, Kluge 640.
3. Legros 17.
4. Kluge 31.
5. Braun Wörter 51.
6. Zitiert nach der Süddeutschen Zeitung vom 5./6. November 2004 Kultur.
7. Ebenda, Kluge 381.
8. Der Begriff „Volksetymologie" wird hier in einer verallgemeinernden Bedeutung verwendet.
9. „Die Wendung bezieht sich auf den Lübecker Buchdrucker Johann Balhorn d. J., bei dem 1586 das alte lübische Recht von einem ungenannten Bearbeiter in unzulänglicher Form ins Hochdeutsche übersetzt und zum ersten Mal im Druck erschienen war. Die Ausgabe hieß danach Editio Balhorniana und wurde als Beispiel für wohlgemeinte Verstümmelungen zum Anlass für balhornisieren und verballhornen." (Kluge 950).
10. www.fbls.uni-hannover.de/sdls/schlobi/berlinisch/lexikon/ a_to_z/h.htm.
11. Čircić 133.
12. Gutknecht 180.
13. Trübner 3/298.

14. Röhrich 3/1285.
15. Siehe dazu den Aufsatz von Eva-Maria Schmitt.
16. Greive 72.
17. Diese Geschichte wird von dem bekannten kölnischen Mundartdichter Albert Vogt alias B. Gravelott erzählt; zitiert nach: Cornelissen Rheinländer.
18. Siehe ebenda; auch: archiver.rootsweb.ancestry.com/th/read/GEN-BENELUX/2001-11/1005829268.
19. Cornelissen Rheinländer.
20. Cornelissen Fassong, S. 32.
21. Telling S. 7.
22. Post Lehnwörter, S. 13.
23. Greive 72.
24. Siehe: www.zeitschrift-dokumente.de/downloads/artikel/art_06052007.pdf
25. Cornelissen Rheinländer.
26. Siehe ganz aktuell: Cornelissen Oma.
27. Diese und andere Beispiele bei Meisen 1955.

Wörter-Buch

abnippeln

Es ist schon ziemlich despektierlich, wenn man von jemandem behauptet, er oder sie sei *abgenippelt* oder *abgenibbelt*. Eher geht da schon der flapsige Spruch beim Fußballspielen, wenn ein Mitspieler erschöpft am Boden liegt: *Bisse etwa am abnippeln oder wat?* Auch die lapidaren Feststellungen: *Bei dem Unfall wär die beinahe abgenippelt* oder *Der war nahe dran am abnibbeln* sind noch akzeptabel.

Eigentlich werden *abnippeln* oder *abnibbeln* als norddeutsche oder berlinische Synonyme für „sterben" in der Umgangssprache gehandelt. Sie sind jedoch auch im Rheinland weit verbreitet und oft im Alltag zu hören. Allerdings fehlt hier die übertragene Bedeutung „eingehen, absterben". In Berlin kann so auch eine Firma oder eine Kneipe *abnippeln*, wenn der Umsatz nicht mehr stimmt. Das rheinische *abnippeln/abnibbeln* meint immer nur das Sterben von Lebewesen.

Es liegt nahe, dass hierbei auch an das Leben nach dem Tod gedacht wird. Unsere germanischen Ahnen fanden sich nach dem *Abnippeln*, soweit sie als tapfere Krieger nicht direkt von den Walküren nach Walhall geleitet wurden, in der eisigen und nebligen Welt Niflheimr oder Nifhel wieder, dem Reich der Göttin Hel. Und so verwundert es nicht, dass germanophile Kreise den Ball dankbar aufnehmen und unser Wort *abnippeln* mit der germanischen Urzeit in Verbindung bringen und als „nach Niflheim gehen" interpretieren. Inwieweit diese Ableitung inhaltlich zu überzeugen vermag (die schließlich auch *abgenippelten* Nibelungen lassen grüßen), muss hier nicht diskutiert werden, sprachgeschichtlich ist sie jedoch völliger Quark und beruht nur auf Lautähnlichkeit. Wahrscheinlicher ist da schon der Versuch, das Wort auf jüdisch-deutschen Ursprung zurückzuführen und es aus jiddisch „niwel" (verwelkt) herzuleiten.

In den rheinischen Mundarten ist das Wort mit dieser Bedeutung nicht verankert, es mag also tatsächlich eine Übernahme aus der überregionalen Umgangssprache sein. Sollte wirklich ein Import aus dem Berliner Raum vorliegen (dort ist die Bedeutung „sterben" erstmals 1878 belegt), so wäre ein jüdisch-deutscher Ursprung durchaus möglich. Allerdings ist *abnibbeln/abnippeln* wie im gesamten niederdeutschen Sprachraum so auch im Rheinland in den Dialekten durchaus nicht unbekannt. *Nibbeln* und *abnibbeln* bedeutet hier überall „knabbern, knibbeln, Kleinigkeiten abkneifen". Deshalb ist es naheliegend, einen mundartlichen Ursprung anzunehmen; wann und wo die Bedeutungserweiterung von mundartlichem *abnibbeln* zu umgangssprachlichem „sterben" stattgefunden hat, wird wohl nur schwer zu klären sein.

Duden 1/94; Grimm neu 1/625; RhWb VI/182; Wolf 20; www.hoeflichepaparazzi.de/forum/showthread.php?s= &threadid=13266

achielen

Ein Wort, das nicht jeder kennt, das aber dennoch verblüffend weit verbreitet ist: *achielen* oder *acheln*. Es ist in allen rheinischen und pfälzischen Mundarten zu Hause, wird aber nicht von allen Dialektkennern benutzt; in manchen Regionen ist es hoch frequent, in anderen nur sporadisch zu hören. In einigen Sprachlandschaften wird es dem mundartlichen Grundwortschatz zugeordnet, anderswo gilt es als ein rotwelsches Lehnwort. In der allgemeinen Umgangssprache, besonders im Ruhrgebiet, ist es vielfach belegt, wird aber nur von einem Teil der Sprecher und Sprecherinnen tatsächlich verwendet. Daneben ist es in nahezu allen Spezialdokumentationen zu Gauner- und Sondersprachen zu finden.

Am nördlichen Niederrhein ist *acheln* fest in den örtlichen Mundarten verankert. Wenn hier jemand *achelt*, dann *haut er richtig rein*, isst sehr schnell und viel und nicht sonderlich ästhetisch. Der Gegensatz dazu wäre *mümmeln*, was so viel heißt wie „lange an etwas herumkauen, sparsam essen". Um dieses Gegensatzpaar rankt sich eine bekannte Geschichte, die die Wortbedeutungen sehr schön illustriert: Ein Pastor besucht eine

Familie, die gerade beim Essen ist. Er wird genötigt zuzugreifen. Nach einiger Zeit höflichen Zögerns lässt er sich schließlich breitschlagen und meint: *Gott jo, en betje mömmele kann ek jo, dat söll wäll ni int Fätt stiege* (ein bisschen mümmeln kann ich ja, davon wird man ja wohl nicht gleich dick). Daraufhin setzt er sich an den Tisch, haut sich den Teller randvoll und nimmt sich darüber hinaus die besten Stücke des Bratens. Als man später beim Abendgebet zusammensitzt, bittet der Gastgeber den Pastor ziemlich verdrießlich: *Heeroome, düt nächstens tüs achele än hier mömmele, wie gej et angeköndegt hät*! (Herr, fresst Euch das nächste Mal zu Hause voll und mümmelt hier nur ein wenig, wie Ihr es angekündigt habt). Anekdoten mit Pfarrern, die sich auf Kosten von anderen den Bauch voll schlagen, sind übrigens beliebte Wanderlegenden und wurden und werden im Rheinland gerne erzählt. Am häufigsten zu hören ist eine Variante, in der der fromme Mann sich alle Spargelköpfe abschneidet und den anderen Gästen nur die weniger schmackhaften Reste übrig lässt.

Zurück zu unserer Wortgeschichte: Im übrigen Rheinland ist *acheln* oder *achielen* zwar für alle Mundarten gemeldet, jedoch nicht immer flächendeckend belegt. Auch Ableitungen gibt es, so ist der *Acheler* als starker Esser weit verbreitet, *achelig* ist jemand, der sehr gefräßig ist; in der angrenzenden Pfalz und in Hessen gibt es den Spruch *Des is ebbes für de Achelebutz*, wenn man sich über ein schlechtes Essen beschweren will. *Achelebutz* steht hier für das vermeintlich schlechte Gefängnisessen (rotwelsch *Butz* „Gefängnis"; das Wort kennt man auch in Köln in *Bleche Botz* als Bezeichnung für das Frauengefängnis, siehe *Butz*).

Auch wenn man am Niederrhein glaubt, das schnelle und hastige *acheln* habe etwas mit dem Lehnwort „agil" zu tun, so ist die Herleitung aus dem jüdisch-deutschen „acheln", „essen" (das wiederum aus hebräisch „âkhál" entstanden ist) unbestritten. Wie das Wort in die Mundarten und die allgemeine Umgangssprache gelangt ist, wird man wohl nicht mehr genau rekonstruieren können. Ob es über den Umweg über das Rotwelsche oder direkt aus dem Jüdisch-Deutschen übernommen wurde, ist heute nicht mehr zu klären. Es ist jedenfalls kein exklusives Element der Arbeitersprache des Ruhrgebietes, wie zu lesen ist, sondern schon viel länger im allgemeinen Gebrauch.

Interessant ist, dass immer wieder eine Verwandtschaft mit dem umgangssprachlichen *spachteln* „viel, behaglich essen" vermutet wird. Diese Spekulation wird genährt durch das ruhrdeutsche *spachilen*, das den gleichen Bedeutungshorizont hat. *Spachilen* ist jedoch nicht mehr als eine Wortspielerei der sprachlich sehr innovativen Sprecher im Ruhrgebiet, die beide Worte einfach in Deckung gebracht haben. Außer einer gewissen Lautähnlichkeit haben die beiden Wörter aber nichts gemein.

Bäcker 1985, S. 25; Duden 1/127; Grimm neu 1350; Honnen Geheimsprachen 97; Küpper 17; Mayer 1989, 279; PfälzWb 1/118; RhWb I/31; www.ruhrgebietssprache.de/lexikon/spachteln.html

Ali und Bert

Ich muss ma eben Ali und Bert besuchen! oder *Musse zu Ali und Bert?* sind Wendungen, die man wohl nur im Ruhrgebiet zu hören bekommt. *Ali und Bert besuchen* bedeutet hier nichts anderes als „zur Toilette gehen".

Amüsant ist der oft zu hörende Hinweis, diese Wendung sei Ausdruck für die Weltoffenheit der Ruhrgebietler, die ihre türkischen Nachbarn sogar in Redewendungen integrieren. So sehr das Ruhrgebiet als Schmelztiegel unterschiedlichster Kulturen gilt, so falsch ist allerdings diese Auslegung. Die Wendung geht selbstverständlich zurück auf den Namen der Firma Allibert, die sogenannte Sanitär- oder Badezimmerschränke herstellt. Sie ist ein lustiges Wortspiel, wie es im Ruhrgebiet auch der Firma C&A widerfährt, deren Geschäfte hier schon mal als *Cisca un Anna* oder *Cumpel Anton* bezeichnet werden.

Solche Sprachspielereien kennen auch andere Sprachen. So heißt es in Spanien, wenn man zur Toilette geht „Voy a hablar con el señor Roca" (wörtlich „Ich unterhalt mich mal mit Herrn Roca"). Die bekannteste Sanitärmarke in Spanien heißt eben „Roca".

Appel un en Ei

Dat krichse für en Appel un en Ei! Bei Aldi verschleudern se den Lachs für en Appel un en Ei. Die Wendung *fürn Appel un en Ei* ist eine weit verbreitete und oft zu hörende Umschreibung für „quasi nichts". Sie ist im gesamten deutschen Sprachraum zu finden, was deshalb ein wenig überrascht, weil *Appel* nun einmal keine hochdeutsche Lautung ist. Sie ist aber auch nicht eindeutig niederdeutsch, wie man oft liest, denn dem *Appel* begegnet man auch in der Pfalz oder im Spessart. Die sogenannte Appel-Apfel-Linie ist eine der wichtigsten Sprachgrenzen im deutschen Sprachraum. Auch als Germersheimer Linie bezeichnet, überquert sie dort den Rhein, durchkreuzt den Spessart und berührt im weiteren Verlauf nach Norden die Röhn. Sie trennt das Oberdeutsche im Süden vom Mitteldeutschen im Norden. *Appel* statt Apfel sagt man also auch weit südlich der berühmten Benrather Linie, die das Niederdeutsche als Sprachraum definiert (siehe auch *veräppeln*).

Warum gerade für *en Appel un en Ei*? Eine Theorie macht dafür die katholische Kirche verantwortlich. Danach „hat sie früher armen Leuten ein kostenloses Darlehen gegeben. Die Zinsen bestanden lediglich darin, am Jahrestag einen Apfel und ein Ei zurückzuzahlen. Diese Naturalien wurden wiederum an arme Leute verteilt." Jedem, der ein wenig mit der Geschichte der katholischen Kirche vertraut ist, muss diese Herleitung völlig unglaubhaft erscheinen. Als Geldgeschenke verteilende Bank ist sie jedenfalls in der Vergangenheit nie hervorgetreten. Da mag man schon einer anderen Geschichte eher Glauben schenken. So soll es in Duisburg ein Geschäftshaus gegeben haben, das einmal etwas aus Werbezwecken *fürn Appel un en Ei* angeboten haben soll. Es musste schließlich seine Waren tatsächlich umsonst abgeben, als ein Kunde mit einem Apfel und einem Ei kam und auf Erfüllung der Versprechungen bestand.

Gegen diese Theorie spricht jedoch, dass die Wendung schon sehr alt ist. Sie ist bereits im 17. Jahrhundert nachgewiesen, lange bevor Kaufhäuser ihre Kunden mit zwielichtigen Werbeaktionen zu ködern versuchten. (Obwohl: Eigentlich passt unsere Redewendung wunderbar zur aktuellen Geiz-ist-geil Kampagne.) Man wird in diesem Fall die Entstehungsgeschichte sicher nicht auf einen konkreten Anlass zurückführen müssen. Äpfel und Eier waren gerade in vorindustriellen Zeiten Produkte, die keinen hohen Preis erzielten. Für einen Apfel und ein Ei konnte sich der produzierende Bauer buchstäblich nichts kaufen. Das gilt auch für das sprichwörtliche Butterbrot. Auch hier ist das Alltägliche Sinnbild für die Wertlosigkeit einer Sache: *Die alte Karre krichsde doch fürn Butterbrot*, ein Vergleich, der so auch im Französischen zu finden ist: „pour un morceau de pain".

Fellsches Duisburg 15; Rhörich 1/92; www.arl.lvr.de/internet/app/ olwb/Artikel.php?Artikel=Appel; www.geo.de/GEOlino/mensch/ redewendungen/50399.html

aufdonnern

ist wie *verdonnern* sowohl in den rheinischen Mundarten *Dat Fraummensch hät sech opjedonnert wie en Bürjermestersch!* als auch in der Umgangssprache häufig zu hören: *Hasse die aufgedonnerte Alte gesehen? Wozu hass du dich denn so aufgedonnert, gehse ine Disco? Die is aufgedonnert wie ne Nutte.* Heute ist die Wendung nicht mehr allein auf Frauen (Männer scheinen sich nie *aufzudonnern*) beschränkt – hier mit einem eindeutig abwertenden Beigeschmack –, man kann nun auch Computer, Autos und sogar Filme mit Stars *aufdonnern* im Sinne von „tunen, aufmotzen".

Warum ist jemand, der sich geschmacklos herausgeputzt hat, *aufgedonnert*? Da es eigentlich nur *aufgedonnerte* Frauen und ganz selten *aufgedonnerte* Männer gibt, die darüber hinaus besonders scheel angesehen werden, wird vielerorts vermutet, dass unser Wort eine – vielleicht scherzhafte – Bildung zu italienisch „Donna" (Dame) ist und ursprünglich tatsächlich einmal die Bedeutung hatte: wie eine Dame gekleidet sein. Aber wie so oft scheint auch hier eher die ähnliche Lautgestalt Vater der Wortgeschichte gewesen zu sein denn ernsthafte Recherche.

Noch unwahrscheinlicher ist die Vermutung, die Redewendung leite sich „von jenem Donnerstag ab, an dem in vielen Gegenden Deutschlands ganztägig oder nachmittags schulfrei war und feiertägliche Kleidung angezogen wurde." Schon die Alltagserfahrung spricht dagegen, dass Schulkinder ausgerechnet an den Tagen, an denen sie unbeschwert von schulischen Zwängen spielen und toben konnten, in die besten Anzüge gesteckt wurden.

Eine andere Herleitung bringt den bekannten Pfingstochsen ins Spiel, der ebenfalls ziemlich *aufgedonnert* daherkommt und vielleicht sogar der Prototyp aller Aufgedonnerten sein könnte. *Die is ja aufgedonnert wie en Pfingstochse* ist eine weit verbreitete Redewendung. Pfingstochsen waren (und sind es mancherorts noch) besonders prächtig geschmückte Tiere beim ersten Weideaustrieb zu Pfingsten. In einigen Regionen ist der Pfingstochse ein besonders fettes Tier, das am Donnerstag vor dem Fest von den Schlächtern besonders geschmückt und feierlich herumgeführt wird – womit noch einmal der Donnerstag als Ursprung des *aufdonnerns* entlarvt wäre.

Aber wahrscheinlich ist es gar nicht möglich und nötig, das Wort auf einen konkreten Ursprung zurückzuführen. *Aufdonnern* ist nahezu im gesamten deutschen Sprachraum schon im 19. Jahrhundert flächendeckend anzutreffen, eine Ursprungsregion, in der das Wort durch einen zufälligen Sprachwitz entstanden sein könnte, ist nicht auszumachen. Selbst die übertragene Bedeutung ist schon früh zu finden, wie ein Vers der vergessenen Dichterin Ottilie Voss belegt: „Einfach hab' ich auch geliebt – aufgedonnert nie."

Die Wortfamilie Donner/donnern ist sehr umfangreich, und Zusammensetzungen mit Donner werden seit jeher benutzt, um einer Sache oder Begebenheit besonderen Nachdruck zu verleihen: zum Donnerwetter, Donnerlittchen noch einmal, Theaterdonner, Donnerbüchse, donnernder Beifall, auf den Tisch donnern, jemanden andonnern oder verdonnern und niederdonnern. *Aufdonnern* selbst ist schon seit dem 18. Jahrhundert bekannt mit der Bedeutung „jemanden aufwecken, aufschrecken". In diesem Zusammenhang erscheint unser *aufdonnern* als besonders übertriebenes, Aufsehen erregendes Herausputzen nicht mehr sonderlich ungewöhnlich und keiner phantasievollen Ableitung bedürftig. Es ist analog zu *verdonnern* gebildet, das auch im 19. Jahrhundert bereits sehr gebräuchlich war und „effektvoll, d. h. kurz und schroff verurteilen" bedeutet. Übrigens ist diese martialische Wortwahl für das harmlose, allenfalls geschmacklose Outfit im Vergleich zum englischen Sprachraum sogar noch relativ harmlos: Hier sagt man nämlich zu einer aufgedonnerten Frau, sie sei „dressed to kill".

FrankfurterWb 2/215; Grimm 1/643 u. 25/237; Grimm neu 3/454; Kluge 71; Küpper 53; PfälzWb 1/367; Pfeifer 1/299; RhWb I/1404; Röhrich 1/109 u. 2/1172; Wahrig 1/354; www.ub.fu-berlin.de/ ~goerdten/voss.html

Bajuffen

Man findet sie in der letzten Zeit häufiger: *Bajuffen*. Wo sie herkommen, ist nicht ganz klar, was sie genau sind und im Rheinland zu suchen haben, auch nicht. Bei genauer Beobachtung kann man eines mit an Sicherheit grenzender Wahrscheinlichkeit vermuten: Rheinländer sind sie jedenfalls nicht, ganz im Gegenteil. *Bajuffen* sind Fremde, die sich aus irgendwelchen Gründen im Rheinland aufhalten oder nur zu Besuch sind.

Auf den ersten Blick scheinen *Bajuffen* aus dem Süden zu kommen. Diverse Fan-Foren der rheinischen Fußballvereine, insbesondere aber der Weißblauen aus dem Ruhrgebiet, wimmeln von *Bajuffen*. Gemeint sind damit fast immer die Spieler des FC Bayern, mit dem die westdeutschen Fans bekanntlich eine besonders intensive Feindschaft pflegen. Hier hat es sich regelrecht eingebürgert, sowohl die bayrischen Spieler als auch deren Anhänger als *Bajuffen* zu bezeichnen. Aber nicht nur bayrische Fußballer, auch ganz „normale" Fremde werden häufig *Bajuffen* genannt: *Wat will denn der Bajuffe hier? Hier wimmelt et vor Bajuffen.* Es hat aber den Anschein, als sei *Bajuffe* kein richtig böses Schimpfwort und die so Titulierten seien auch nicht richtig beleidigt. Vielleicht ist *Bajuffe* bei vielen jüngeren Sprechern tatsächlich nicht mehr als ein Wort, das die landschaftliche Herkunft bezeichnet.

Geht man von diesem Bedeutungshorizont aus, dann dürfte das Wort eine rheinische Verballhornung von „Bajuware" sein, das hier als Folie für alle Fremden herhalten muss. Die *Bajuffen* wären somit eine rheinische Retourkutsche auf die Preussen der Bayern. Allerdings ist die Verwendung des Wortes nicht so ganz eindeutig, wie die Fan-Foren im Internet suggerieren. Es ist mindestens schon um das Jahr 1900 in Gebrauch gewesen und wurde im zentralen Rheinland auf die belgischen Besatzungs-soldaten nach dem Ersten Weltkrieg angewandt, wie ein altes Lied aus der Gegend um Neuss belegt: *Bei Haatz en de Weetschaft woore die Bajuffe enquarteet / Dat saite mer vör die beljische Besatzung janz onscheneet.* In Düsseldorf wurden früher sogar die durch-ziehenden Zigeuner verächtlich *Pajuffen* genannt, und am Nie-derrhein kennen noch heute ältere Plattsprecher den *Bajuff* als Bezeichnung für einen nichtsnutzigen oder gar miesen Kerl: *schmieriger Bajuff.* Man sollte also beim Gebrauch des Wortes besser vorsichtig sein, genau wie mit seiner Ableitung. Zwar ist die Herkunft aus *Peiass/Baiass,* wie oft vermutet, sicher nicht wahrscheinlich, auch wenn es durchaus Bedeutungskongruen-zen gibt, aber die Rückführung auf „Bajuware" bleibt fürs Erste nur eine Hypothese.

Ackermann 1/101; Fellsches Bochum 22; Horster 75; RhWb VI/468; www.jaegerlust.de/Lyrisches1920.htm

Schmitz Backes

Für die Redewendung „noch lange nicht übern Berg sein" gibt es im Rheinland zwei regionale Entsprechungen: *noch lange nicht an Schmitz Backes vorbei sein* oder *noch lange nicht am krusen Bäumchen vorbei sein* (siehe dort). Beide haben ihren Ursprung in den lokalen Mundarten und werden überraschender Weise auch in der Alltagssprache häufig gebraucht. Sogar in der Presse finden sich Beispiele wie „Der 1. FC ist noch längst nicht an Schmitz Backes vorbei" oder „Aachen soeben an Schmitz Backes vorbei", wenn über den drohenden oder soeben abgewendeten Abstieg von Fußballmannschaften berichtet wird. Solche Über-schriften wären in den überregionalen Printmedien völlig un-möglich weil unverständlich.

Auch in anderen Zusammenhängen hört man heute den Spruch. So ist „die Bergische Universität noch nicht so ganz an Schmitz Backes vorbei" (sprich: in ihrem Bestand gesichert), sogar „die Hartz-IV-Sau scheint noch nicht an Schmitz Backes vorbei zu sein" und in Duisburg-Rheinhausen gab es im Mozart-jahr 2006 eine musikalische Matinee mit dem Titel „Kommt

Mozart an Schmitz Backes vorbei?" Auch im Düsseldorfer Landtag wurde die Redewendung protokolliert, als ein Politiker über die wirtschaftliche Entwicklung referierte: *Wir sind, wie ein Kölner sagen würde, an Schmitz' Backes noch lange nicht vorbei.*

Der oder das *Backes* ist in nahezu allen rheinischen Mundarten (am Niederrhein *Backhuus, Backhüs*) das Backhaus, sei es das frühere Gemeindebackhaus oder die gewerbliche Backstube. Da es über Jahrhunderte der Lebensmittelpunkt der dörflichen Gemeinschaften war, ist es gleich mehrfach sprichwörtlich geworden: *Wo e Braues* (Brauhaus) *steht, bruch ke Backes ze stohn. He geht op wie ne Weck eje Backes* (wird dick). *Besser et Geld nom Backes jebrat als no der Apthek. De hät e Mul wie e Backes* usw. Der langlebigste und bekannteste Star unter den Redewendungen ist aber ohne Zweifel *Du bes noch net langs et Schmetz Backes*, womit dem Gesprächspartner – weniger mitfühlend als hämisch – die größten Unannehmlichkeiten prophezeit werden. Anders als beim artverwandten *Krausen Bäumchen* handelt es sich hier nicht um ein anonymes Backhaus, sondern um das eines Herrn Schmitz. Nun mag man einwenden, dass damit immer noch etwa vierzig Prozent der rheinischen Bevölkerung potentielle Besitzer sind, denn mehr Allerweltsname als Schmitz geht im Rheinland nicht, aber diese heiße Spur hat natürlich die betroffenen Rheinländer und Rheinländerinnen nicht davon abgehalten, den lokalen Ursprung der Redensart zu suchen.

Der Kölner oder die Kölnerin weiß, dass besagtes *Schmitz Backes* auf der Severinstraße 5 gestanden hat. Seit der bekannte Chronist der Kölner Heinzelmännchenlegende, Ernst von Weyden, im Jahr 1826 die Redewendung notierte, gehört die ziemlich grausame Ursprungslegende zur Kölner Lokalgeschichte; sie geht so: „Im Mittelalter lag gleich neben der Severinstorburg die Backstube der Familie Schmitz. ‚Schmitz Backes' spielte nach der historischen Überlieferung im Kölner Strafvollzug eine wichtige Rolle: Die Gefangenen wurden aus dem Gefängnis heraus durch ein Menschenspalier über die heutige Severinstraße getrieben. Die Menschen am Straßenrand schlugen mit Knüppeln auf sie ein. Wer die Knüppelschläge überlebte und bis zum ‚Schmitz Backes' kam, war frei und konnte durch das Severinstor schnell die Stadt verlassen." In einer verwandten Version endet der sogenannte „Staupenschlag" genau vor dem Backhaus Schmitz, danach war die Strafe überstanden. Noch schlimmer ist eine dritte Version der Geschichte, die allerdings weniger Sinn macht; danach lag hinter dem Severinstor der sogenannte Judenbüchel, der im 13. Jahrhundert als Richtstätte genutzt wurde. Der Delinquent wurde in einer Art Prozession über die Severinsgasse an der Bäckerei Schmitz vorbei durch das Severinstor geführt und vor der Stadtmauer hingerichtet.

Tatsächlich ist die Severinsstraße (die im Mittelalter sehr viele Namen hatte) als mittelalterlicher Schauplatz für den Staupenschlag und auch als Prozessionsweg der Todgeweihten zum Richtplatz historisch belegt. Von einer Bäckerei Schmitz weiß man dagegen erst aus viel späterer Zeit. Beide Komponenten zusammengenommen ergeben eine wunderbar schlüssige Ursprungslegende, die tatsächlich einen wahren Kern haben könnte. Dies gilt allerdings auch für alle anderen örtlichen Entstehungsgeschichten. Sicherlich wären die meisten Kölner und Kölnerinnen wenn nicht empört, so doch überrascht, wie viele Orte für sich reklamieren, Standort des berühmtesten Backhauses im Rheinland gewesen zu sein. Ausgerechnet in Mettmann, also fast in Düsseldorf, glaubt man nämlich, dass die Redewendung eine lokale Spezialität sei und außerhalb schon nicht mehr verstanden werde. Hier geht die durchaus selbstironische Erklärung so: Die Bäckerei Schmitz liegt mitten in der Stadt. Wenn man an ihr vorbeikommt, liegt das Schlimmste noch vor einem, nämlich der architektonisch sehr umstrittene „Blottschenbrunnen" (die böswilligere Variante vermutet, dass es einem erst wieder gut geht, wenn man an der Bäckerei vorbei und aus der Stadt heraus ist). In Neuss dagegen, auf der anderen Rheinseite, war es eine Gaststätte mit dem Namen *Schmitz Backes*. Dort musste der Leichenzug auf dem Weg zum Friedhof unweigerlich vorbei, nach der Beerdigung fand dort der Leichenschmaus statt. Deshalb heißt es dort leicht abgewandelt: Keiner kommt an *Schmitz Backes* vorbei.

Für die Einwohner von Dülken lag *Schmitz Backes* auf halber Strecke zum Nachbarort Boisheim, weil danach einmal im 16. Jahrhundert für kurze Zeit die spanische Besatzungszone begonnen hatte. Dagegen kannte man auch in Rheydt ein *Schmitz Backes*, das sich in der Nähe eines Galgens befand. Die prosaischste Erklärung stammt aus Elberfeld. Dort begann nach dem besagten Backhaus eine sehr schlechte Wegstrecke, die bei Fuhrleuten berüchtigt war. Eine etwas anders gelagerte Herleitung erzählt man sich in Edelrath bei Leverkusen und in Oberdollendorf südlich von Bonn: In Edelrath schliefen früher die Knechte des Bauern Schmitz in seinem Backhaus. Die waren als besonders gewalttätig verschrien, sodass man erst aufatmen konnte, wenn man wohlbehalten daran vorbeigekommen war. In Oberdollendorf glaubt man dagegen nicht an ein bestimmtes Backhaus. Das *Schmitz Backes* steht für alle Backstuben, in denen sich früher die Dorfburschen nach getaner Arbeit versammelten und mit Spielen die Zeit vertrieben. Dabei achteten sie aber sorgfältig darauf, dass sich keine auswärtigen Freier in das Dorf schlichen, um ihnen die potentiellen Bräute wegzuschnappen. Dann hieß es: *Loss dä komme, dä es noch net am Schmetz Backes vorbei!* In der Stadt Bonn war der Backes dagegen kein Backhaus, sondern die Brotfabrik Schmitz. Deren Firmengelände hatte rundherum eine lange Mauer, und es dauerte eine ganze Weile, um an der *langs* zu gehen.

In der Konkurrenz der örtlichen Herkunftslegenden scheint Köln die Nase vorn zu haben. Dies liegt zum einen an der Bedeutung der Stadt, die immer schon eine kulturelle und auch sprachliche Metropole gewesen ist, zum anderen an der genauen Adresse der Bäckerei Schmitz in der Severinsstraße. Gegen eine so punktgenaue Verortung haben andere Orte mit ihren Geschichten kaum eine Chance, obwohl genau die auch der Knackpunkt der Kölner Legende ist.

Eine ganz andere Bedeutung hat das *Schmetz Backes* übrigens im südlichen Rheinland. In Kaisersesch ist es ein Synonym für die berühmt-berüchtigte Familie Hempel (siehe dort), unter deren Sofa es nicht sehr anheimelnd aussieht. Hier sagt man *Hej jaat ett zo, be änn Schmitz-Backes* und vermutet deshalb, dass es in der Backstube des Bäckers Schmitz hoch hergegangen sein muss.

Assenmacher 11; Dittmaier 105; Irsiegler/Lassotta 241; Orywal 67; RhWb I/377; Weyden 297; Wrede 1/46; Mitteilung von Hermann Haas, Neuss; www.koeln-suedstadt.de/cms/index.php?id=269; www.assoziations-blaster.de/info/Wortschatz.html; www.landtag.nrw.de/portal/WWW/Webmaster/GB_I/I.4/ Dokumentenarchiv/dokument.php?quelle=alle&action=anzeigen& wm= 1&Id MMP13/112; www.erholung1909.de/1983.htm

ballern

ist heute ein vielseitig einsetzbares Wort: *Der hat den Ball zehn Meter über dat Tor geballert* (einen Ball fest schießen). *Gleich baller ich dir eine, pass bloß auf! Der kricht gleich eine geballert, wenn der so weitermacht. Pass ma auf* (jemanden schlagen). *Danach ham wer uns schwer einen geballert* (heftig trinken, saufen). *Der hat wild um sich geballert* (mit einer Waffe schießen). Es gibt auch das *Geballer: Dat war nur ein Geballer auf ein Tor* oder die *Ballerei: Hört endlich mit der elenden Ballerei auf.* Richtig Konjunktur hatte das Wort in den 1990er Jahren, als der „Ballermann" in allen Schlagzeilen und aller Munde war und sogar die hohe Politik beschäftigte, die besorgt war um das Ansehen der Deutschen im Ausland. Die fuhren jedenfalls massenhaft in diese berüchtigte Kneipe auf der Amüsiermeile in Arenal und ließen es dort richtig krachen. Sie *ballerten* sich kollektiv *die Birne voll.*

Heute ist *ballern* wieder durch die *Ballerspiele* im Gespräch, mit denen sich moderne Kids die Zeit vor dem Computer vertreiben und die nötige Härte für den alltäglichen Kampf auf dem Schulhof holen. Dabei wird mit einem *Ballermann* auf alle möglichen virtuellen Gegner *geballert.*

Das Wort ist überraschenderweise mundartlichen Ursprungs. In den rheinischen (und sogar in schwedischen: *ballra* „knallen") Dialekten kennt man *ballern/balderen* mit der Bedeutung „poltern, im Übermut lärmen" und schon im Mittelniederdeutschen verwendete man es für „dumpf knallen". Von hier ist der Weg zum Schießen nicht mehr weit. Deshalb ist auch die im Fußball naheliegende und oft zu hörende Ableitung aus Ball falsch. Mit dem Lederei hat *ballern* nichts zu tun, schon bevor man aus sportlichen Gründen gegen Bälle trat, war *ballern* mit der Bedeutung „schießen" in der Umgangssprache gebräuchlich.

Eine Frage bleibt allerdings: Wieso *ballert man sich einen,* wenn man sich betrinkt? Diese Bedeutungsvariante fällt ziemlich aus dem Rahmen und ist durch die Wortgeschichte nicht gedeckt. Zwar poltern und lärmen Betrunkene recht häufig, aber das ist dann meist erst die Folge eines Trinkgelages. Eine nicht unwahrscheinliche Erklärung führt uns ins Ruhrgebiet. Zwar ist die Legende vom Ruhrdeutschen als einer sprachlichen Melange aus slawischen Einwandersprachen und westfälischen Dialekten lange widerlegt, aber neben den berühmten *Mattka* oder *Mottek* scheint in diesem Fall tatsächlich ein weiteres polnisches Wort als Hinterlassenschaft der vielen polnischen Bergleute Eingang in den Regiolekt der Region gefunden zu haben: „balowac" bedeutet im Polnischen soviel wie „alkoholisches Vergnügen, Tanzabend", und es ist durchaus möglich, dass es hier zu einer Bedeutungsübertragung auf das lautähnliche *ballern* gekommen ist. Und „um den Ball aufzugreifen": Es handelt sich damit also um eine weitere der vielen Verballhornungen, die für die Umgangssprache so typisch sind.

Der mallorquinische *Ballermann* wäre damit sogar ein doppelter sprachlicher Ulk: Das bereits verballhornte *ballern* wird zur Grundlage der Verballhorung des spanischen Wortes „Balneario" zum berüchtigten *Ballermann*. So etwas könnte man eine feucht-fröhliche Sprachgeschichte nennen.

Duden 1/449; Grimm 1/1093; Pfeifer 1/116; RhWb I/422; Röhrich 1/136; www.linse.uni-essen.de/esel/pdf/ruhrgebietsdeutsch.pdf

Bambule

ist nun nicht unbedingt ein typisch rheinisches Wort. Es ist aber in der rheinischen Alltagssprache oft zu hören und wird hier in einer abgeschwächten Bedeutung verwendet: *Mach ma nich sone Bambule wegen dein Auto, so doll is dat auch widder nich. Jedes Mal die Bambule, wenn ich ma alleine ine Kneipe will.* Wird es hier also als Synonym von *Buhei* gebraucht, ist die *Bambule* in der überregionalen Umgangssprache in der Regel von härterem Kaliber: „Highsein, freisein, bambule muss dabeisein" ist ein bekannter Spruch der Anarchoszene, der die eigentliche Bedeutung des Wortes deutlich macht: „Aufruhr, Krawall".

Bekannt geworden ist *Bambule* auch durch eine Bauwagensiedlung in Hamburg, die so etwas wie eine norm- und rechtsfreie Zone war. Da die Bewohner ihre Siedlung *Bambule* getauft hatten, war dieser Name in den Räumungsauseinandersetzungen zum Schlachtruf der Demonstranten geworden. Es zeugt vom arg verkürzten Geschichtsbewusstsein der Jugendlichen, dass viele von ihnen deshalb glauben, das umgangssprachliche

Bambule machen habe seinen Ursprung im Namen dieser mit Gewalt geräumten Siedlung, wobei das Wort selbst dem Hamburger Dialekt zugeschrieben wird.

Die Wendung stammt mit großer Wahrscheinlichkeit aus der Gaunersprache und bedeutet dort in der unnachahmlichen Diktion des Wahrig „in Heimen und Strafanstalten gemeinsame Widerstandshandlungen gegen die Heim- oder Anstaltsverwaltung organisieren". Da Gaunersprache auch heute noch – fälschlicherweise – vielfach mit Jüdisch-Deutsch gleichgesetzt wird, ist noch oft zu lesen, *Bambule* gehe auf jiddisches „bilbul" (Durcheinander, Prozess mit ungewissem Ausgang) zurück. Dabei ist die tatsächliche Wortgeschichte viel interessanter. Die Erfinder der *Bambule* waren französische Häftlinge, die so ihre selbst inszenierten Gefängniskrawalle benannten. Dafür übernahmen sie das französische Wort „bamboula" (Rummel), das in der Wendung „faire la bamboula" eben „tüchtig, kräftig feiern" bedeutet. Das wiederum ist eine Verballhornung eines Wortes aus einer Bantusprache, das aus dem Französischen der Haitianer stammt und eigentlich einen afrikanischen Trommeltanz meint, der mit dem Sklavenhandel in die Karibik importiert worden ist. Wenn das mal kein spannendes Wort ist!

Duden 1/451; Fellsches Bochum 22; Kluge 86; Küpper 77; Wahrig 1/503; www.letzte-version.de/forum/showthread.php?t= 821&page =3

Baselümpche

Fragt man Rheinländer und Rheinländerinnen nach besonders typischen Mundartwörtern, wird es sehr häufig genannt, das *Baselümpche, Baselönke, Baselömke,* der *Baselomp* oder kurz *Baselun* und *Baseröm.* Das überrascht ein wenig, denn das Wort galt schon dem Rheinischen Wörterbuch als veraltet und müsste deshalb heute eigentlich kaum noch bekannt sein. Das Gegenteil ist der Fall.

Eigentlich, oder ursprünglich, ist ein *Baselun* oder *Baselümpche* ein kurzer Arbeitskittel aus blauem Leinen, den Maurer oder andere Handwerker und vor allem Bauern im Rheinland trugen.

Diesen blauen Arbeitskittel sieht man heute allerdings kaum noch, weshalb das Rheinische Wörterbuch auch das Verschwinden der Bezeichnung prophezeite. Das Wort hat sich jedoch in übertragener Bedeutung sogar noch in der Umgangssprache gehalten, heute versteht man darunter eine einfache Jacke oder auch ein ärmliches Kleidungsstück: *Wat hasde denn da von Baselömpke an?* kann man zum Beispiel fragen, wenn man jemanden (in diesem Fall am Niederrhein) auf seine unpassende Kleidung hinweisen will.

Warum ist das Wort aber heute noch so beliebt, und warum gilt es als besonders „rheinisch"? Wie immer in so einem Fall ist es zuerst der Abstand zur Standardsprache, der ein Mundartwort interessant macht. Und je größer dieser Abstand, um so mehr kann über die Herkunft spekuliert werden. Und das geht hier folgendermaßen: *Baselump* erinnert fatal an *Baselmanes*, ein anderes Wort, das im Rheinland sehr beliebt ist und oft als besonders „rheinisch" gilt. Von diesem *Baselmanes* weiß man, dass er eigentlich aus dem Spanischen kommt und so etwas wie „Handkuss" bedeutet (beso las manos). Da kann die Wurzel von *Baselump* nicht weit entfernt sein. Da diese Jacke nur bis zur Hüfte reicht, wird in diesem Fall eben selbige und nicht die Hand geküsst, spanisch heißt das dann „beso el lum".

Diese sehr phantasievolle und im Rheinland verbreitete Herleitung ist nicht ohne Widerspruch geblieben. Vielleicht waren die vielen – angeblichen – ausländischen Lehnwörter auch sogenannten Sprachreinigern ein Dorn im Auge, jedenfalls hat man versucht, das *Baselömpche* auf deutsche Quellen zurückzuführen. Da es schließlich eine Arbeitsjacke war, könnte doch das rheinische *bosseln* Pate gestanden haben, was soviel wie „basteln, handwerklich arbeiten" bedeutet, zumal es früher sogar einmal den *Bosseljung* gab, den Lehrling, der den blauen Kittel noch nicht tragen durfte. Danach wäre das *Baselümpche* also ein „Arbeitslumpen".

Dem ist aber nicht so. Deutliche Hinweise auf die Wortgeschichte liefern nämlich Varianten, die in einigen Teilen des Rheinlands zu hören sind. So heißt unser *Baselümpchen* in Koblenz *Baserem*, in Trier *Baseremol* und am Niederrhein *Baserul*. Und damit deutet alles auf den niederländischen „boezeroen", was ebenfalls Arbeitskittel bedeutet. Im Niederdeutschen ist daraus

Buserun geworden. Wir haben es hier also mit einem niederländischen Lehnwort zu tun, das allerdings wiederum ein Lehnwort sein könnte. Wahrscheinlich geht der „boezeroen" auf französisch „bourgeron" zurück, auch ein leinener Arbeitskittel. Eine Entlehnung, die noch gar nicht so alt ist und in das frühe 19. Jahrhundert datiert. Interessanterweise gibt es auch im Russischen eine „Buzurunka" genannte Arbeitsjacke – diese internationale Verwandtschaft hätten viele dem „urrheinischen" *Baselümpche* sicher gar nicht zugetraut.

Wobei das letztere wohl neuerdings nicht ganz richtig ist. Manche trauen dem *Baselümpche* nämlich durchaus überraschende internationale und sonstige Verwicklungen zu. Das liegt an der Lautähnlichkeit von besagtem niederländischen „boezeroen" (sprich buserun) und dem seltenen Wort „Buseron" oder „pusereon", das sich sowohl bei Luther als auch bei Dürer findet (später nicht mehr). Das geschamige Grimmsche Wörterbuch mag es gar nicht erläutern und verweist auf italienische oder lateinische Entsprechungen, die man mit „Lügner" oder „Casanova" übersetzen könnte. Das geht allerdings weit an der Sache vorbei, denn die zeitgenössische Bedeutung des Wortes ist eindeutig „Sodomit". Das war zu der Zeit jemand, der der „widernatürlichen Unzucht" nachging, womit keineswegs der sexuelle Verkehr zwischen Männern gemeint war. Nun ist „Buseron" über vier Ecken mit dem mittellateinischen Wort „bulgarus" verwandt, das sowohl „Bulgare" als auch „Ketzer, Sodomit" bedeuten kann. Das kommt daher, weil die bulgarischen Bogumilen, eine häretische Sekte wie die berühmten Katharer, gerade dieser „widernatürlichen Unzucht zwischen Mann und Frau" verdächtigt wurden, da sie aus religiösen Gründen oft kinderlos blieben. Dass sie einfach enthaltsam lebten, vermochten sich ihre Gegner und Verleumder nicht vorzustellen. Was das alles mit dem armen Baselümpchen zu tun hat? Nun, da das niederländische „boezeron" und das seltsame „Buseron" so ähnlich klingen und letzteres mit den Bulgaren zu tun hat, wäre es doch denkbar, dass Bulgaren als Söldner durch die Rheinlande und die Niederlande gezogen sind und ihre „Bulgarenhemden" schließlich sprachliche Spuren in den örtlichen Dialekten hinterlassen haben.

Diese weit hergeholte Theorie verkennt, dass „Buseron" im 16. Jahrhundert im deutschen Sprachgebiet erstens kaum verbreitet war und zweitens von den Sprechern gar nicht mit „den Bulgaren" in Verbindung gebracht wurde. Außerdem ist die Entlehnung aus dem Niederländischen nachweislich erst im 19. Jahrhundert erfolgt. Dennoch zeigt diese misslungene Etymologie sehr schön, wie die europäische Geschichte mit der Sprachgeschichte verwoben ist und wie sich ethische Urteile auch in der Sprache spiegeln. Auf die lateinischen „Bulgari" lässt sich übrigens über das französische „bougre" (Ketzer) das englische Wort „bugger" zurückführen, das in England lange Zeit eine äußerst abwertende Bezeichnung für Homosexuelle gewesen ist, obwohl es sich ursprünglich auf eine heterosexuelle Praktik bezog. Heute dagegen ist das Wort „bugger" eher mit dem deutschen Ausdruck *Kumpel* zu vergleichen. Auch hier spiegeln sich in der Sprache die sich wandelnden Wertvorstellungen in unserer modernen Gesellschaft.

De Vries 73; Meisen 1955/212; RhWb I/491; Werner 36; Wrede 1/53, Zitzen 1/76

belämmert

ist ein schönes Beispiel für die Wirkung von Herkunftslegenden. Denn selbst die Rechtschreibreform ist davor nicht geschützt (belämmert statt belemmert) und zementiert die weit verbreitete, aber falsche Annahme, das Wort habe irgendetwas mit kleinen Schafen zu tun. Im allgemeinen Sprachempfinden hat sich dieser Zusammenhang jedoch schon so verfestigt, dass *belämmert* immer mehr die Bedeutung von „blöd" und „doof" bekommt: *Der Typ ist doch belämmert, wenn der meint, er könnt bei mir mit dieser Masche landen. Biste belämmert, hier so zu rasen inner Fußgängerzone?* Da Schafe im Allgemeinen als eher einfältige Tiere gelten, hat sich diese Vorstellung auf das Adjektiv/Adverb übertragen.

Eigentlich bedeutet *belämmert* aber „betrogen, angeschmiert, betreten" und wird auch meistens in diesem Sinn verwendet: *Jetzt stehsde aber ganz schön belämmert da! Der kuckt jetz vielleicht belämmert aus der Wäsche.* Man hat das Wort deshalb mit dem rheinischen *Lammel* in Verbindung gebracht, das im weitesten Sinn auch „Kot, Dreck" bedeuten kann. Dahinter steht offensichtlich die Gleichsetzung von *belämmert* mit dem ebenfalls umgangssprachlichen *beschissen*, das im übertragenen Sinn auch „betrogen" bedeuten kann. Allerdings kann man für diese Ableitung den *Lammel* nur schlecht gebrauchen. Denn der hat mit den „normalen" Ausscheidungen eigentlich gar nichts zu tun, sondern bezeichnet im südlichen und westlichen Rheinland den „Straßenkot, wie er Schuhen und am Saume von Hosen und dergleichen anhaftet". Wenn man also *belammelt* oder *lammelig* ist, hat man sich allenfalls beschmutzt oder sieht schlampig aus, „bekotet", wie das „Wörterbuch der deutschen Umgangssprache formuliert", ist man aber ganz sicher nicht.

Im Rheinland sind Wortgeschichten bekanntlich unvollständig, wenn nicht das Französische oder das Jüdisch-Deutsche ins Spiel kämen. Diesmal ist es die Sprache der Ostjuden, die für eine Herleitung herhalten muss. Danach ist *belämmert* eine Verballhornung von hebräisch „b'li emor", was etwa „sprachlos, verdattert" heißt, angeblich in Analogie zu *behämmert*, was aus hebräisch „b'hejma" (dumm, Rindvieh) herzuleiten sei. So weit ausholen muss man bei beiden Wörtern jedoch nicht. *Behämmert* hat todsicher etwas mit hämmern zu tun, und auch die Wortgeschichte von *belämmert* ist gut dokumentiert. Das Wort kennt man schon im 17. Jahrhundert im Niederdeutschen, dort bedeutet es „betreten, niedergedrückt". Es ist das Partizip eines ebenfalls niederdeutschen Verbs „belemmeren" (hindern, hemmen), das wiederum auf ein älteres „belemen" zurückgeht. Das bedeutet „lähmen" und ist verwandt mit unserem „lahm" und der amerikanischen „lame duck", die durch die aktuelle Politik in den Staaten geistert.

Duden Herkunft 80; Honnen KKK 45; Kluge 107; Mayer 1987 S. 278; Küpper 92; RhWb V/69-71, 387; www.eichstetten.de/ortsinfo/mundart/hebr_jidd_rotwelsch.pdf

blümerant

oder *plümerant/plümmerant* ist ein sehr beliebtes Wort, es wird immer wieder genannt, wenn es um besonders typische Wörter im Rheinland geht. Es kann „mulmig, schwindelig, flau, ohnmächtig", aber auch „gefährlich" oder „riskant" bedeuten: *Et wird mir ganz blümerant (vor Augen)*. *Wenn ich an die Abiprüfung denke, wird mir ganz plümerant*. *Dat mach ich nich, dat is mir viel zu plümerant*! sind Sätze, wie man sie tagtäglich im Rheinischen hören kann.

Da überrascht es schon, dass dieses Wort in einem Wettbewerb um das „schönste bedrohte Wort" nach dem „Kleinod" den zweiten Platz erobern konnte, vor Labsal, bauchpinseln, Lichtspielhaus oder Schlüpfer. Rheinländer und Rheinländerinnen haben *blümerant* sicher nicht auf diese Liste gewählt, hier ist es noch nicht bedroht. Allerdings haben sie auf diese Weise erfahren, dass es sich offensichtlich gar nicht um ein rheinisches Wort handelt. Glaubt man hier doch eigentlich an eine weitere Hinterlassenschaft der französischen Besatzungssoldaten, die für die hiesige Umgangssprache so prägend gewesen sein sollen. Jetzt müssen sie lernen, dass *blümerant* im ganzen deutschen Sprachraum zu finden, ja dass der rheinische Ursprung sogar äußerst zweifelhaft ist.

In der Tat ist das Wort älter als die napoleonische Zeit, es findet sich schon im berühmten Simplizissimus von Grimmelshausen aus dem Jahr 1668 als „plümerant rock". Hier erscheint es also noch in seiner ursprünglichen Bedeutung als „blass-blau" oder „hellblau" wie sein französisches Vorbild „bleu mourant", von dem es abgeleitet ist. Wörtlich wäre „bleu mourant" als „sterbendes Blau" zu übersetzen, was zu der Spekulation Anlass gegeben hat, die Bezeichnung sei der fahlen Gesichtsfarbe Sterbender nachempfunden.

Ob die Franzosen wirklich einen so handfesten Anlass brauchten, um zu ihrer sprechenden Farbbezeichnung zu kommen, sei dahingestellt. Fest steht, dass sich das Wort im 17. Jahr-hundert im deutschen Sprachraum ausbreitete und zu *blümerant/plümerant* eingedeutscht wurde, wie das Grimmelshausen-Zitat belegt. Oft ist vermutet worden, dass das Wort zusammen mit der Modefarbe „blass-blau" importiert wurde. Nicht nur die Belege aus dem Simplizissimus, sondern auch der Roman „Die Adriatische Rosemund" des Barockdichters Philipp von Zesen aus dem Jahr 1645 lassen das vermuten. Der verdeutscht das französische Farbadjektiv allerdings zu „stärbe-blau": „Also begab sich dieses lustige und in schähffertracht verkleidete folk in ihre wohnung, welche si in-wändig mit stärbe-blauen prunktüchern über-al ausgeziret hatte; der boden wahr mit stärbe-blauen steinen gepflastert..." Dass hier das französische „bleu mourant" Pate gestanden hat, ist eindeutig.

In Berlin will man von dieser Wortgeschichte allerdings nichts wissen, sondern reklamiert sogar die „Erfindung" des französischen Wortes für sich. Stellvertretend sei hier ein aktueller Leserbrief aus der FAZ zitiert: „Die Bezeichnung ‚bleu mourant' wurde für ein Geschirr angewandt, das Friedrich II. um 1763 für das Neue Palais in Potsdam bei der Königlich Preußischen Porzellanmanufaktur (KPM bis heute) bestellte. Das Dekor sollte auf ausdrücklichen Wunsch des Königs aus einem ganz zarten Blau bestehen. Es erwies sich jedoch, dass dieses Blau sich äußerst schwierig für den Brand herstellen ließ, sodass bereits beim Öffnen des Ofens sehr viel Ausschuss anfiel. Als es schließlich gelungen war, das Service vollständig herzustellen, wurde es auf dem Markt kaum angenommen. Die Produktion wurde schnell eingestellt, da man kein ‚bleu courant' – also laufendes Blau –, sondern ein ‚bleu mourant' – eben ein sterbendes Blau erzeugt hatte. Wann die nie um einen Witz verlegenen Berliner daraus ihr ‚blümerant' gemacht haben – wahrscheinlich schon im Fabrikjargon –, ist nicht bekannt."

Eine sehr schöne Wortlegende, die aber durch die frühen Belege aus dem 17. Jahrhundert eindeutig widerlegt ist. Unklar ist aber bislang, wie und wann sich die Bedeutung von *blümerant* so drastisch änderte, denn heute denkt bei diesem Wort niemand mehr an eine Farbe. Eine originelle Erklärung, die auf die Farbmode des 17. Jahrhunderts rekurriert, bietet das „Wörterbuch der sprichwörtlichen Redensarten": „Diese Farbe wurde um die Zeit des Dreißigjährigen Krieges von Frankreich her auch bei uns zur Modefarbe. Als man ihrer überdrüssig wurde, stellte sich die übertragene Bedeutung blümerant = schwindelig ein (vgl. ‚Mir wird ganz grün und blau vor Augen')."

Eine andere Lesart macht ebenfalls die Mode verantwortlich, jedoch war es diesmal das Schnürkorsett, das so eng geschnürt wurde, bis den Damen ganz blau vor Augen wurde und sie in Ohnmacht fielen: *Mir wird ganz blümerant* hieß es dann. So lustig diese Deutung auch erscheint, so hat sie doch wohl einen wahren Kern. Denn die Wendung „blau (statt schwarz) vor Augen werden" war einmal durchaus üblich, sodass aus *blümerant vor Augen* schließlich einfach *blümerant* in der heute übertragenen Bedeutung wurde.

Exkurs: Der Barockdichter Philipp von Zesen hat nicht nur „bleu mourant" eingedeutscht, sondern war ein früher Sprachreiniger, der sich vehement gegen ein Übermaß an Fremdwörtern im Deutschen eingesetzt hat. Auf ihn gehen solche Verdeutschungen wie Angelpunkt (Pol), Beistrich (Komma), Kerbtier (Insekt), Weltall (Universum), aber auch solch missglückten Versuche wie Jungfernzwinger (Kloster), Meuchelpuffer (Pistole) oder Dörrleiche (Mumie) zurück.

FAZ Leserbrief 15.6.2007; Fellsches Duisburg 130; Grimm 13/1936; Honnen KKK 47; Kluge 135; Küpper 117; RhWb I/805; Röhrich 1/223; Trübner 1/352

Bollerwagen

Immer wieder ist zu lesen, dass der *Bollerwagen* gar keiner, sondern eigentlich ein *Bollewagen* und deshalb aus Berlin sei. Dort hatte die Molkerei Bolle dieses Gefährt im ausgehenden 19. Jahrhundert tatsächlich sehr populär gemacht. Diese erste Großmolkerei hatte ihre Produkte konsequent vermarktet und mit speziellen Verkaufswagen im Großraum Berlin zu den Kunden gebracht. Diese *Bollewagen* und die *Bollemädchen*, die darauf arbeiteten, waren in einem weiten Umkreis bekannt.

Allerdings muss man hier den „Wahrig", dem diese Geschichte angedichtet wird, in Schutz nehmen. Dieses sehr zuverlässige Wörterbuch kennt nämlich durchaus den Unterschied zwischen einem *Bollerwagen* und einem *Bollewagen*. Letzterer ist ein großer, von Pferden gezogener Leiterwagen, während der wirkliche Bollerwagen entweder ein geschlossener Kastenwagen oder eine Karre mit festen Seitenwänden ist. Die alten, großen Lastwagen, die im Rheinland früher Bollerwagen hießen, gibt es heute nicht mehr. Heute sind Bollerwagen eher handgezogene Freizeitfahrzeuge, in denen Kinder oder am Vatertag die *Pittermännchen* transportiert werden.

Die Bezeichnung *Boller-* oder *Bolderwagen* hat natürlich mit *bollern, boldern* „poltern, Lärm verursachen" zu tun. Nicht nur im Rheinland gibt es meist männliche *Bollerköppe* oder *Bollerbuxen,* die mit ihrem *bollerigen* Wesen ihren Mitmenschen Furcht einjagen. Nun mögen die Verkaufsfahrer der Firma Bolle auch solche *Bollerköppe* gewesen sein, mit dem Namen der Molkerei haben die Bollerwagen aber nichts zu tun.

RhWb I/ 852; Wahrig 1/748; ww.de.wikipedia.org/wiki/Bollerwagen

Buhei

Ein so seltsames Wort wie *Buhai* fordert Wortgeschichten geradezu heraus; es ist quasi selber schuld, wenn über seine Herkunft ausgiebig spekuliert wird. Sogar die Aussprache ist umstritten, von *Bahö* über *Puhai* zu *Bohai* und *Buhei* reicht die Palette der Varianten.

Zwar wird *Buhei* mittlerweile in vielen standarddeutschen Wörterbüchern geführt und der Umgangssprache zugerechnet, das eigentliche Epizentrum scheint aber das Rheinland gewesen zu sein. In nahezu allen Mundartwörterbüchern der Region ist es nachgewiesen (der älteste Beleg ist von 1824 aus Köln), und das Rheinische Wörterbuch verzeichnet vom Niederrhein bis zur Eifel eine ganze Fülle von Belegen einschließlich einer Reihe von Ableitungen wie *buheien* oder *Buheipater,* die aber im aktuellen rheinischen Regiolekt nicht mehr gebräuchlich sind. *Buhei* dagegen ist im sprachlichen Alltag an Rhein und Maas fest verankert: *Der macht vielleicht en Buhei, nur weil er endlich ma en Tor geschossen hat. Die macht aber auch en Buhei um ihren Hausputz. Viel Buhei um nix!* sind typische Verwendungsweisen, die ganz selbstverständlich genutzt und verstanden werden. *Buhei* bedeutet also „unangemessener Aufwand, Aufhebens, Getue, Aufgeregtheit aus nichtigem Anlass".

Vom Rheinland aus scheint das Wort in die allgemeine Umgangssprache gewandert zu sein. Auch wenn es dort mittlerweile durchaus gebräuchlich ist, sorgt es wegen seiner regionalen Herkunft offensichtlich immer noch für Irritationen, die nicht zuletzt in einer Reihe von Aussprachevarianten ihren Ausdruck finden. Oft zu hören oder lesen ist „Bohai" oder „Puhai", die ganz offensichtlich Folge fernöstlicher Assoziationen sind. So wird in Internetforen spekuliert, ob dem Wort nicht eine japanische Kampfsportart zu Grunde liegen könnte oder sogar, in satirischer Überspitzung, auf einen chinesischen Philosophen Gao Buhai Bezug genommen werde. Die Lautung scheint für viele deutsche Sprecher und Sprecherinnen eine japanische Anmutung zu haben, was darauf schließen lässt, dass sie – aus Unkenntnis – die erste Wortsilbe betonen.

Andere Deutungen verweisen auf eine Wendung *aus der Bohai kommen*, die eine Analogbildung zu *ab in die Walachei* sei, weshalb *Buhei* für den Landschaftsnamen Boheim/Böheim (Landschaft zwischen Elbe und Moldau) stehe. Immerhin, so wird betont, gebe es in Siebenbürgen auch den Buhai als Ausflug ins Grüne, bei dem dann ein Hammel geschlachtet werde. Weniger phantastisch mutet da schon die Ableitung aus dem wienerischen *Bahöll/Bahö* an, das so viel wie „Streit, Durcheinander, Spaß" bedeutet: „Machts nit so an Bahö!" heißt es in der Donaumetropole, wenn jemand zu laut ist oder aus einer Mücke einen Elefanten macht. Dagegen spricht allerdings die Ausbreitungschronologie, denn wieso sollte ein Wiener Slangbegriff, dessen Herkunft österreichische Mundartwörterbücher auf hebräisch „palhe (?)" (Lärm) oder „behala (?)" (Schrecken) zurückführen, zuallererst im Rheinland aufgetaucht sein?

So sind die meisten ernst zu nehmenden Herleitungen auch weitaus prosaischer. *Buhei* wird in der Regel als Schallwort gedeutet und in die Ausrufe *Buh* und *hei* zergliedert. *Buh* findet man in der Umgangssprache häufig, wie in den Wörtern Buhrufe oder ausbuhen, und noch heute buht man, wenn ein Kind erschreckt werden soll. Der zweite Wortbestandteil ist das übliche *hei/hej* in Wendungen wie *Hej, komma her* oder *Hei, dat geht aber gut*. Das so zusammengesetzte *Buhei* soll im Rheinland als Scheuchruf bei Treibjagden benutzt worden sein und könnte über diesen Weg durchaus in die Umgangssprache Eingang gefunden haben.

Aber eigentlich ist die Ableitung aus einem – rekonstruierten – Schallwort immer unbefriedigend. Anders herum könnte man auch überspitzt behaupten: Fällt dem Etymologen nichts mehr ein, erfindet er ein Schallwort. Deshalb reizt ein solcher Fall zu weiterer Recherche. Im Rheinland ist ein Blick über die

Grenzen in den niederländischen Sprachraum immer lohnend. Auch diesmal wird man schnell fündig, denn in den Niederlanden ist unser *Buhei* selbst in den standardsprachlichen Wörterbüchern derart häufig bezeugt als „boeha", später „poeha" (mit gleichem Bedeutungshorizont), dass sich die Annahme eines niederländischen Lehnwortes geradezu aufdrängt, zumal die ältesten Belege in Holland weit ins 18. Jahrhundert datieren. Die Nähe würde auch die rheinländische *Buhei*-Hochburg erklären – und den Weg zu einer interessanten, wenn auch etwas gewagten Wortgeschichte ebnen. Die verweist auf das französische „brouhaha", was soviel wie „Lärm, Getöse, Stimmengewirr" bedeutet. Dies wiederum ist eine Verballhornung der hebräischen Wendung „barukh hab-ba" (gesegnet sei, der da kommt), die als Teufel verkleidete Geistliche in französischen Mysterienspielen brüllten. Auf dem Weg ins Niederländische wurde aus „brouhaha" schließlich „poehaai" oder „boeha", die Urform unseres *Buhei*.

Sehr viel *Buhei* um ein unschuldiges Wort.

De Vries 533; Dittmeier 105; Fuß V; Küpper 141; RhWb I/1106; Werner 62; Wrede 1/113; ww.members.aon.at/berri/wieneris.htm; www.gfds.de/beratung5-6_04.html; www.etymologie.info/~e/d_/de-onomat.html

Bücking

So heißt bis auf eine kleine Bückling-Enklave in der Eifel der geräucherte Hering im Rheinland (mit der dialektalen Variante *Böckem*). Dass er früher eher notgedrungen denn mit Appetit gegessen wurde, belegt der mundartliche Sprachgebrauch. Hier ist der *Bücking* in eher abfälligen Wendungen zu finden: Ein *drüger Bücking* ist ein trockener, nüchterner Mensch, jemandem *enen drüge Bücking geben* bedeutet, ihn zu tadeln, und in Köln kann man sich schon mal eine derbe Abfuhr holen: *Driss der ene Bücking!* Vielleicht lag das schlechte Image des Räucherfischs auch nur an seiner eher gewöhnungsbedürftigen Zubereitung, denn in manchen Teilen des Rheinlands wurde er tatsächlich in Teig eingebacken und als *Bückingkuchen* serviert.

So phantasievoll wie die rheinische Küche ist auch die hiesige Herleitung des Namens: *Bücking*/Bückling wird hier nämlich als mundartliche Variante von „Pökling" verstanden, was wohl soviel wie „gepökelter Fisch" heißen soll. Und so bekommt die Bezeichnung auch einen Vater. Der hieß Beukelsz (sprich Böökels) und war ein flämischer Fischer, der im Jahre 1397 starb, nachdem er sich durch die Entwicklung verbesserter Verfahren des Einsalzens und Räucherns unsterblich gemacht hatte. Noch heute werden die von ihm entwickelten Techniken nach ihm benannt.

An dieser wunderbaren Wortlegende ist so viel falsch, dass sie kaum aufzudröseln ist. Tatsächlich wird ein zeeländischer Fischer namens Willem Beukelsz aus dem kleinen Örtchen Biervliet noch heute allerorts (auch in den Niederlanden) als Erfinder der „Matjesmethode" gefeiert, bei der die frisch gefangenen Heringe direkt ausgenommen und unter Verwendung der eigenen Körperlake und etwas Salz in Tonnen haltbar gemacht werden (der Grund, weshalb der holländische „nieuwe haring" um Klassen besser schmeckt als sein deutsches Pendant „Matjes", bei dem „Fäkalien" als Konservierungsmittel selbstverständlich verboten sind). So trägt sogar ein staatliches Fischereiboot in den Niederlanden bis heute seinen Namen. Die Jahreszahlen, wann dieser Willem Beukelsz gelebt haben soll, schwanken zwischen 1350 und 1500.

Tatsächlich hat es diesen Fischer nie gegeben. Zwar hat in Biervliet ein Willem Beukelsz gelebt, der war jedoch weder Fischer, noch hat er sich jemals Gedanken um die Konservierung von Hering gemacht. Das brauchte er auch gar nicht, denn die besagte Methode war bei seiner Geburt nachweislich schon lange in Gebrauch. Er war stattdessen Bürgermeister der kleinen Stadt und ist um 1346 gestorben. Wieso sich diese Wortlegende dennoch so lange hält und in jeder Fischereigeschichte nachzulesen ist, bleibt ein Rätsel.

Schließlich müsste zumindest den Niederländern eigentlich auffallen, dass Pökel in ihrer Sprache keineswegs „beukel" oder „peukel" heißt, sondern „pekel" und der gepökelte Fisch „pekelharing". Und wieso ein niederländischer Name im deutschen Sprachraum wortbildend sein soll, während er das im Niederländischen selbst nicht ist, wird auch niemand schlüssig begründen können. Wie dem auch sei, sowohl das niederländische „pekel" als auch das deutsche Pökel gehen nicht auf einen Personennamen, sondern auf gemeinsame, alte romanische Wurzeln zurück. Als „Urwort" wird dabei ein frühlateinisches „piccare" angenommen, das die Bedeutung „stechen", aber auch „sauer schmecken" hatte. Über mittelniederdeutsches „pekel" ist es schließlich als Pökel „Salzlake" im Standarddeutschen angekommen (und findet sich auch in den englischen Mixed Pickels wieder).

Was das alles mit dem rheinischen *Bücking/Böckem* zu tun hat? Gar nichts. Denn weder der Bückling/*Bücking* noch der niederländische „Bokking" sind Lautvarianten irgendeines „Pöklings", sondern Abkömmlinge eines schon im frühen Niederdeutschen/Niederländischen bekannten *buckinc*, was man mit Bockshering oder Böckling übersetzten könnte. Der in zeitgenössischen Quellen als „abscheulich" beschriebene Geruch des Fisches forderte wohl den Vergleich mit dem gleichermaßen nicht geruchsneutralen Ziegenbock heraus. Irgendwie scheint die mittelalterliche Konservierungsmethode doch nicht immer fehlerfrei gewesen zu sein.

De Vries 513; Gutknecht 52; Pfeifer 2/1294; RhWb I/1087; Werner 50; Zitzen 4/167; www.welt.de/data/2005/06/17/732808.html; www.geocities.com/dikigoros2/hering.htm; www.zeelandboek.nl/OZ/OZ29/teksten/OZ2943.htm

am krusen Bäumchen

Die Sprache im Pott überrascht ein über das andere Mal. So hat sich in der Alltagssprache dieses städtischen Ballungsraumes, der schon lange eine „mundartfreie Zone" ist, eine Redewendung gehalten, die sich nur in den alten Dialekten des Westmünsterlandes und des nördlichen Rheinlands wiederfindet. *Du bis noch lang nich überm krausen Bäumchen* oder *Wir sind nonnich am krusen Bäumchen* sagt man z. B. in Essen oder Bochum, wenn man warnend darauf hinweisen will, dass eine schlimme Sache noch lange nicht ausgestanden ist oder ein möglicher Erfolg einer Bemühung noch in weiter Ferne liegt.

Alte Mundartsprecher aus Dortmund kennen eine Bedeutungsvariante. Wenn man von einem vermeintlichen Glückspilz sagt: *Hä es noch nit am kruusen Bömken*, dann will man – vielleicht aus Neid und Missgunst – andeuten, dass noch lange nicht aller Tage Abend ist. Im Münsterländischen erinnert man mit dem Spruch *Se kommt alle wall an't kruuse Böömken* sogar an die Endlichkeit aller Dinge und den unausweichlichen Tod. Damit bekommt die Wendung einen gefährlichen Unterton, der auch in seinem südrheinländischen Pendant *noch nicht an Schmitz Backes vorbei sein* (siehe dort) zu vernehmen ist. Diese unterschwellige Drohung war es wohl, die viele RheinländerInnen beim *kruse Bäumchen* oder *Kruseboom*, wie er auch heißen kann, etwas sehr Gefährliches vermuten lässt.

Was aber ist an einem *krusen*, also krausen *Bäumchen* so bedrohlich? Da ein Baum an sich kaum gefährlich sein kann, muss es wohl die Stelle sein, an der er wächst. Nun sind im Rheinland krause Bäume in früheren Zeiten gar nicht so selten gewesen. Es waren in der Regel weithin sichtbare und allein stehende Bäume, die oft als Grenzbezeichnungen dienten. Ihren Namen erhielten sie wegen ihrer – es handelte sich meist um Linden oder Ulmen – dicht verwachsenen Kronen. Manchmal standen sie auch an Wege- und Straßenkreuzungen und schützten ein Wegekreuz, ein Kruzifix oder sogar, wie in Kevelaer, einen Kalvarienberg. Diese Exemplare hießen dann im Dialekt *Kruze-* oder *Krüssboom* (Kreuzbaum). Beide Bezeichnungen sind später offensichtlich nicht mehr zu trennen gewesen.

Verständlicherweise sind viele dieser Markierungen im Laufe der Zeit zu Flurnamen geworden. Noch heute findet man im Rheinland Straßennamen, Flurbezeichnungen oder Wegekreuzungen, die *Krausebaum, Am Krausen Bäumchen* oder *Kruse Bömken* heißen, so in Essen-Bergerhausen, in Krefeld, Angermund, Wittlaer, Köln-Wahn und Willich. Dies reichte vielen RheinländerInnen aber offensichtlich nicht aus, um die Redewendung *Du bis noch nicht am kruse Bäumchen vorbei*, zu rechtfertigen: Es musste mehr dahinter stecken, um den bedrohlichen Unterton zu erklären. Und so entstanden an mehreren Orten im Rheinland verwandte Legenden von der unheilvollen Bedeutung der *krusen Bäume*. In Angermund wurden beispielsweise die verurteilten Verbrecher auf dem Weg zur Richtstätte am *krausen Baum* vorbei geführt. In Erkelenz war der Baum gar selbst der Ort für eine Hinrichtung. In Essen vermutet man *Am Krausen Bäumchen* dagegen eine Gerichtsgrenze, deren Überwindung den Verfolgten erst einmal Schutz vor ihren Häschern bot.

Wie in allen Fällen, in denen Redewendungen auf konkrete Ereignisse, Orte oder Personen bezogen werden, wird wohl auch hier nicht mehr zu klären sein, ob diese Geschichten einen wahren Kern bergen; lokalisierbar dürfte er auf jeden Fall nicht mehr sein. In Köln-Wahn, wo ein ganz besonders beeindruckender *Krausbaum* gestanden hat, erzählte man sich übrigens ganz andere Geschichten. Hier galt er als „Kinderbaum", „Storchenbaum" oder „Lebensbaum", weil die Mütter und Großmütter in seiner Umgebung ihren staunenden Kindern und Enkeln erzählten, dass sich in der gewaltigen Krone des *Krausbaums* ein Kindernest befinde, aus dem die Störche die kleinen Kinder holten und zu den Familien brachten. Auf einem in Wahn weitverbreiteten Foto wurden deshalb auch junge Frauen gezeigt, die unter dem Baum ein großes Tuch aufspannen, um eventuell herausfallende Kinder aufzufangen. Außerdem sollen sich früher junge Frauen bei Sonnenuntergang auf die Bank unter der Ulme gesetzt haben, wenn sie sich viele Kinder wünschten. Aber das mag schon wieder auf das Reich der Legenden verweisen.

Assenmacher 1990 12; Breidenbach 170; Dittmaier Flurnamen 166; Fellsches Es S. 11; Hackland 1904; Piirainen/Elling 526; RhWb IV 1423; Schleef 20; Schmitz1984 37; Sprick 62; Wenzke 79

bräsig

„Blond und bräsig: Hilton meets Gottschalk" heißt eine im schönsten modernen Deutsch verfasste Überschrift in der „Netzeitung". Sieht man einmal von dem kuriosen Sprachmix ab, kann man sich kaum einen treffenderen Titel denken. Sofort entsteht die Vorstellung der wohl berühmtesten Blondine der Gegenwart neben dem sich arrogant auf dem Sofa lümmelnden, berühmtesten deutschen Entertainer.

Diese Szene kann allerdings nur derjenige mit seinem inneren Auge sehen, der das Wort *bräsig* kennt. Und das sind im Rheinland längst nicht alle, obwohl es deutliche Hinweise darauf gibt, dass es sich immer mehr ausbreitet. Häufig belegt ist es im

Norden der Region am Niederrhein und im Ruhrgebiet. Hier hat das Wort unterschiedliche Bedeutungen, und auch sein Gebrauch ist noch sehr uneinheitlich, was darauf hindeutet, dass es seinen Platz in der Alltagssprache noch nicht so recht gefunden hat. Selbst die Wortklasse wechselt ständig. Man kann *wie Bräsig auf seinem Liegestuhl liegen* oder *lahm wie Omma Bräsig beim Kartoffeln holen* sein. Man kann aber auch *bräsig inne Birne sein* (dumm) oder *bräsig wie Ölgötzen inne Sitzschnecke abhängen* (faul, bequem). Die Verwendung als Adjektiv überwiegt eindeutig. Im Ruhrgebiet kann *bräsig* auch „betrunken" oder „mürrisch, verärgert" bedeuten, ein *Bräses* oder *Kalabräses* ist hier die Bezeichnung für den Hut oder Kopf.

Die geläufigste Bedeutung von *bräsig* ist jedoch „faul", „dickfellig", „aufgeblasen", „selbstbewusst" und „eingebildet". Jeder wird bei dieser Zusammenschau von Charaktereigenschaften vielleicht an irgendjemanden denken, dass viele aber an einen historischen Namenspatron glauben, zeigt die substantivische Verwendung des Wortes: *Der sitzt da wie Bräsig.* Und in der Tat hat man auch einen Herrn Bräsig gefunden, nämlich den berühmten Onkel aus dem Roman „Ut mine Stromtid" von Fritz Reuter von 1864. (Reuters Stromtid hat übrigens nichts mit Wasser zu tun, sondern bezieht sich auf seine Zeit als Stromer, wie in Mecklenburg Wandergesellen bezeichnet werden.) Dass dessen Romanfiguren tatsächlich in der Umgangssprache heimisch werden können, zeigt der *Trillewitz*, wie im Bergischen Land ein Luftikus und Bruder Leichtfuß genannt wird. Dessen Vorbild ist ziemlich sicher der Fritz Triddelfitz, ebenfalls ein Hauptdarsteller aus „Ut mine Stromtid".

Dennoch ist der bekannte Onkel Bräsig nicht der Ursprung unseres Adjektivs. Es ist genau umgekehrt: Reuter hat seine Romanfigur nach dem plattdeutschen Wort *bräsig* benannt, das im Mecklenburgisch-Pommerschen „rotwangig, frisch, wohlgenährt" bedeutet. Weiter westlich, im Hamburgischen, bekommt das Wort aber erst seine negativen Konnotationen, hier ist ein *Bräsiger* „stolz und aufgeblasen", im Westfälischen „wohlhabend und selbstbewusst". Es zeichnet sich also das Bild eines norddeutschen Pfeffersacks ab, der auf Grund seines nicht selbst verdienten Reichtums träge und selbstgefällig auf seinem Kanapee thront und für die Not seiner Mitmenschen kein Mitgefühl hat.

Wie es scheint, erobert dieses niederdeutsche Wort ganz langsam auch den Süden des deutschen Sprachraums. Hier verliert es offensichtlich seinen deutlich negativen Beigeschmack und wird nur noch anstelle von „bequem" und „antriebslos" gebraucht: „Draußen ist Frühling, alles tiriliert, und du sitzt hier bräsig in der Stube herum."

Dittmaier 99; Duden 2/652; Fellsches Bochum 39; Fellsches Dortmund 29; Hermann-Winter 53; Sass 16; Schleef 41; Sprick 19; Wahrig 1/769; www.netzeitung.de/entertainment/people/338993.html; www.jessner.homepage.t-online.de/dzgwort.htm

bumsen

Eigentlich müsste man über *bumsen* keine Worte verlieren, wenn nicht immer mal wieder eine Deutung zu lesen wäre, die mehr mit Moral denn mit Sprachgeschichte zu tun hat. Danach geht das Wort auf ein angeblich hebräisches „bum" zurück, und das bedeute schlicht „Schwein". *Bumsen* wäre dann etwa mit „Schweinigeleien machen" zu übersetzen.

Nun mag für den einen oder die andere die mit dem Wort beschriebene Übung durchaus anrüchigen Charakter haben, man kann es aber deshalb nicht zum Kronzeugen seiner moralischen Anschauungen machen. Es hat mit einem hebräischen Schwein nun wirklich nichts zu tun, sondern gehört einfach zur Familie der Wörter, die im weitesten Sinn die Bedeutung „stoßen" haben, und die sind schon immer als Synonyme für „koitieren" gebraucht worden (wie auch das mittlerweile fast schon gesellschaftsfähige *ficken*). Wobei in diesem Fall sogar noch eine andere Erklärung denkbar wäre. So wurden Bordelle schon im frühen 19. Jahrhundert *Bumslokale* genannt, weil dort die Kunden mit *Bumsmusik* unterhalten wurden. Und so könnte es sein, dass das Wort auch auf die in diesen Etablissements angebotenen Dienstleistungen übergegangen ist. Dies ist jedoch die unwahrscheinlichere Deutungsvariante.

Kluge 160; Küpper 143; Pfeifer 1/230; www.digojim.de/begriffe.html

bütze

Im Rheinland ist man bekanntlich stolz auf den französischen Einfluss, der sich in der lockeren Lebensart und auch in der Sprache ausdrückt. Und da die Franzosen als Experten auf dem Gebiet der zwischengeschlechtlichen Beziehungen gelten, ist es kein Wunder, dass man hier fest davon überzeugt ist, auch das *Bützen* sei eine Erfindung unserer lebenslustigen Nachbarn, oder doch zumindest das Wort. Selbst in Kölner Zeitungen findet man die Behauptung, *bützen* gehe auf französisches „baisonter" zurück, was nichts anderes als „küssen" bedeute. Abgesehen davon, dass küssen in Frankreich „baiser" heißt, ist auch an dieser Abstammungslegende herzlich wenig dran. Denn eigentlich ist ein *Bütz* in den zentralrheinischen Mundarten ein Stoß und *bütze* das dazugehörige Verb. *Butz wider Butz* sagt man hier noch heute statt „Wie du mir, so ich dir", und damit ist bestimmt nicht der Austausch von Küssen gemeint. In der allgemeinen Umgangssprache ist die ursprüngliche Bedeutung nicht mehr bekannt, allenfalls der *Butzekopp* taucht noch manchmal auf, wenn sich jemand den Kopf gestoßen hat. Wie aus dem Stoßen ein Kuss wird, beschreiben die Mundartsprecher selbst: *Wenn zwei verliebte Schnüsse sech openande stüsse.*

Überhaupt sind die mundartlichen Redewendungen im Rheinland im Umfeld von *bütze* oft sehr direkt. Dass Liebe und Hass sehr eng zusammen liegen, wird oft betont: *Bütz de dech net, dann schläs de dech. Bütze on lecke göt Klöppeln on Stecken* (aus Küssen werden später Prügel). *Et geht nit ömmer Bütz-di-Leck, et göft ock jet dem Besensteck.* Andere interessante Redewendungen sind: *En Bütz ohne Bart schmack wie en Ei ohne Salz. Wer all Höhner bötze well, möt en ärg spetze Mul han. Dat sen Geschmacksache, hät der Bur gesat, do hät er singe Koh de Arsch gebütz.* Soviel zum Küssen im Rheinland.

Kölner Express 2.12.2004, S. 3; Pape 44; RhWb I/1188; Wilhelm 87; Wrede 1/118

Buxe/Botz

Im Rheinland ist die Hose eine *Buxe/Buchse* oder eine *Butz*. Die erste Variante findet man im Süden und Norden (tatsächlich bis hinauf zur Nordseeküste), die zweite kennt man mitten drin im zentralen Rheinland. Ein Mundartsprecher würde eine Hose niemals „Hose" nennen, das ist hier wie auch in anderen Mundarten immer ein Strumpf. Die Dialekte bewahren damit einen älteren Sprachstand, denn aus den Hosen wurden erst im 16. Jahrhundert unsere bekannten Beinkleider, davor waren sie ausschließlich „lange Strümpfe von Zeug oder Leder". Das sind sie in vielen Mundarten heute noch, in Bayern sind die „Hosn" die aus den diversen Musikantenstadeln bekannten Wadenwärmer.

Buchse und *Hose* sind ein für die deutsche Sprachgeschichte interessantes Paar. Weshalb es die Hose, die eigentlich gar keine ist, schließlich in die Hochsprache geschafft hat, die *Buchse*, die tatsächlich eine Hose ist, dagegen nicht, bleibt verwunderlich.

Im Rheinland also haben die Frauen vielleicht auch Hosen, auf jeden Fall aber die *Botze* an. Wobei die Beinkleider erst gegen Ende des 17. Jahrhunderts als Stück des Untergewandes bei Frauen Mode werden, und zwar zuerst unter den reicheren, sogenannten besseren Leuten. „De Botz anhan" wurde „daher bei der Frau Ausdruck männlich gerichteten Wesens, Auftretens": *Wo de Frau de Botz anhät, es der Düvel Huusknäch* heißt es in Köln und Umgebung, und die Kölnischen Mädchen hatten im Umland sowieso den Ruf, *de Botze an* zu haben, also besonders durchsetzungsfähig zu sein, wenngleich sie auch bekannt dafür waren, dass ihre Unterhosen vorne und hinten *Türchen* hatten.

Die Buxe ist in der rheinischen Umgangssprache sehr frequent. Sätze wie *Der Jung kann heute schon die kurze Bux anziehen. Wir lachen uns Pilze inne Buxe* oder *Der hat keinen Arsch inner Buxe* kann man häufig hören, Zusammensetzungen wie *Arbeitsbux, Sportbux, Unnerbux, Badebux* oder *Schlabberbux*e sind durchaus geläufig. Selbst die *Buxenpiepen*, also die Hosenbeine, haben es bis in die Umgangssprache geschafft: *Dem seine Buxenpiepen sind viel zu kurz*. Und dann ist da noch die *Bangebux/Bangbux* oder auch *Bangbotz*, der Angsthase, der aber eigentlich im Rheinland gar nicht vorkommt. Die Formen auf *-botz* sind in der Umgangssprache seltener, sie kommen eher im mundartlichen Kontext vor, allenfalls die *Kläffbotz* als Bezeichnung für jemanden, der lange ausharren kann, findet man auch bei Nicht-Dialektsprechern: *Die Kläffbotz war jestern wieder der letzte inne Kneipe.*

Bei der *Buxe/Buchse* denken viele an eine Büchse. Die Hose ist dann so etwas wie „ein Behälter für die edlen Teile des Körpers", wie man im Internet lesen kann. Auch das bekannte Kölner Gefängnis, die „Bleche Botz", erinnert offensichtlich viele an eine blecherne Dose. In der Tat hat es durchaus ernsthafte Versuche gegeben, die *Buxe* mit der Büchse zu verbandeln. Letztere ist aus dem Buchsbaum entstanden (griechisch „pyxis", lateinisch „buxis"), aus dessen Holz schon in früher Zeit kleine Dosen hergestellt wurden. Auch Köcher, also längliche Büchsen, konnte man aus der Pflanze fabrizieren, aus ihnen entstanden später die Donnerbüchsen, wie die Gewehre auch genannt wurden. Und von den Köchern zu den länglichen *Buxenpiepen* ist es dann nicht mehr weit.

Wahrscheinlicher und sprachgeschichtlich besser belegt ist allerdings eine andere Herleitung. Danach ist die *Buxe* eigentlich eine „Buckhose", also ein Strumpf aus dem Fell des Ziegenbocks. Im Englischen kennt man noch „buckskin" als Bezeichnung für einen wollenen Stoff, der auch für Hosen gebraucht wird. In Köln ist das Wort im 16. Jahrhundert als „buxschen", später als „butzen" im Gegensatz zu den *Hosen* (Strümpfen) in Gebrauch. Die Pluralform erinnert noch an die Herkunft, erst später entstand dann die *Butze* oder *Buxe* in der heutigen Einzahlform. Also steckt auch in der *Buxe/Butze* das Wort „Hose", auch wenn man es heute nicht mehr erkennen kann.

Warum ein Angsthase eine *Bangebux* ist, erklärt der „Küpper" in eindringlicher Weise: „sie (die Hose) ist wohl von innen beschmutzt, weil vor Angst der Schließmuskel versagt hat." Mit einer Vogelscheuche, wie er dagegen die Form *Bangbotz* erklärt, hat das Wort jedoch nichts zu tun. Ob das bekannte Verb *ausbüxen* etwas mit der *Bux/Büx* zu tun hat, wie man annehmen könnte, ist keinesfalls sicher. Es gibt im Niederdeutschen das selbständige Verb *büxen* für „schnell laufen, rennen", es hat wohl mit unserer Hose nichts zu tun.

Bleibt die *Bleche Botz* in Köln. Das Wort nimmt man in Königswinter unterhalb des Drachenfels wörtlich. Hier wurden

früher bei Weinfesten besondere „Übeltäter", die keine Festab-
zeichen trugen, in einer eisernen Hose, eben der „Bleche Botz",
an eine Art Pranger gestellt. Ob sich dieser Brauch auf das legendäre Kölner Gefängnis bezieht, ist nicht zu ermitteln. Das
jedenfalls hat eigentlich mit einer blechernen Dose nichts zu tun,
wenn man der Kölner Entstehungslegende Glauben schenkt. Die
geht – hier in der Version von Adam Wrede – so: „Das Gefängnis
(Ecke Schildergasse u. Krebsgasse) war in dem 1637 gegründe-
ten, 1802 aufgehobenen Klarissenkloster zu den Schutzengeln
eingerichtet; es war von dem Blechschläger Alexander Hittorff,
dem Vater des angesehenen Kölner Architekten Jakob Ignaz
Hittorff (1793–1867) käuflich erworben, von dem Baumeister
Butz umgebaut worden und diente als Arresthaus für weibliche
Personen. Der Blechschläger Alexander Hittorff führte den
Spitznamen *der blechene Alexander*; aus diesem entstand vermut-
lich unter Einwirkung des Namens Butz, des Baumeisters, die
Bleche Botz, die allmählich im ganzen Kölner Bereich volkstümli-
cher Name für ein Gefängnis wurde."

Braun Gefängnis 127; Küpper 78, 148; Rösen 15/16; Tonnar/Evers
26; Trübner 1/455; Werner 50 u. 127; Weijnen 23; Wrede 1/82 u. 97;
www.wer-weiss-was.de/theme197/article1635677.html

donn misch

In Köln gibt es nichts, was nicht aus dem Französischen
kommen könnte, selbst die Grammatik. So liest man im Kölner
Express vom 2. Dezember 2004, dass die Aufforderung *Donn
misch ma en Kölsch* in Analogie zur französischen Befehlsform
„donnez moi" (gib mir) gebildet ist. Abgesehen davon, dass
solche einfachen Lautähnlichkeiten fast nie einen Hinweis auf
Verwandtschaft sind, kann auf so eine Idee nur jemand kommen, der schwerhörig durch die rheinische Sprachlandschaft
läuft. Denn hier ist das Wort „tun" so etwas wie eine sprachliche Allzweckwaffe. Es kann „arbeiten, handeln, setzen, stellen,
legen, ausmachen" und eben „geben, reichen" bedeuten. Das
merkt man noch heute in der Umgangssprache, wenn man etwa
beim Metzger *Tun se mir noch 100 Gramm von der Leberwurst*

oder in der Kneipe *Tu mir noch en Bier* hört. Diese Verwendung von tun ist also keineswegs auf Köln beschränkt und auch eigentlich nicht falsch, denn für die Mundarten absolut normal. Allerdings entspricht sie nicht der Standardsprache und kommt auch nicht aus dem Französischen.

Kölner Express 2.12.2004, S.3

Drickes

Eigentlich glauben die Kölner, dass der *Drickes* eine typisch kölsche Erscheinung sei. Schließlich war der *Kölsche Drickes* einmal ein Synonym für den Kölner an sich: „der lässige, arg gemütlich sich gebende, etwas urwüchsige, gutmütig gebliebene Kölsche..." Nicht umsonst gab es auch nur in Köln den Begriff *Drickestum*, den der unsterbliche Adam Wrede in seinem Wörterbuch so erläutert: „Das ureigene, urwüchsig bäuerlich schalkhafte kölnische Volkswesen mit seinem Hang zum *Loß-mich-jon*, zur Bequemlichkeit, wie es in den Teilen der Kölner Bevölkerung war und geblieben ist, die sich weniger oder gar nicht aufgeschlossen entwickelten..." Gott sei Dank ist es damit heute vorbei, denn „die heutige, stark fremdstämmig durchsetzte Kölner Bevölkerung ist nichts weniger als *Drickestum*, sie ist sehr regsam, unternehmenslustig, wagemutig, kaufmännisch veranlagt mit einem guten Schuss Sorglosigkeit u. viel Lebensfreude".

Deshalb wird es die Kölner auch nicht stören, dass der *Drickes* nicht nur in Köln, sondern im ganzen Rheinland verbreitet ist. Besonders der *stieve Drickes* ist in der rheinischen Alltagssprache weit verbreitet als Bezeichnung für einen ungelenken, unsportlichen Mann, der selbst bei den harmlosesten Tätigkeiten eine lustige Figur macht und dem man deshalb bei Kopfsprungversuchen im Freibad mit Begeisterung zusieht. Außerdem kann ein *stiever Drickes* auch ein humorloser Langweiler sein, der von den modernen Zeiten noch nichts mitbekommen hat.

Im Prinzip muss man sich wundern, wie der *Drickes* zu seinen negativen Attributen gekommen ist, weil ihn seine Geschichte eigentlich nicht dazu prädestiniert. Ganz im Gegenteil hätte er ein

65

aufgeweckter Bursche sein müssen, wenn er denn in seinem Beruf erfolgreich hätte sein wollen. Denn der *Drickes* war, so wird erzählt, ursprünglich ein „Drickler" oder „Triakler". So hießen im Mittelalter jene fliegenden Händler, die das Wundermittel Theriak verkauften, das heute, glaubt man einschlägigen Internetforen, in gewissen Kreisen wieder sehr gefragt ist. Um dieses Theriak ranken sich die tollsten Legenden, mal ist es von Mithridates höchst persönlich erfunden, dann von Andromachus, dem legendären Leibarzt des Kaisers Nero oder von anderen berühmten antiken Ärzten wie Galenus oder Herophilus. Auch die Zusammensetzung ist je nach Überlieferung interessant bis märchenhaft, von zwölf bis zu sechshundert Ingredienzien werden vermutet, Opium und Vipernfleisch sind immer dabei. Das Theriak hat eine beeindruckende Karriere gemacht, von der Antike bis ins 19. Jahrhundert hat es in den verschiedensten Apotheken immer eine wichtige Rolle gespielt, nicht zuletzt wegen der aphrodisierenden Wirkung, die dem Allheilmittel zugeschrieben wird. Noch heute ist es Bestandteil des Schwedenbitters, der in der alternativen Medizin wieder Konjunktur hat.

Bei einer so bewegten Geschichte ist es eigentlich schade, dass der *Drickes* „nur" die mundartliche Kurzform für den Namen Heinrich (und manchmal für Dietrich) ist und rein gar nichts mit dem Wundermittel Theriak zu tun hat. Aber vielleicht birgt ja der *Drickes im Sack*, wie mancherorts im Rheinland eine einfache Mehl- und Fastenspeise genannt wird, eine ebenso schöne Legende, die noch zu entdecken ist.

Fellsches Duisburg 36; Meisen 1965 43; RhWb I/1489; Wrede 1/155; www.ulrich-huhn.de/oberhausen/2lexikon.htm

Ette

oder *Ötte, Ett, Ettche* und *Etteken* kennt man im nördlichen Rheinland, im Münsterland, Ruhrgebiet und Sauerland als Bezeichnung für eine Frau oder ein Mädchen. *Kuck ma Etteken, wie die sich rausgeputz hat, die hat bestimmt en neuen Freund. Ett hat schon wieder neue Klamotten. Kumma Ette da, wie die aussieht!* Ette muss nicht unbedingt eine distanzierende Bezeichnung sein, das

Wort kann sogar zärtlich gemeint sein oder als Kosewort gebraucht werden: *Kuck ma Etteken da, is die nich niedlich*!

Dagegen überrascht ein Eintrag in einem Onlinewörterbuch zur Ruhrgebietssprache, in dem es heißt: „verniedlichende, recht unterwürfige Selbstbezeichnung von Frauen oder Mädchen (*Ette will Frischluft, ette geht teita*); von vollemanzipierten Frauengruppen aus ideologischen Gründen strikt abgelehnt und boykottiert". Diese Einschätzung ist deshalb interessant, weil sie direkt zur Wortgeschichte führt, die die „Vollemanzen" wahrscheinlich gar nicht kennen, deren Implikationen sie allerdings zu erahnen scheinen. Irgend etwas kann mit diesem Wort nicht stimmen.

Damit liegen sie genau richtig. Denn *Ette* und seine verschiedenen Varianten sind eigentlich gar keine Substantive. Dass die Wörter immer groß geschrieben werden, zeigt, dass ihre Herkunft heute nicht mehr bekannt ist. Eigentlich ist *et* (mit den Varianten *het*, *öt*, *etches*) in den rheinischen Mundarten nichts anderes als das unpersönliche Pronomen „es", mit dem aber überall im Rheinland auch Frauen und Mädchen bezeichnet wurden. So haben früher rheinische Männer selbst von ihren Ehefrauen als *et/öt* gesprochen. *Et is net he, et is em Keller* haben sie auf die Frage geantwortet, wo denn ihre Frau sei. Selbst *Do küt Möllersch Et* (da kommt Müllers Ehefrau) konnte man tatsächlich sagen. Mädchen und junge Frauen wurden entsprechend „verkleinernd" *Etches*, *Ötches* oder *Ettekes* genannt.

Wer von diesem Sprachgebrauch auf die Rolle und Anerkennung der Frau in früheren Zeiten schließen möchte, liegt sicherlich nicht falsch. Müßig zu sagen, dass das unpersönliche Pronomen nur auf Frauen, nie aber auf Männer angewandt wurde. Das leichte Unbehagen, das heute Frauen beim Worte *Ette* verspüren, ist also durchaus begründet. Hier konserviert die rheinische Umgangssprache einen älteren, heute eigentlich ungebräuchlichen Sprachstand und erinnert so an historische Rollenverhältnisse, die eigentlich überwunden sein sollten. Dass heute auch Männer mit *Ette* gemeint sein können, hat wahrscheinlich keinen emanzipatorischen Hintergrund, sondern eine andere Wortgeschichte. Dieses *Ette/Ätte* könnte aus dem Jüdisch-Deutschen entlehnt sein. Dort ist „ete" der Vater, und von dort ist das Wort nachweislich in eine Reihe von Mundarten und Umgangssprachen gewandert.

Fellsches Duisburg 120; Frankfurter Wb 2/210; Honnen KKK 66; Kanies 43; RhWb II/176; Wolf 159; www.naturweg.de/blog/2007/ 08/mittendrininn-sauerland.html; www.ruhrgebietssprache.de/ lexikon/ ette.html

Eumel

Beim *Eumel* merkt man, wie stark die Werbung mittlerweile die Erinnerungen prägt. Für viele Menschen der mittleren und älteren Generation ist er nämlich ein Geschöpf der Marketingstrategen, ihre Vorstellung vom *Eumel* ist eng verbunden mit der Werbekampagne einer Waschmittelfirma in den 1960er und 1970er Jahren: „Ursprünglich im Werbefernsehen beheimatete Spezies von Gardinenschädlingen: kugelförmiger, fransiger Körper mit zwei langen Greifarmen, Kulleraugen und einem großen Maul mit entsprechendem Gebiss, welches dazu diente, die Gardine möglichst irreparabel zu schädigen. Feind des Eumel: Dato! Ein Begriff, der mit diesen Kreaturen einherging war: Grauschleier. Später fand Eumel oft als Spitzname Verwendung."

So lautet ein typischer Text aus dem Internet. *Eumel* und Gilb waren damals Trickfiguren, die bei Hausfrauen Horrorvisionen von gelben, ungepflegten Gardinen auslösen und zum Kauf von Waschmitteln wie Dato, Omo oder Dash motivieren sollten. Noch heute kann man Anspielungen hören wie *Bei dem sitzt der Geiz so fest wie bei uns der Eumel ine Gardinen*. Nicht ganz so viele bringen ihn mit modischen Verirrungen der siebziger Jahre in Verbindung. Danach war ein *Eumel* ein Kapuzenpulli mit einer großen Brusttasche, in die man von beiden Seiten die Hände stecken konnte. Wiederum andere kennen ihn als eine Figur, die das Markenzeichen der Rätselecke in den vielen Schneiderbüchern war, die in den fünfziger bis siebziger Jahren die Bücherschränke von Kindern und Jugendlichen dominierten.

Wie man sieht, ist der *Eumel* für die meisten ein zeitgeistiges und höchstens fünfzig Jahre altes Wesen, das sich in die moderne Umgangssprache hinübergerettet hat. Dieses von der damaligen Werbeindustrie vermittelte Bild ist aber falsch. Der *Eumel* ist älter, als uns die Waschmittelreklame weismachen will. Schon um 1900 ist er nämlich als Bezeichnung für einen eher trotteligen

Menschen gebräuchlich und in vielen Mundartwörterbüchern nachgewiesen. Ob *Eumel*, *Ömmel*, *Oimel* oder *Ömel*, immer handelt es sich hier um jemanden, der schwerfällig, begriffsstutzig, verträumt oder sogar etwas heruntergekommen ist. Dass ein *Eumel* auch ein unsympathischer Geselle sein kann, wie es der neueste Duden behauptet, muss eine späte Entwicklung sein.

Von der ursprünglichen Bedeutung ist auch das Adjektiv *eumelig* oder *ömmelig* abgeleitet. *Ömmelig* ist etwas Unscheinbares, Geringes, Unansehnliches: *Dat is aber en ömmeliges Frühstück hier in dem Hotel. Sone ömmelige Kiste von Auto möchte ich nich haben. Eumelig* kann universeller eingesetzt werden, es kann auch „süß, niedlich" oder „lächerlich" bedeuten.

Weiter verbreitet sind die Verben *beeumeln* oder *beömmeln*. *Ich könnt mich beeumeln/beömmeln* hört man in den unterschiedlichsten Situationen immer dann, wenn sich jemand königlich über etwas amüsiert. Ob zwischen *Eumel/Ömmel* und *beeumeln/beömmeln* aber tatsächlich ein Zusammenhang besteht, ist allerdings nicht so sicher. Die Bedeutung von *beömmeln* macht eine Verwandtschaft eher unwahrscheinlich. Möglicherweise liegt eine Verballhornung des älteren *bebaumölen* vor, das auch heute noch in der Umgangssprache gebräuchlich ist. Sich *bebaumölen* hieß ursprünglich „sich ärgern, sich die Haare raufen" oder schlicht „sich vor Angst in die Hose machen". Das Baumöl war schon zu Luthers Zeiten bekannt; es ist ein minderwertiges Olivenöl aus der zweiten oder dritten Pressung. Dass *bebaumölen* später auch die Bedeutung von *beömmeln*, also „sich amüsieren" erhielt, ist im Hinblick auf die analogen Formen *sich beölen* oder *sich bepissen vor Lachen* nicht weiter verwunderlich. Beide sind in der Umgangssprache ebenfalls zu hören.

Woher kommt nun der *Eumel* oder *Ömmel*? Man weiß es nicht. Ob er wirklich mundartlichen Ursprungs ist, kann mit Fug und Recht angezweifelt werden. Er erscheint erst kurz nach 1900 in Mundartwörterbüchern, sodass es sich auch um eine Übernahme aus der damaligen Umgangssprache handeln könnte. Der *Eumel* hat auf jeden Fall eine beeindruckende Karriere gemacht. Neben den Werbefiguren gibt es heute sogar eine Eumelpartei und einen Eumelpreis. Auf den kann man sich allerdings nicht sonderlich viel einbilden: Er wird für „verfehlten Wirtschaftjournalismus" verliehen. Aber der *Eumel* ist auf dem Sprung, eine sprachliche Allzweckwaffe zu werden. Ähnlich wie das rheinische Dingens oder der Pinnorek (siehe dort) kann ein *Eumel* heute offensichtlich für irgend ein Ding stehen: *Gib ma den Eumel rüber! Wat is dat von Eumel! Son Eumel hab ich noch nie gesehen!*

Augst 43, 122; Duden 3/1121; Fellsches Bochum 64, Duisburg 119; Küpper 85, 216; Ludewig 83; Piirainen/Elling 638; Trübner 1/245; www.bernd-klenk.de/index.shtml; www.ruhrgebietssprache.de/exikon/eumel.html

Voll wie ne Eule

Es ist schon ein etwas unfairer Vergleich – einer von vielen unfairen Vergleichen von menschlichem Verhalten und der unschuldigen Tierwelt. Wenn *einer voll wie ne Eule is*, dann ist er sturzbetrunken und zu selbstbestimmtem Handeln kaum noch fähig, ein Zustand, der in der Tierwelt eigentlich selten zu beobachten ist, wenn man einmal den berühmten Dokumentarfilm (s. unten) außen vor lässt.

Wie kommt der regionale Volksmund dann aber auf so einen Vergleich, wenn er ihn aus eigener Erfahrung oder Anschauung nicht ableiten kann? Jedenfalls legt die gemeine Eule nie ein Verhalten an den Tag, das mit Trunkenheit vergleichbar wäre, zumal man sie gemeinhin kaum zu Gesicht bekommt. Aufschluss vermag vielleicht eine andere Redewendung geben, die weit verbreitet und oft zu hören und zu lesen ist: *Wat dem einen sin Uhl, is dem anderen sin Nachtigall.* Hier interessiert nicht die Bedeutung (jeder Geschmack ist anders; was der eine schön findet, muss der andere noch lange nicht schön finden), sondern die mundartliche Form *Uhl*, die neben der Variante *Ühl* auch in den Dialekten des Rheinlands weit verbreitet ist. Nun sind *Uhl* und *Ühl* bekannte rheinische Homonyme, das heißt Wörter, die zwei völlig verschiedene Bedeutungen haben können. Je nach Verwendungszusammenhang können sie eben Eule oder auch etwas ganz anderes bedeuten, nämlich ein Gefäß aus Ton oder einen „irdenen Steinkrug mit weitem Hals" und „eine dicke bauchige Kanne, blau bemalt". Sie sind somit auch die mundartlichen Varianten der Aule, einem mittlerweile kaum noch verwendeten Wort für Gefäße aller Art, das auf lateinisches „olla" zurückgeht und früher einmal weit verbreitet war. Vielleicht kennt der eine oder die andere noch die Bezeichnung *Aulenmacher* oder *Euler* für den Töpfer.

Für unseren Zusammenhang ist interessant, dass diese Krüge meist beim Biertrinken zum Einsatz kamen; und die Wendung *voll wie en Uhl/Ühl* bekommt so natürlich eine ganz andere Bedeutung. Es ist deshalb wahrscheinlich eine absichtliche oder aus Unkenntnis entstandene Umdeutung der *Uhl* (Bierkrug) als Eule (Raubvogel) gewesen, die uns heute beim Anblick eines Trunkenen an den unschuldigen Vogel denken lässt. Hinzu kommt, dass die Bierkrüge „von vorne gesehen, den Eindruck einer Eule" machten und so die Form den Anlass zu der Wendung gegeben haben mag. Sogar eine Brauerei führte den Namen des scheuen Raubvogels im Namen: Die traditionsreiche Eulenbrauerei in Düren wurde 1937 von der Kölner Union Brauerei übernommen.

Küpper 1121; Meisen 1957/217; RhWb II/207; der Dokumtarfilm wurde oft im Fernsehen wiederholt und zeigt verschiedene Wildtiere, die nach dem Genuss von vergorenen Früchten deutliche Symptome von Trunkenheit aufweisen; er ist schreiend komisch und wird an dieser Stelle ausdrücklich empfohlen. Allerdings, passend zu dem Thema dieses Buches, scheint auch dieser Film ein Fake zu sein, die einzelnen Szenen sollen aus anderen Zusammenhängen zusammengeschnitten sein.

Fisematenten

heißen zu Recht so. Mit kaum einem anderen Begriff sind so viele Winkelzüge, Ungereimtheiten und Querdenkereien verbunden wie mit diesem „anscheinend urrheinischen Wort" (Meisen). Wollte man so etwas wie eine Hitliste der Wörter mit den meisten Entstehungslegenden ermitteln, die *Fisematenten*, oder auch *Fisimatenten*, wären da ein aussichtsreicher Kandidat. Auch in anderer Hinsicht brechen die *Fisematenten* alle Rekorde: Sie sind Gegenstand einer der wohl langlebigsten und hartnäckigsten Volksetymologien im deutschen Sprachraum – was aber auch ein Beleg für die Eleganz und Schlüssigkeit dieser Herleitung ist.

Die geht im Kern so: In der napoleonischen Besatzungszeit kam es natürlich auch zu Begegnungen zwischen französischen Soldaten und der heimischen weiblichen Bevölkerung mit allen daraus entstehenden Begehrlichkeiten. Die äußerten die forschen Franzosen unter anderem auf diese Weise: „Visitez ma tente!", also „Besuch mein Zelt". Als die Mütter der so umworbenen Mädchen davon hörten, schlugen sie entsetzt die Hände zusammen und riefen: „Mädchen, mach bloß keine *Fisematenten*". Auf diese Weise bürgerte sich das Wort für „unüberlegte Dummheiten, Umständlichkeiten" zuerst im Rheinland, dann in großen Teilen des deutschen Sprachraums ein.

Sehr zur Empörung der Rheinländer wird diese Sage in unzähligen Varianten überall verortet. Mal sind es saarländische Mädchen, die auf die Franzosen hereinfallen, dann Berlinerinnen oder auch Hamburgerinnen. Immer werden aus der Aufforderung zum Zeltbesuch unsere *Fisematenten*. Es gibt auch eine moderne Variante: „Die Fisematenten kommen aus früheren Zeiten, als die Menschen noch nicht so offen sprechen konnten. Die Legionäre der Fremdenlegion mussten in regelmäßigen Abständen ein Bordell besuchen. Die Freudenmädchen sagten also auf Französisch: Besuch mich in meinem Zelt, was auf Französisch heißt: Visite ma tente. Daraus haben sich die Visimatenten abgeleitet."

Noch heute wird diese Wortgeschichte in unzähligen Veröffentlichungen, sei es in den Medien oder im Internet, mit großer Begeisterung erzählt. Wobei im Laufe der Zeit auch inhaltliche Varianten aufgetaucht sind. So sind es am Niederrhein auch schon mal spanische Söldner, die mit ihrem lautähnlichen „visita mí tienda" den gleichen Trick versuchten; wobei diese Version sogar als wahrscheinlicher gilt, da „die Truppen Napoleons ja keine Zelte gehabt hätten". Etwas anders und weniger frivol gelagert ist diese Legende: 1870 wurden kriegsgefangene französische Offiziere von ihren Wachen aufgehalten und nach dem Grund ihres Aufenthaltes auf der Straße gefragt. Die antworteten dann als Entschuldigung – in nicht ganz richtigem Französisch – „Je visite ma tante" (Ich habe meine Tante besucht). In einer anderen Version sind es auch deutsche Nachtschwärmer, die ihren Verstoß des nächtlichen Ausgehverbots gegenüber den französischen Besatzern in holprigem Französisch begründen müssen und ebenfalls „visitez ma tante" radebrechen.

Alle anderen Erklärungsversuche der beliebten *Fisematenten* haben lange nicht die Popularität der französischen Mädchenverführer erlangt. Nicht jeder war jedoch von diesem Gebaren der französischen Besatzer erbaut. In Köln wurde das Wort deshalb um die Jahrhundertwende – nach dem epochalen Sieg über den Erbfeind – auch auf die italienische „fisima" (Grille) zurückgeführt, was zwar inhaltlich logisch, sprachwissenschaftlich aber völlig unhaltbar ist. Das gilt auch für einen anderen Deutungsansatz. Danach ist *Fisematenten* abgeleitet von *visum authenticum*, wie in gelehrten Kreisen früher der den Namenszug in amtlichen Unterschriften umgebende, bedeutungslose Schnörkel genannt wurde. Ein schöner Versuch, aber sehr unwahrscheinlich. Auch die Ableitung von französisch „feinte" („Verstellung", siehe auch Finte) muss als gescheitert gelten. Danach wären die Fisematenten eigentlich *Fintematenten* in Anlehnung an die westrheinischen *Fentemächer*, wie man in Aachen z. B. arglistige Menschen und Ränkeschmiede nennt. Diese lautliche Verwandlung lässt sich aber nicht schlüssig erklären.

Auf Erklärungsnotstand lässt auch die Schreibung *fiese Matenten* schließen, die sich häufig, vor allem im Internet, findet. *Fies*, eines der Lieblingswört der Rheinländer und Rheinländerinnen, ist hier das Adjektiv zu einem vermeintlichen Substantiv *Matenten*, das soviel wie „Sachen, Dinge" bedeuten soll. Angeblich gibt es auch im Danziger Platt (!) ein solches Wort mit gleicher Bedeutung. In Berlin nennt sich sogar eine regional bekannte A-cappella-Truppe *Fiese Matenten*. Doch auch diese implizite Deutung muss ins Reich der Legenden und Sagen verwiesen werden, die „Matenten" sind weder im Danziger noch im rheinischen Platt nachzuweisen. Sie sind eine interessierte Erfindung, allerdings nicht ganz so offensichtlich wie die *fiesen Maatenten*, diese unsympathischen Zeitgenossen, über die sich die Betreiber der Juxseite Kamelopedia so nett ärgern können.

Was sagen die Sprachwissenschaftler zu all diesen Erklärungen? In einem sind sie sich einig: Sie sind alle falsch. Die Ableitungen aus dem Französischen stimmen schon deshalb nicht, weil die *Fisematenten* nachweislich viel älter sind. Der erste Beleg für das Wort findet sich nämlich in der „Cronica van der hilliger Stat van Coellen" von 1499, der sogenannten Koelhoffschen Chronik, wo es heißt: „It is ein viserunge (leeres Geschwätz) ind ein *visimetent"* – und damit scheinen die *Fisematenten* tatsächlich eine rheinische, wenn nicht gar kölnische Erfindung zu sein! In diesem Zusammenhang bedeutet *visimetent* soviel wie „überflüssiges Getue", was einen Hinweis auf ein anderes, älteres Wort zu geben scheint, das hier zugrunde liegen könnte. *Fisement* bedeutet im Frühneuhochdeutschen den eigentlich überflüssigen Schmuck an einem Wappen und geht auf das mittelhochdeutsche *visamente* zurück (Aussehen, Erteilung eines Wappens). Es mag sogar sein, dass unsere *Fisematenten* auch noch durch das im 16. Jahrhundert mehrfach belegte *visepatentes* beinflusst sind, das schon um diese Zeit eine Verspottung bürokratischer Umständlichkeiten beinhaltet. Das ist aber eine gelehrte Spekulation, die immerhin die Rheinländer als phantasievolle Sprecher und Sprecherinnen, die sich schon immer über Ausflüchte und Winkelzüge geärgert haben, bestätigen würde.

Auch wenn diese Erklärung noch nicht völlig befriedigt, so finden wir hier den doch seltenen Fall, dass ein umgangssprachlicher Beleg in einem frühen Schriftzeugnis nachgewiesen kann. Zwar sind damit alle die Franzosenzeit bemühenden Deutungen erledigt, aber ein bisschen Französisches bleibt am Ende doch noch über. Denn das mittelhochdeutsche *visamente* ist eine Ableitung aus dem zeitgleichen Verb „visieren", das – sehr mittelalterlich – die Tätigkeit des „Beschreibens von Wappenfiguren" meint. Und dieses *visieren* schließlich ist tatsächlich eine Entlehnung aus dem Altfranzösischen und geht auf „visier" zurück, das dort „besichtigen, ins Auge fassen" bedeutet. Also doch!

Braun 50; Cornelissen Fisematenten 96; Dittmeier 87; Frankfurter Wörterbuch 4/683; Hermanns 158; Hönig 48; Kluge 296; Meisen 1955 13; Pfeifer 1/440; Telling 38; Tonnar/Evers 41; Trübner 2/354; Wrede 1/224; www.wagner.vobis.de/daher.html; www.neon.de/kat/gallery/serie/3496?startwith=35368; www.kamelopedia.mormo.org/index.php/Diskussion:Fiese_Maat_Enten

Fisternöll

Beim *Fisternöll* oder *Fisternöllchen* scheiden sich im Rheinland die Geister. Die einen finden es moralisch anfechtbar (oder sind schlicht neidisch, was oft dasselbe ist), die anderen würden es nie trinken, und der Rest findet ihn lästig oder kann ihn grundsätzlich nicht leiden. Kurzum, unter einem *Fisternöllchen* verstehen die Rheinländer zwischen Emmerich und der Nordeifel offensichtlich nicht immer dasselbe. Am Niederrhein ist ein *Fisternölleken* ein einfacher Kornschnaps, der durch die Zugabe von Zucker und einer Rosine angeblich trinkbar gemacht ist; mithin ein Vorläufer der modernen, klebrigbunten Alkopopgetränke, ähnlich süß und mit entsprechenden Folgen am nächsten Morgen. In Köln und Düsseldorf dagegen bezeichnet ein *Fisternöll* eine meist heimliche Liebschaft, die auf Grund anderwärtiger Bindungen der Protagonisten besser nicht bekannt werden sollte. In großen Teilen und besonders im weiten Westen des Rheinlands und in der angrenzenden, niederländischen Provinz Limburg ist ein *Fisternölles* oder *Fispernölles* „einer der fispernöllt", wie das Rheinische Wörterbuch mit bestechender Logik definiert. *Fispernöllen* ist eine Tätigkeit, die man ganz besonders im Rheinland kennt oder gar fürchtet und folgerichtig äußerst vielfältig benennen kann: *brasseln, frickeln, frasseln, bratscheln, rumklamüsern, pruddeln, brötscheln* oder *pusseln*, immer wird damit ein amateurhaftes, meist wenig erfolgreiches Basteln bezeichnet, dem sich in aller Regel die männlichen Rheinländer offensichtlich mit großer Hingabe widmen. Eine Sonderbedeutung findet sich sporadisch im zentralen Rheinland; dann bedeutet *fisternöllen* „viel Zeit auf die Frisur verwenden, die Haare in Flechten um den Kopf legen".

So vielfältig die Bedeutungen, so phantasievoll sind auch die Versuche, dem Ursprung dieses Wortes auf die Spur zu kommen. So verwundert es nicht, dass die Wortgeschichte in den beiden großen Metropolen am Rhein mit deren leichtlebigem und weltoffenem Ruf korrespondiert. Hier vermutet man nämlich, dass das *Fisternöllchen* auf die angebliche französische Bezeichnung „fils a noël" (oder fils de noël) zurückgeht, was man leicht frivol zwar mit Weihnachts- oder Christkind übersetzen könnte, womit aber eigentlich die späte Folge eines *Fastel-*

ovendskröskens oder eben eines *Fisternöllchens* während der fünften Jahreszeit gemeint ist und an dessen göttliche Abstammung niemand so recht glauben mag. Eine andere, ebenfalls aus dem Französischen hergeholte, allerdings weniger anzügliche Ableitung behauptet einen Zusammenhang mit „festonner" (festonieren, also mit Schmuckborten versehen) und „fignoler" (peinlich genau arbeiten).

Gegen diese Wortgeschichte, die aufs Trefflichste den offenherzigen Regionalcharakter der Kölner mit ihrer Liebe zum Französischen vermählt, nimmt sich die Herleitung, die man am Niederrhein und im Ruhrgebiet in das Feld führt, doch arg bodenständig aus. Sie reizt dazu, Vorurteile vom lustfeindlichen, bäuerlich-behäbigen, ja fast schon westfälischen Norden des Rheinlands zu zementieren. Der Niederrheiner trinkt nämlich – wie weiland Karl Mays orientalische Helden – ausschließlich zum Wohle der Gesundheit. Er glaubt fest an die therapeutische Wirkung seines Gebräus aus Schnaps, Zucker und Rosinen und erklärt sich die Herkunft seines *Fisternölleken* so: Da die bäuerliche Küche am Niederrhein früher sehr vom Kohl mit seinen bekannten Auswirkungen auf den Magen und Darm bestimmt war, trank man ob der zu erwartenden *Fisten*, wie im gesamten Rheinland im Dialekt die Bauchwinde genannt werden, einen Schnaps. Da der zweite Wortbestandteil an das standarddeutsche Wort Null erinnert, übersetzt man ein *Fisternölleken* eben als Medizin, die „die Blähungen null und nichtig macht."

Beide Etymologien haben den Nachteil, dass sie regional beschränkte Sonderbedeutungen zum Erklärungsmuster für ein und dasselbe Wort machen, dessen Hauptbedeutung dabei aber völlig ignorieren: Nahezu überall im Rheinland und im angrenzenden Limburg denkt man nun mal beim Verb *fisternöllen/fispernöllen* an die Tätigkeit des Bastelns (im positiven Sinne) oder des unnützen Herumhantierens. Genau hier setzt eine Erklärung an, die man in Heinsberg und Umgebung hören kann und die das Wort auf die mundartlichen Bestandteile *Fisel* (Faser, Faden) und *Nöll* (Nadel) zurückführt. *Fisternöllen* meint also die lästige *Fiselsarbeit*, die man hat, wenn man einen Faden durch ein Nadelöhr ziehen will. Eine originelle Erklärung zwar, die Sprachwissenschaft geht bei ihren Herleitungsbemühungen jedoch einen anderen Weg. Als Bestimmungswort wird dabei ein Wortstamm bemüht, der im Niederdeutschen seine Realisierung als *fistern* „geschäftig sein, sich bemühen" gefunden hat und sich im Niederländischen als *futseln* und im Limburgischen als *fistelen* (beide mit eben dieser Bedeutung) wieder findet. Mehr Schwierigkeiten macht das vermeintliche Grundwort *-nöll* oder *-nölles*. Es wird einerseits auf das Dialektwort *nölen* (*Nöl hier nich rum* „Hör auf zu nörgeln und zu meckern") zurückgeführt, das im Niederländischen seine Entsprechung in *neulen* mit gleicher Bedeutung hat. *Neulen* wiederum geht zurück auf *neutelen*, was soviel wie „langsam arbeiten" heißt. Schwierigkeiten bei dieser an sich schlüssigen Ableitung macht allerdings der Langvokal in *nölen* oder der Diphthong in *neulen*, denn alle bekannten Varianten von *Fisternöll/fisternöllen* weisen im Grundwort ausschließlich einen Kurzvokal auf. Deshalb ist auch die Ableitung von *Nöll/ Nölles* als die mundartliche Variante des Personennamens Arnold vorgeschlagen worden. Damit wäre das Verb *fisternöllen* eine Ableitung aus einem Substantiv „Bastelarnold" nach dem Muster von Bastelhans oder Prahlaugust.

Eine ähnliche Erklärung erzählt man sich übrigens in Düsseldorf: „Die erste Hälfte des Wortes Fisternölles dürfte wohl von ‚Pfister' abgeleitet sein, das ähnlich schon im Althochdeutschen und Lateinischen vorkam und Müller oder Bäcker bedeutet. Fisternölles sagte man also ursprünglich zu einem Müller oder Bäcker namens Arnold." Das wäre durchaus möglich, diese Ableitung ignoriert allerdings die vielen verschiedenen Bedeutungen des Wortes im Rheinland.

Crompvoets 31; Fellsches Duisburg 46; Fuß IX; Houben 11; Kölner Brauerei-Verband 2; NRZ 14.9.2002, S. NRW1; Peters 29; Wrede 1/224; RhWb II/500; Tonnar/Evers 41; Winschuh 126

Flabes

Den *Flabes* kennt man im Rheinland von der Eifel bis nach Emmerich. Er ist ein *Flappmann*, ein Mann, den man nicht richtig ernst nehmen kann, ein alberner Mensch, oder aber auch ein Weichei, mit dem nichts los ist. Vielleicht ist er aber auch nur ungelenk und tollpatschig, aber auch dann ist er ein *Flabes,* *Flappes* oder *Flabines,* wie seltenere Varianten lauten. *Wat is denn dat von Flabes? Komm mir nich mit son Flabes an, den willse doch wohl nich heiraten? Ey du Flabes!* sind im Rheinland übliche Sprüche. Wobei man die Bezeichnung auch mit einem Augenzwinkern verwenden kann, dann ist sie eher ironisch als abwertend gemeint. Typisch rheinisch eben.

In Wahrheit ist es allerdings etwas komplizierter. Auch wenn der *Flabes* ein *Flappes* oder *Flappmann* sein kann, so sind sie doch sprachgeschichtlich nicht gleichzusetzen. Ob kurz oder lang gesprochen, ist hier von entscheidender Bedeutung. *Flappen* ist ein in den rheinischen Mundarten weit verbreitetes Verb, das viele Bedeutungen haben kann: schlottern, auf- und zuklappen, schlappig gehen, mit der Hand schlagen, Fußball spielen, ungeschickt handeln usw. Das trifft auch auf den davon abgeleiteten *Flappmann* oder *Flappes* zu. Der ist dann entweder ein verrückter Kerl, ein Dummkopf, ein plumper und ungeschickter Mensch, ein Witzbold, ein gutmütiger Schlacks oder ein Langweiler. Es sind Bezeichnungen, die zwar irgendwie negativ sind, aber doch nicht allzu verletzend und sogar liebevoll gemeint sein können. Sie beziehen sich in der Regel eher auf die körperliche Erscheinung und auf die geistige Beweglichkeit.

Dagegen ist der *Flabes* eigentlich nur ein alberner, närrischer Mensch, ein verdrehter Typ, ein ausgelassener Witzbold. Das kommt nicht von ungefähr, denn der hat mit dem Verb *flappen* rein gar nichts zu tun. In den rheinischen Mundarten ist der *Flabes* nämlich eigentlich eine Maske oder ein Gesichtsschleier, der zu Karneval getragen wird. In Köln singt man entsprechend: *Fastelovend hück mer han, komm Marieche, komm, dun der flöck en Flabes an, laach un bes nit domm!* Der *Flabes* ist also ein Maskenträger, jemand, der albern, närrisch oder auch affig sein kann. Es handelt sich hier um das alte rheinische Mundartwort *fladebis,* das sich aus dem mittelhochdeutschen „vladebiz" (Maske) ableitet. Ob das tatsächlich mit „Fladenbeißer", also „Breitmaul", richtig übersetzt ist, mag zweifelhaft sein, der moderne *Flabes* jedenfalls geht auf die alten Karnevalsmasken mit einem breit grinsenden Maul zurück. Eine weitere, im Rheinland zu findende Form, der *Fladebines,* der das gleiche meint, ist wie der kölsche *Naserines* (Mensch mit langer Nase) wohl eine Wortbildung, die in akademischen Kreisen entstanden ist.

Dittmaier 87; Honnen KKK 71; RhWb II/514; Wrede 1/226

flötepiepen

sagt man, wenn man „denkste" meint. *Eigentlich wollte ich ja früh nach Hause, aber flötepiepen, kaum hatte ich den Computer aus, kam der Chef. Und, hasde die Perle gestern noch rumgekricht? Flötepiepen, die is mit ihrer Feundin wech. Flötepiepen, nix war mit Grillen gestern, et hat gerechnet. Flötepiepen* kann auch so etwas wie „ich werde dir was husten", „ich pfeife dir was" bedeuten. Das Wort ist in der Umgangssprache weit verbreitet, selbst in Internet-Chats kann man es finden.

Eine ältere und typisch rheinische Variante ist das heute nicht mehr oft zu hörende *Jawoll, Flötekies!* oder *Flötekäs.* Diese Wendung ist bedeutungsgleich mit *flötepiepen,* sie hat ebenfalls die Funktion als grobe, abschlägige Antwort auf eine Bemerkung oder Bitte. *Kannsde mir ne Mark leihen. Jawoll, Flötekies, un en Zehner noch dazu*! Das Wort *Flötekies* kennen wohl nur noch ältere Rheinländer und Rheinländerinnen. Es bedeutet schlicht und einfach Quark und erinnert wie sein Verwandter *Klatschkies* daran, dass dieses Milchprodukt schließlich auch eine Art Käse ist. Beim *Klatschkies* ist die Namengebung noch nachzuvollziehen (ein weicher Käse, der aufs Brot geklatscht werden kann), beim *Flötekies* ist sie nicht so offensichtlich, zumal das Wort mit einer schönen Legende verbunden ist.

Die Rheinländer glaubten früher, dass man durch den Genuss dieses Quarkkäses das Pfeifen erlernen könne. Kleinen Jungen, die den Trick noch nicht so ganz raushatten, empfahl man deshalb: *Ess Kies, dann lierschde peifen*! Selbst gefangenen Singvögeln oder Ziervögeln gab man eine kleine Portion Quark in die Käfige, um sie zu schönerem Singen zu bewegen; und in Köln nutzten Sangesbrüder deshalb den dortigen *Fleutekies,* um die Kehle und Stimmbänder zu schmieren. Ob Quark wirklich mangelnden Pfeif- oder Sangeskünsten auf die Spünge helfen kann, muss hier nicht erörtert werden. Interessant an dem Volksglauben ist jedoch, dass er deutlich macht, wie sich die Menschen im Rheinland das Wort erklären. Sie bringen es mit dem Musikinstrument Flöte und dem davon abgeleiteten Verb flöten in Verbindung. Damit hat der Flötenkäse aber gar nichts zu tun.

Diese Volksetymologie zeigt nur, dass das Wort ziemlich alt sein muss, weil man im Rheinland die eigentliche Bedeutung schon lange nicht mehr kennt. Der *Flötekies* hat mit dem alten niederdeutschen Wort *flöten* zu tun, das „fließen(d) machen" bedeutet. Wir kennen es im Standarddeutschen noch als „flößen" in der Wendung „jemandem etwas einflößen". Ob der Quark so genannt wurde, weil er weich und fast fließfähig ist oder weil er aus der *Flötemelk* (fließende, abgerahmte Milch, Buttermilch) gemacht wurde, sei dahingestellt. Auf jeden Fall war das Verb *flöten* in diesem Zusammenhang im Niederdeutschen und auch im Niederländischen gebräuchlich. Dieser sprachliche Hintergrund ist im Rheinland offensichtlich schon früh verloren gegangen, und so konnte die Vorstellung entstehen, die Bezeichnung gehe auf die Gewohnheit zurück, Stubenvögel mit Quark zu füttern. So kann man Ursache und Wirkung verwechseln.

Es verwundert deshalb nicht, dass der *Flötekies* eine witzige rheinische Ersatzform zum ebenfalls niederdeutschen *flötepiepen* werden konnte. Da man den Quark fälschlicherweise mit der Flöte in Verbindung brachte, wurde er zu einem Synonym für *Fleutjepiepen* (oder auch *fleutschepiepen* und *piepegeflöten*), wie man im Norden des deutschen Sprachraums sagt und dabei mit dem Zeigefinger unter der Nase entlangstreicht. Dieses „Flötepfeifen" gehört in die Gruppe „jemandem etwas pfeifen" oder „jemandem etwas blasen" als drastische Form der Absage oder Ablehnung. Noch heute pfeift man bei Theateraufführungen oder Fußballspielen, wenn man sein Missfallen kundtun will. In diesem Zusammenhang macht die volksetymologische Umdeutung von *Flötekies* also durchaus Sinn.

Den Rheinländern, könnte man sagen, ist die eigentliche Bedeutung von *Flötekies* flöten gegangen. Womit ein weiteres wortgeschichtliches Problem angesprochen ist. Wieso geht etwas flöten, wenn es verschwindet? Darauf gibt es viele Antworten. Das Grimmsche Wörterbuch hatte noch eine eher poetische Erklärung: *„diesem flöten gehen gleicht, dasz man sagt* fortgeblasen, weggeblasen werden, die treue ist durch ein jägerhorn aus der welt geblasen worden, *verloren gegangen*." Märchenhaft ist dagegen die Variante, die Wendung auf den Rattenfänger von Hameln zurückzuführen, der die Hamelner Kinder mit seiner Flöte aus der Stadt lockte. Handfester ist da schon der Versuch, die Wendung aus dem Rotwelschen abzuleiten. Danach liegt hier „pleitegehen" zugrunde, das auf das hebräische „peleta" (Entrinnen, Rettung) zurückgeht. Noch drastischer will es die Süddeutsche Zeitung, die sich ihrer Erklärung sogar zu schämen scheint: „Denn wir kommen nicht drumherum, uns einzugestehen, dass flöten gehen schlichtweg nichts anderes heißt als – und jetzt müssen wir bitte kurz weghören – ‚pissen gehen'. Das niederländische Wort ‚fluiten' ist nämlich eine volkstümliche Bezeichnung für das Urinieren." Das letztere ist zwar ungefähr richtig, allerdings ist dies im Niederländischen nur eine unwichtige und nicht eben häufig zu hörende Nebenbedeutung. „Fluiten" heißt auch hier in erster Linie „flöten". Gegen diese Erklärung spricht außerdem, dass „fleuten gahn" schon im 16. Jahrhundert im Niederdeutschen die Bedeutung „hin und her laufen, davonlaufen, durchbrennen" hatte. Hamburger Kaufleuten konnte schon damals nichts Schlimmeres passieren, als dass ihnen ihr Geld „flöten ging". Diese Variante des „Flöte gehens" geht wahrscheinlich wieder auf niederdeutsches „fleuten" im Sinne von „fließen, wegfließen" zurück. Womit der Kreis geschlossen wäre.

Fairerweise muss hier allerdings eingestanden werden, dass es im neuen Grimmschen Wörterbuch im Stichwort „Flötengehen(!)" lakonisch heißt: „etymologie unsicher".

Grimm 3/1824; Grimm neu, 9/665; Meisen Flötekies; Pfeifer 1/453; RhWb II/657; Röhrich 1/464; Tonnar/Evers 48; Trübner 2/395; Wolf 1498; Wrede 1/233; www.sz-audio.sueddeutsche.de/unterhaltung/index.php?audio=49#top

fuckackig

ist ein in den rheinischen Mundarten weit verbreitetes Adjektiv, das auch noch häufig in der Umgangssprache zu hören ist. Es bedeutet „edelfaul" oder „überreif": *Die Äppel musste dringend aufbrauchen, die sind schon wat fuckackig* ist ein Satz, den man auch heute noch hören kann. Selbst Menschen können *fuckackig* sein, dann sind sie kränklich oder irgendwie nicht gut dabei, wie man im Rheinland sagt. *Im Moment bin ich aber richtig fuckackig* kann man sogar in einem Internetforum lesen.

Fuckackig ist ein typisch rheinisches und auf Grund seiner Lautgestalt für viele interessantes Wort. Über seine Entstehung hat man sich deshalb oft Gedanken gemacht und Spekulationen angestellt. Die schönste Wortgeschichte stammt aus Düsseldorf. Dort kann *fuckackig* offensichtlich auch *dätschig* bedeuten, ein weiteres typisch rheinisches Wort, das den Zustand eines Kuchens beschreibt, der nicht ganz aufgegangen und deshalb innen noch etwas weich und matschig ist, was man ihm aber von außen nicht ansehen kann. Deshalb muss das Wort irgendetwas mit Backwerk zu tun haben: „Innen weich, außen schön. Hier weist das spanische [!] ‚foccaccia' einen Weg: Die Kuchen, die Spaniens Söldner in der Herdasche buken, waren außen knusprig-braun, innen jedoch noch weich." Es sind im Rheinland immer irgendwelche Besatzungssoldaten, die für klanglich auffällige Wörter verantwortlich gemacht werden. Die angesprochenen Spanier würden sich allerdings wundern, dass sie das typisch italienische Fladenbrot in rheinischen Herden gebacken haben sollen. Aber italienische Besatzer lassen sich in der rheinischen Vergangenheit nun mal eben nicht nachweisen.

Gegen diese etwas weit hergeholte Wortgeschichte steht eine andere, die man „bodenständiger" nennen könnte. Die nimmt den zweiten Wortbestandteil wörtlich und geht deshalb so: „Der zweite Wortteil hat wohl einen Zusammenhang damit, dass der betreffende Mensch – meist handelt es sich um Kinder – so aussieht, als habe er Durchfall, bei dem das Aussehen des Betroffenen sich ja schnell verschlechtert."

Es ist fraglich, ob die Assoziationen, die zu dieser Deutung geführt haben, mit dem rheinischen Dialekt in Einklang zu bringen sind. Die Endung *-kackig* findet man in den Dialekten noch in den Wörtern *faulkackig* (dasselbe) und *wurmkackig* (wurmstichig), ein isoliertes Wort *kackig*, das mit menschlichen Ausscheidungen zu tun hat, existiert in den Mundarten nicht. *Fuck* kennt man im Rheinland dagegen auch in dieser Form als Adjektiv mit derselben Bedeutung wie *fuckackig*, es findet sich unter anderem auch in *Muckefuck* (siehe dort). Interessant ist, dass das Bestimmungswort *fuck* nur sehr selten belegt, das Kompositum *fuckackig* dagegen im zentralen Rheinland flächendeckend verbreitet ist.

Honnen KKK 77; Houben 39; RhWb II/862; Werner 113; Zimmers 1974, S. 85

kurze Fuffzehn

Komm, wir machen ma eben ne kurze Fuffzehn! oder *Ich brauch jetz ne kurze Fuffzehn!* ist für viele – nicht nur im Rheinland – nichts anderes als die Aufforderung, eine Pause zu machen. So steht in Essen seit vielen Jahren eine fast lebensgroße Bronzefigur vor der Tribüne des örtlichen Fußballstadions, die einen Bergmann darstellt, der sich mit zurückgeschobener Bergmannsmütze offensichtlich von seiner schweren Arbeit ausruht. Dieses „Denkmal" kennt man in der Region nur unter dem Namen „Kurze Fuffzehn". Es stand sogar Pate für die Stadionzeitschrift des Vereins Rot-Weiß Essen mit dem gleichnamigen Titel.

Nun sollte man annehmen, dass diese Wendung eigentlich keine Geheimnisse birgt. Eine fünfzehnminütige Pause ist in der Arbeitswelt nicht unüblich und kürzer als eine halbstündige – deshalb „kurze Fuffzehn". Dennoch ranken sich um den Begriff eine ganze Reihe von Entstehungslegenden. Da man die *kurze Fuffzehn* auch aus der Soldatensprache kennt, soll sie zum Beispiel auf die Arbeit der Pioniere zurückgehen, die angeblich in einem Fünfzehnerrhythmus gearbeitet haben und nach fünfzehn Hammerschlägen oder Zugeinheiten an der Winde abgelöst wurden. Auch die Arbeit an schweren Rammen wird für die Wendung verantwortlich gemacht, weil auf fünfzehn Rammstöße angeblich eine entsprechend lange Pause folgte.

Diesen Erklärungsversuchen ist gemeinsam, dass sie eine Pause mit der Zahl Fünfzehn verbinden. Nun hat die Wendung *kurze Fuffzehn machen* jedoch noch eine ganz andere Bedeutung, die nicht unbedingt mit einer Arbeitsunterbrechung zusammenhängt. Viele verstehen darunter nämlich „kurzen Prozess machen, Schluss machen, keine Umstände machen": *Mit denen machen wir doch kurze Fuffzehn, die ham bei uns im Stadion nix zu lachen. Komm, jetz mach ma kurze Fuffzehn un lass ma fünf grade sein.* Diese Bedeutungsvariante mit einer fünfzehnminütigen Pause in Verbindung zu bringen, fällt in der Tat schwer, und so wird erwartungsgemäß munter über die Entstehung spekuliert. Nicht ganz logisch erscheint in diesem Zusammenhang die Vermutung, die Wendung beziehe „sich auf die Viertelstundendauer der für die Notdurftverrichtung bemessenen Frist". In Frankfurt reklamiert man die kurze Fünfzehn als „Altfrankfurter Redensart", die eine Abkürzung „von Fünfundzwanzig auf die Hosen (sei), die länger dauern als nur Fünfzehn". Auch das Französische muss hier wieder Pate spielen, denn was die Deutschen unter vierzehn Tagen verstehen, sind bei unseren westlichen Nachbarn (und in allen romanischen Sprachen) seltsamerweise „quinze jours" (fünfzehn Tage). Um die beiden Zeitangaben deckungsgleich zu machen, wurde daraus im Deutschen eben die *kurze Fuffzehn.*

Eine weit verbreitete Entstehungslegende macht das „Puff- oder Tricktrackspiel" zum Ursprung der Wendung. Dieses Brettspiel, das dem modernen Backgammon ähnelt, wurde mit 15 Steinen gespielt (weshalb auch die Redewendung „einen Stein im Brett haben" hier verortet wird). Es gab eine kurze und ein lange Spielvariante, darüber hinaus konnte man offensichtlich mit etwas Glück mit einem einzigen Wurf alle fünfzehn Spielsteine herausnehmen (kurzer Puff). Hinweise auf das Puffspiel gibt es schon in der mittelalterlichen Literatur bei Hartmann von Aue und in den Fastnachtsspielen von Hans Sachs.

Gegen diese allgemein akzeptierte Theorie spricht allerdings, dass die Redewendung genau dort, wo sie literarisch angesiedelt wird, überhaupt nicht gebräuchlich ist. Sie ist im gesamten süddeutschen Raum unbekannt und nur dort heimisch, wo in der Umgangssprache aus der Fünfzehn eine *Fuffzehn* wird. Es ist deshalb sehr fraglich, ob die *kurze Fuffzehn* tatsächlich so alt ist, wie diese Entstehungslegende glauben macht. Sie ist in dieser Form jedenfalls nirgendwo vor 1850 belegt. Irritierend ist auch, dass in der Regel beide Bedeutungen selten gemeinsam in einer Region vorkommen. Dort, wo die *kurze Fuffzehn* eine Pause ist, macht man mit ihr eben keinen kurzen Prozess und umgekehrt. Deshalb ist auch die Annahme einer späteren Bedeutungsübertragung unwahrscheinlich, denn in diesem Fall müssten beide Bedeutungsvarianten eigentlich auch gemeinsam auftreten. Man sieht: Gar nicht so einfach, die *kurze Fuffzehn*.

Frankfurter Wb 4/756; Küpper 261; Röhrich 1/487;
www.jessner.homepage.t-online.de/dzgwort.htm

funzen

Auch die Internetgemeinde will nicht geschichtslos sein. Wie es aussieht, braucht sie zumindest sprachliche Wurzeln:

Das Wort *funzen* hat sich in den letzten Jahren auf breiter Front durchgesetzt. Die – zumeist technischen – Foren im Internet sind voll davon. Heute kann alles *funzen*: *Die neue Soundkarte funzt nich! Dat Programm funzt nich? Jetzt funzt die Kiste wieder. Die Party funzt nicht*, wenn keine Stimmung aufkommen will. *Funzen* ist im Internet heute sicher öfter zu lesen als das Verb „funktionieren". Und im sprachlichen Alltag ist es immer öfter zu hören. Deshalb macht sich die Internetgemeinde auch Gedanken darüber, wo dieses Wort eigentlich herkommt. Und seltsamerweise landet man da bei der *trüben Funzel*, die früher Bergleute zur Ausleuchtung ihres Arbeitsplatzes unter Tage gebraucht hätten. Aus dieser *Funzel* sei in der Fachsprache der Bergarbeiter das mittlerweile in Vergessenheit geratene Verb *funzen* abgeleitet und dann im modernen Internetjargon wieder reaktiviert worden. So die Erklärung des Internetlexikons Wikipedia.

Ein solches Verb gab und gibt es in der Bergarbeitersprache jedoch nicht. Und die *Funzel* hat auch nichts mit *funzen* zu tun. Das Verb ist nichts anderes als eine umgangssprachliche Verkürzung von „funktionieren" und ist im übrigen schon lange vor der elektronischen Vernetzung der Welt entstanden. Es ist allerdings durch die Internetforen sehr schnell populär geworden, wie andere Verkürzungen auch: *foten* für fotografieren oder *uppen* für uploaden. Abkürzungen und Verkürzungen sind in Foren und Chats groß in Mode und strahlen auf die Umgangssprache aus.

Die *Funzel*, also das schwache oder trübe Licht, gehört übrigens zur Wortfamilie Funke/funken/funkeln. Sie ist im 18. Jahrhundert entstanden aus Funksel „Zündstoff", ein Wort, das heute verschwunden ist. Die *Funzel* dagegen hat in der Umgangssprache überlebt und verweist in der Zusammensetzung *Tranfunzel* noch auf die Zeit, als der Fischtran in den Öllampen für stinkendes und trübes Licht sorgte. Deshalb ist *Tranfunzel* auch keine schmeichelhafte Bezeichnung.

Kluge 322; Trübner 2/477; www.de.wiktionary.org/wiki/Funzel

Futtsack

Ich hab Futtsack mitte Galle! Un ich mitte Verwandtschaft! Mit der Produktion gibtet Futtsack. Der hat Futtsack mit sein Auto! Wenn man *Futtsack* hat, dann hat man irgendwie Ärger, *Futtsack* zu haben ist nicht schön. *Futtsack* kann man im Rheinland am Niederrhein und im Ruhrgebiet haben. Durch das Internet scheint sich das Wort langsam auszubreiten, dort haben meist Computerfreaks *Futtsack* mit irgendwelchen Anwendungen.

In Chatbeiträgen liest man auch schon mal: *Ich weiß nicht, wo der Futtsack hängt?,* wenn jemand über sein Problem berichtet, oder auch *Da ist wieder der Futtsack drin!* Offensichtlich wissen die Sprecher und Sprecherinnen nicht genau, was unter *Futtsack* eigentlich zu verstehen und wieso er zum Synonym für Ärger und Probleme geworden ist. Wobei die beiden letzten Anwendungsbeispiele durchaus der im Ruhrgebiet oft zu hörenden Erklärung sehr nahekommen. Danach stammt der *Futtsack* nämlich aus der Zeit, als unter Tage im Bergbau noch Grubenpferde arbeiteten. Und immer, wenn die Produktion aus irgendwelchen Gründen stillstand, wurde diesen armen Viechern der Futtersack umgehängt, um die Pause zu nutzen.

Diese Zuordnung zur Bergmannssprache des Reviers hat allerdings einige Haken. In einschlägigen Listen zum Fachwortschatz der Bergleute als auch in Mundartwörterbüchern findet man das Wort nicht. Auch ist nicht ersichtlich, wie aus dem Futtersack der *Futtsack* wurde, dieser sprachliche Wandel ist sehr ungewöhnlich. Durch die regionalen Mundarten wird er nicht gestützt, danach müsste es *Foder-, Fojer-* oder *Fuersack* heißen. Deshalb ist die Ableitung aus der Bergmannssprache sehr zweifelhaft.

Es gab jedoch früher noch einen anderen Sack, der wie der Futtersack nicht nur bei Grubenpferden eingesetzt wurde. Das war der Sack, der genau am anderen Ende des Pferdes zur Anwendung kam. Noch heute kann man bei Touristengespannen in den Metropolen Europas diese Vorrichtung sehen, die zum Auffangen des Pferdemists dient. Nun heißt das hintere Ende bei Lebewesen in den rheinischen Mundarten schlicht *Futt* und der entsprechende Sack eben *Futtsack*. Er würde vom (Wort-) Inhalt sicher viel besser zu unserer Wendung passen. Allerdings hat auch er den Makel, nur einmal bezeugt zu sein, sodass auch diese Herleitung Spekulation bleiben muss.

Fellsches Duisburg 55; Horster 184; RhWb II/944ff;
www.klenner-entertainment.de/bio_ktk.htm; www.untertage.com/
forum/viewtopic.php?p=67411&highlight=&sid=c06d235f80e
027f3a3da0b30dc9c4ccf

Gesocks

Es ist kein Wunder, dass sich eine der ältesten Punkbands aus dem Ruhrgebiet den Namen „Pöbel und Gesocks" gegeben hat. Denn genau als das wurden die ersten Punker bezeichnet, als sie im deutschen Alltag auftauchten. *Dat du ja nich mit dem Gesocks rummachst!* wurden die Töchter von ihren Vätern gewarnt und beim Anblick von Ansammlungen irokesenhaariger Halbstarker hieß es schnell: *Wat will dat Gesocks hier.* Noch früher waren es ganze Stadtviertel, die so abqualifiziert wurden: *Da inne Siedlung wohnt doch nur Gesocks! Mit dem Gesocks will ich nix zu tun haben! Gesocks* meint also das „Gesindel, Pack", oder wie man früher brutal ausdrückte: „alles Asoziale". Heute beschimpfen sich darüber hinaus Rechte und Linke auf Demos und in Internetforen als *braunes* oder *rotes Gesocks.* Aber manchmal schlägt das *Gesocks* auch zurück, kehrt die Verhältnisse einfach um und spricht vom *vürnehm* oder *besser Gesocks* und meint damit etwa die Bewohner des Millionenhügels in Essen-Werden oder des Villenviertels Hahnwald in Köln.

Wenn die Punker von „Pöbel und Gesocks" ihre Tour bewerben mit dem Spruch „Pöbel und Gesocks unterwegs bis die

Socken qualmen und der Rest Verstand versoffen ist", geben sie damit unbewusst einen Hinweis auf die Entstehungsgeschichte ihres Namens. Denn *Gesocks* hat wirklich etwas mit der Socke oder den Socken zu tun. So wie wir in der Hochsprache die roten Socken kennen und damit sicher keine Strümpfe meinen, so finden sich in den rheinischen Mundarten eine Reihe von übertragenen Bedeutungen: *lästige Sock, domme Sock, ärme Söck, wärme Söck* (faule Frau), teuflische Socke usw. Auch das abgeleitete mundartliche Verb *socken*, das „flüchten, wegrennen" bedeutet, hat genauso wie die bekannte Wendung auf leisen Socken „heimlichtun" einen negativen Touch. Dieser abwertende Bedeutungshorizont hat auch zu unserem *Gesocks* geführt, es ist also eine diskriminierende Wortgeschichte.

Duden 4/1491; Kluge 352; Kraeber 82; Küpper 292; RhWb VIII/181; www.ruhrgebietssprache.de/lexikon/gesocks.html; www.poebel-und-gesocks.com/

göbeln

Ein mittlerweile weit über die Grenzen des Rheinlands verbreitetes, aber dennoch typisch rheinisches Wort ist *göbeln*. Menschen, die *göbeln*, geht es nicht gut, es ist ihnen sogar richtig schlecht. *Ich hab die ganze Nacht gegöbelt, ich bin vom Klo nich runnergekommen. Wenne jöbeln muss, nimm schnell nen Eimer.* Nicht immer sind Menschen, die sich übergeben, bemitleidenswert, vor allem dann nicht, wenn ihr Zustand selbstverschuldet ist. So wird zumindest im Ruhrgebiet das *Göbeln* in der Regel mit übermäßigem Alkoholgenuss in Verbindung gebracht: *Der hat direkt vor de Kneipe gegöbelt. Den nimmt doch kein Taxi, der göbelt denen doch die ganze Kiste voll.*

Das Rheinland liegt bekanntlich nicht am Meer, ganz im Gegenteil scheint der Anblick einer großen Wasserfläche seine BewohnerInnen eher an die unangenehmen Seiten einer Seefahrt denken zu lassen. Anders ist nicht zu erklären, weshalb hier bei der Herleitung des Verbs *göbeln* das niederdeutsche *kabbeln* und das abgeleitete *Kabbelwasser* ins Spiel gebracht werden. Den Rheinländern wird offensichtlich schon bei der Vorstellung einer bewegten See so schlecht, dass sie automatisch an das *Göbeln* denken müssen. Folgerichtig assoziiert man in Köln *göbeln* mit dem schönen und echt kölschen Adjektiv *kabbeljäuesch*, das genau das unbehagliche Gefühl beschreibt, wenn man vom Brechreiz erfasst wird. Wobei *kabbeljäuesch* natürlich den bekannten Fisch zum Vater, der Kabeljau allerdings nichts mit dem niederdeutschen Verb *kabbeln* zu tun hat.

Im niederländischen Limburg, wo man nicht *göbelt,* sondern *gubbelt,* kann man sich sogar einen konkreten Menschen als Namenspatron vorstellen; eine in dieser Bierhochburg vielleicht gar nicht so abwegige Vorstellung. Ein gewisser Gelles oder Gilles (zu Ägidius) soll der namengebende *Göbler* gewesen sein. Doch für wahrscheinlicher hält man auch hier die in der Sprachwissenschaft favorisierte Variante, nach der das rheinische *Göbeln* auf das französische Verb „dégobiller" zurückgeht, das ein maßgebliches Lexikon schlicht mit *kotzen* übersetzt. Entstanden ist es jedenfalls zuerst im rheinischen Grenzgebiet zu unseren französischsprachigen Nachbarn.

Küpper 301; RhWb II/1292; Tonnar/Evers 56; Wrede 1/301

Grillagetorte

Die *Grillagetorte* ist eigentlich eine *Grillaschtorte,* denn so wird sie da, wo sie mit Begeisterung gegessen wird, ausgesprochen. Was schon einiges über ihre – vermeintliche – Herkunft verrät. Falls eine Rheinländerin diesen Kuchen nicht kennen sollte, muss sie das nicht verwundern, denn dieses Schicksal teilt sie mit etwa der Hälfte aller Rheinländer.

Wie kaum etwas anderes spaltet nämlich die *Grillagetorte* das Rheinland. Gilt sie im Norden als das Nonplusultra der Konditoreiprodukte, so ist sie im rheinischen Süden völlig unbekannt. Die Grenzlinie zwischen den Liebhabern der Grillagetorte und ihren Verächtern verläuft etwas nördlich von Aachen quer durch das rheinische Tiefland bis in das Bergische Land etwas südlich von Solingen und Remscheid. Sie bildet eine verblüffend scharfe Grenze: Auf der einen Seite ist der Kuchen ausgesprochen beliebt, auf der anderen dagegen kennt ihn wirklich niemand. Eine so eindeutige Grenzelinie findet man sonst nirgends. Selbst die in der rheinischen Volkskunde so berühmte Schwarzbrotgrenze, die früher das Südeifler Rundbrot von dem nördlichen, etwas härteren Langbrot trennte, ist dagegen butterweich. Und Sprachgrenzen sind sowieso nur Konstrukte der Sprachwissenschaft und markieren keine scharfen Gegensätze.

Das ist bei der *Grillagetorte* anders. Dort, wo man sie nicht kennt, kennt man auch die Bezeichnung nicht. Unsere Grillagetortenbarriere ist also eine noch heute deutlich erkennbare Sach- und Wortgrenze. Nicht nur die Torte selbst, sondern auch ihre Verbreitung ist etwas ganz Besonderes. Zuerst zur Torte. Die ist eine halbgefrorene Eistorte, man könnte sie auch Eissplittertorte nennen; oder auch etwas poetischer so beschreiben: „Etwas Mysteriöses haftet ihm an, jenem meist halb gefroren servierten Sahnekuchen, der den Namen Grillage-Torte trägt (auch Grillasch). Ein wahrlich exklusives Schmankerl. Noch heute hüten Konditoren ihre Hausrezepte, als seien es Schätze. Die Torte gehört zum Niederrhein wie Kühe und Kopfweiden. Früher fehlte sie auf kaum einer festlichen Kaffeetafel zwischen Mönchengladbach und Emmerich. Ein niederrheinisches Mysterium also..." Man kann sie allerdings auch auf der Basis von Baiser mit viel Sahne aufschichten, was für die Analyse des Namens vielleicht nicht ganz unwichtig ist.

Wie auch immer, die Grillagetorte war und ist von niederrheinischen Geburtstagen oder Hochzeitsfeiern nicht wegzudenken. Sie ist eine Festtagstorte zu ganz besonderen Anlässen und wird in der Regel bei einem Konditor gekauft oder gegessen. Die ehemalige Krefelder Konditorei Wilms beansprucht sogar, Erfinder dieses Kuchens zu sein. Allerdings ist die Quellenlage hier sehr dürftig. Gänzlich phantastisch ist allerdings die hier behauptete Wortgeschichte: „Bei einem Besuch in Frankreich lernte die damalige Frau Wilms das hier noch unbekannte Grillen kennen. Die schwierige Fertigung der Tortenböden im Backofen ähnelte einer Art Grillen. So gab Frau Wilms der neuen Torte den Namen: Grillagetorte." Hier war eindeutig der Wunsch Vater des Gedankens. Um die Jahrhundertwende wurde in Frankreich noch nicht gegrillt, die Grillage war im Französischen zu dieser Zeit ein Fachbegriff der industriellen Erzverhüttung und hatte mit einem Barbecue herzlich wenig gemein. Unser moderner

„Grill" und das daraus abgeleitete „grillen" ist eine Entlehnung aus dem Englischen und erst in der ersten Hälfte des 20. Jahrhunderts im Deutschen heimisch geworden. Zwar geht das englische „grill" tatsächlich auf das Französische „grille" (Rost) zurück, daraus aber auf eine lange Grilltradition bei unseren Nachbarn im Westen zu schließen, ist völlig verfehlt. Außerdem gehört das Backen von Tortenböden wohl eher zu den einfacheren handwerklichen Tätigkeiten eines Bäckers und hat mit dem Grillen unserer Tage wohl nur wenig gemein.

Dennoch kann man es den Niederrheinern nicht verdenken, wenn ihnen die *Grillagetorte* französisch vorkommt, weshalb sie sie auch *Grillasch* aussprechen. Allerdings eher ohne französischen Akzent, sondern mehr rheinisch mit der Betonung auf der ersten Silbe und einem kurzen -asch. Niemand am Niederrhein rechnet das Wort den örtlichen Mundarten zu, sondern alle Genießerinnen glauben, dass es sich hier um ein Wort der Standardsprache handelt, wenn auch mit französischen Wurzeln. Tatsächlich findet sich die *Grillage* oder *Grillaschtorte* in keinem Mundartwörterbuch, genauso wenig jedoch in einem Lexikon zur Standardsprache. Zwar ergibt einfaches Googeln heute eine Reihe von Treffern, aber vor zehn Jahren war das noch ganz anders. Damals prophezeite der Autor dieser Zeilen in einem ersten Aufsatz zur *Grillaschtorte* deren baldiges Ableben, weil sie kaum noch in niederrheinischen Cafés zu finden und im Internet nahezu unbekannt war. Das hat mittlerweile zwar zu einer gewissen Renaissance der Torte und sogar zu einem Web-Aufruf „Rettet die Grillagetorte" geführt, zur Aufklärung der geheimnisvollen Herkunft dieses Kuchens hat der ganze Rummel aber nicht beigetragen.

Eigentlich könnte die ganze Angelegenheit so einfach sein. Denn „Grillage" ist ein im Konditoreiwesen gebräuchliches Fachwort. Es steht für in Fett und Zucker gerüstete Nüsse oder Kerne, eine Süßigkeit, die man auch Krokant nennt. Und in der Tat ist diese Knabberei ein unverzichtbares Bestandteil der beliebten *Grillaschtorte*, ob sie nun darüber gestreut oder in der Sahneschicht verteilt wird. Leider ist dieser Fachbegriff im Rheinland aber ziemlich unbekannt, Bäckern in Bayern oder Österreich ist er dagegen sehr geläufig. Das passt nun leider gar nicht zu unserer kleinen Grillagetorteninsel am Niederrhein Denn die ist wahrlich eine Enklave. Außer in Teilen des Münsterlands und sporadisch im Sauerland kennt man den Kuchen nur hier. Wieso gibt es ihn nicht auch in Süddeutschland? Aber viel-leicht ist die Krefelder Entstehungslegende ja auch nur falsch erzählt und die Bäckersgattin hat Paris mit Wien verwechselt. Dann wäre das Rätsel um diese regionale Spezialität gelöst.

Völlig in die Irre führt dagegen ein Deutungsversuch, der im Rundfunk zu hören war. Ein Moderator hatte die Betonung bei der Erwähnung von *Grillasch* immer wieder auf die Endsilbe gelegt und das „a" dabei gedehnt. Damit tut man der beliebten Torte sicherlich Unrecht.

Honnen Grillasch; Wrede Eifel 274; www.grillagetorte.de; www.rettet-die-grillagetorte.de; www.derwesten.de/nachrichten/ nrz/ heimat/2007/12/12/news-10167139/detail.html

Hallas

Als im Herbst 2005 weit über die Grenzen des Rheinlands hinaus für die große Abschlussveranstaltung der Comedy-Festival-Reihe „Watt'n Hallas" in der Dortmunder Westfalenhalle geworben wurde, werden sich nicht wenige über das seltsame Motto gewundert haben. Denn unter *Hallas* können sich viele Menschen außerhalb der ruhrpöttischen Kernlande um Essen und Dortmund kaum etwas vorstellen. Dort allerdings ist es in der Umgangssprache sehr geläufig: *Mach nich son Hallas* oder *Wat is denn dat wieder von Hallas* sind oft zu hörende Sätze, wenn sich jemand um Mäßigung bei einem Streit oder um eine Absenkung der Lautstärke bei einer Party bemüht.

Hallas kann also „Jubel, Trubel, Heiterkeit", schlicht „Lärm" oder auch „schlechte Stimmung, Ärger" bedeuten. Insofern ist das Motto der Veranstaltung durchaus zweideutig. Im Rheinischen Wörterbuch ist das Wort nur einmal für Kempen – hier nur in der positiven Verwendung als karnevalistischer Trubel – verzeichnet, man kennt es aber auch sporadisch am Niederrhein oder im nördlichen Ruhrgebiet. Hier und heute scheinen aber die negativen Konnotationen zu überwiegen, denn sowohl in den Essener als auch Dortmunder Wortschätzchen verbindet man mit

Hallas nur schlechte Stimmung, Stress und Ärger: *Da is aber Hallas an Bord* ist eine stehende Wendung, wenn man irgendwo dicke Luft verspürt.

Hallas hat ganz offensichtlich eine Bedeutungserweiterung erfahren. In allen alten Quellen neben dem Rheinischen Wörterbuch ist es nämlich ausschließlich mit der Bedeutung „Lärm, Krach" verzeichnet. Bezeichnender Weise finden sich alle diese Belege in alten rotwelschen Wortsammlungen wie etwa Polzers „Gaunerwörterbuch für den Kriminalpraktiker" oder in Verzeichnissen der schwäbischen Kundensprachen; hier bedeutet *Hallas pflanzen* Streit anfangen. Im Rheinland kannten die Sprecher der „Stotzheimer Gaunersprache" in der Nähe von Euskirchen den Ausdruck *Hallesmacher* für jemanden, der immer Radau macht und randaliert. Und in der Münsterschen Geheimsprache Masematte schließlich ist das Wort auch in der Bedeutung „Ärger und Streit" gebräuchlich, *hamel Hallas machen* heißt hier soviel wie „Staub aufwirbeln, Ärger machen".

Hallas ist also eines der vielen Wörter, die die Umgangssprache aus dem Rotwelschen entlehnt hat. Bemerkenswert ist hier allerdings, dass das Wort nur über einen begrenzten Geltungsbereich verfügt und außerhalb von Westfalen und dem Rheinland deutlich seltener zu hören ist, obwohl es in süddeutschen Rotwelschdialekten mehrfach nachgewiesen und auch im Frankfurter Wörterbuch verzeichnet ist.

Fellsches Dortmund 62; Fellsches Essen 65; Frankfurter Wb 6/1042; Honnen Geheimsprachen 143; Kluge 426; RhWb IX/1280; Siewert 45; Wolf 2028

Heckmeck

Es ist schon lustig, dass die beiden Wörter, die in etwa einen ähnlichen Bedeutungshorizont haben, auch beide Anlass zu ähnlich phantasievollen Wortgeschichten sind, auch wenn die Ursprungslegenden in genau entgegengesetzte Richtungen führen. *Fisematenten* und *Heckmeck* haben die Wortdeuter immer wieder beschäftigt und dabei fast immer ins Ausland geführt. Bei *Heckmeck* sogar in einen völlig anderen Sprachraum.

Mach doch nich son Heckmeck! oder *Der ganze Heckmeck hat sich nich gelohnt!* sind im Alltagsdeutsch besonders im Rheinland und in Westfalen häufig zu hören, aber auch in der allgemeinen Umgangssprache heute weit verbreitet. Gemeint ist damit „überflüssiges Getue, Gedöns". *Die macht aber auch immer en Heckmeck mit ihrem Baby!* kennzeichnet so das Verhalten einer jungen Mutter, deren Welt sich im Augenblick nur um das Neugeborene dreht und die nicht verstehen will, dass für ihre Umwelt die Physik noch nicht außer Kraft gesetzt ist. Noch mehr wundern würde sie sich allerdings über die Herkunft dieses Wortes, das man spontan als Lautmalerei einstufen möchte. Mitnichten! Denn *Heckmeck* ist eines der wenigen türkischen Lehnworte im Deutschen, wenn auch ein wenig verballhornt. Es geht zurück auf „ekmek" (Brot), das auf folgendem Weg Eingang in die deutsche Umgangssprache gefunden hat: „Da von nennenswerten Gefangenenaustäuschen in den Türkenkriegen nichts bekannt ist, die österreichischen Gefangenen gewöhnlich als türkische Sklaven (privat oder staatlich) endeten, die türkischen Gefangenen in Österreich dagegen nur verschwindend geringe Spuren hinterließen, ist es möglich, daß sie auf dem langen Marsch in die vorwiegend steiermärkische Zwangsarbeit großenteils bis größtenteils verhungerten. Dabei werden sie auf den Dörfern, durch die sie zogen, deren Bewohner in der einzigen Sprache, über die sie verfügten, um Nahrung angefleht haben, eventuell mit einem Nachdruck, der für jene komische Züge aufwies." Eine andere, aber im Kern verwandte Variante verweist auf türkische Gefangenenlager in Berlin, in denen die hungrigen Insassen die Aufseher mit ihrem ständigen „ekmek, ekmek" nervten, bis diese sie in Unkenntnis der Bedeutung aufforderten, doch endlich mit dem *Heckmeck* aufzuhören.

Allerdings konkurriert diese Wortgeschichte mit einer oft zu lesenden Version, die weit in die Geschichte und den arabischen Sprachraum hinreicht. Danach ist *Heckmeck* verballhornt aus der arabischen Wendung „haqi milki", die in etwa „mein Recht, mein Eigentum" bedeuten soll. Mit dieser Floskel leiteten arabischsprachige Juden im Mittelalter sogenannte Kreditrückforderungen ein. Nach ihrer Vertreibung aus Spanien durch die Reconquista erreichte diese Wendung auch unseren Sprachraum und wurde wohl anfänglich eher als Abwehrgeste verstanden: *Mach bloß keinen Heckmeck, ich hab doch kein Geld!*, bis sie in ihrer heutigen Bedeutung in der Umgangssprache heimisch wurde.

Im Rheinland und hier speziell am Niederrhein sieht man die Sache völlig anders. Hier kennt man nämlich das Wort *Heckmeck* auch in einem völlig anderen Zusammenhang: die *Hickemick* oder *Heckemeck* ist im niederrheinischen Dialekt die Hinterradbremse an einem Pferdewagen. Dieses Wort ist entstanden aus dem französischen „mecanique", das mit dem deutschen Verb „hemmen" gekreuzt wurde; wörtlich übersetzt würde es Brems/Hemmmechanik heißen. Wenn nun diese Bremse bei flotter Gangart zu heftig betätigt wurde, entstand auf dem Wagen genau das, wofür das Wort heute in der Umgangssprache steht: ein heilloses Durcheinander oder Wirrwarr.

Wenn so gelungene Wortgeschichten miteinander konkurrieren, sind sie leider meistens alle falsch. So auch hier. Es gibt für diese Legenden keinerlei Hinweise, die die angedeuteten Wege in die Umgangssprache auch nur im Ansatz belegen könnten. Dagegen ist schon seit dem 15. Jahrhundert die Wendung *Hack und Mack*, auch *Haggamagga* oder *hak und mak*, in vielen Zusammenhängen überliefert, die sowohl „Gehacktes, allgemein Durcheinander" als auch „Plunder, Pöbel, dummes Gerede" bedeuten kann. Die bekannteste Quelle ist wohl der Simplizissimus, der es für die damalige babylonische Sprachverwirrung aus „rotwelsch, hoch- und niederteutsch" gebraucht. Seit dem 17. Jahrhundert ist in diesem Verwendungszusammenhang auch die heutige Variante *Heckmeck* zu finden. Etwas irritierend ist dabei nur, dass sich die moderne Bedeutung „Getue, Aufwand" nur in Westfalen und im nördlichen Rheinland entwickelt hat, obwohl die Wendung „Hack und Mack" ursprünglich viel weiter verbreitet war. Deshalb neigen manche Etymologen heute wieder zu der Annahme, *Heckmeck* könnte vielleicht doch nur eine „reimende Doppelbildung zu meckern, also „Gemecker" sein. Das hört sich aber auch eher nach einer Notlösung an.

Ein kleiner Exkurs: Türkische Lehnwörter in der deutschen Umgangssprache sind äußerst selten. Neben dem verballhornten „ekmek" findet man auch immer wieder die Behauptung, unser beliebter Freudenruf „Hurra" sei eigentlich eine Entlehnung aus der türkisch-osmanischen Soldatensprache und gehe auf „Vur ha" zurück, was soviel wie „Schlag los" bedeutet, weshalb auch deutsche Truppen gerne mit lautem Hurra in die Schlacht zogen. Auch an dieser Deutung ist nichts dran. Zwar ist auch hier die Etymologie noch nicht endgültig geklärt (entweder entstammt Hurra der älteren englischen Seemannssprache oder es geht zurück auf das mittelhochdeutsche Verb „hurren" (sich schnell bewegen)), aber eine Entlehnung aus dem Türkischen ist ausgeschlossen. So bleibt als einziges verbreitetes Lehnwort unser Kiosk, dessen Ursprung tatsächlich das türkische „kösk" Gartenhäuschen) und über das französische „kiosque" im 18. Jahrhundert in die deutsche Sprache gelangt ist.

Kluge 399; Küpper 335; RhWb V/1021; Pfeifer 2/719; Röhrich 2/686; Winschuh 126; www.avenz.de/definition/heckmeck.htm; www.arabmed.de/deutsch/magazin/022002/S50-51.pdf; www.dalmis.com/html/humor5.htm; www.welt.de/daten/1999/ 10/02/1002lw131592.htx; www.bis.uni-oldenburg.de/bisverlag/ spoall93/spoall93.html

Heiermann

Dem *Heiermann* scheint so langsam die Luft auszugehen. Seit der Einführung des Euro ist die Bezeichnung für die alte Fünfmark-Münze immer seltener zu hören. Diejenigen, deren marktwirtschaftliche Initiation schon unter dem Euro-Banner erfolgt ist, werden solche Sätze wie *Dat kost en Heiermann* oder *Für nen Heiermann tut der alles* schon nicht mehr verstehen. Falls die Europäische Zentralbank nicht doch noch ein Einsehen hat und eine Fünfeuromünze prägt, wird der *Heiermann* wohl allmählich aus dem Sprachgebrauch verschwinden. Der Name scheint an die Münzform gebunden zu sein, denn die anfänglichen Vermutungen, er werde auf die neuen Fünfeuroscheine übergehen, hat sich nicht bestätigt.

Der *Heiermann* ist in den rheinischen Mundarten nicht verankert, er gilt hier vielmehr als ein Import aus dem Ruhrgebiet, wo er zum umgangssprachlichen Kernwortschatz gehört. Man kennt ihn allerdings auch im norddeutschen Sprachraum. Diese geographische Verbreitung ist auch Aufhänger für die gängigste Ableitung des Wortes. Danach geht der *Heiermann* auf Heuer „Miete, Lohn eines Seemannes" zurück, die Genese des Wortes stellt mancher sich ganz handfest vor: „Früher erhielt jeder Seemann beim Anheuern auf einem Schiff ein Handgeld, welches sofort ausbezahlt wurde. Viele Seeleute trugen dieses Handgeld sofort in eine Kneipe oder ein Bordell. Dort prahlten sie mit ihren großen Münzen, den Heiermännern (= Heuermänner)." Ist das Wort hier nicht an den Wert der Münze gebunden, so konkretisieren andere Etymologien, indem sie auf das Fünfmarkstück als gebräuchliches Handgeld beim Vertragsabschluss verweisen. Bildungen auf „-mann" sind in diesem Zusammenhang nicht ungewöhnlich, denkt man an andere, früher weit verbreitete Münzbezeichnungen wie *Fett-, Kasten- oder Petermännchen* (wie überhaupt „Mann" als Grundwort für die Bezeichnungen von Gegenständen im Rheinland oft zu finden ist: *Henkelmann, Flachmann, Pittermännchen* usw.).

Diese Etymologie wäre sicherlich allgemein akzeptiert, würde man den *Heiermann* nicht in auffällig vielen Geheimsprachen finden. Zwar wäre eine Übernahme aus der Matrosensprache in die Rotwelschdialekte nicht ungewöhnlich, nur müsste in diesem Fall der *Heiermann* zumindest älter als die Münzbezeichnung „Mark" sein. Außerdem korreliert unser Wort mit dem rotwelschen Zahlensystem, das in fast allen Geheimsprachen aus dem Jüdisch-Deutschen übernommen wurde: Da *hei* das händlersprachige Wort für die Zahl fünf (aus „he", dem Namen des fünften Buchstabens im hebräischen Alphabet) ist, macht eine Ableitung aus dem Rotwelschen durchaus Sinn: Hier bezeichnet der *Heiermann* schlicht einen Fünfer.

Solange der Streit um den Ursprung des Wortes noch nicht entschieden ist, hält man sich vielleicht an eine andere Wortgeschichte, die häufig erzählt wird, garantiert falsch ist und eher männlichen Denkweisen entspringt. Demnach ist der *Heiermann* verwandt mit der kindersprachlichen Bezeichnung *Heia* für die Liegestatt, die in diesem Fall ein Lotterbett ist. In dem konnte man sich angeblich in Zeiten, in denen das Geld noch etwas wert war, für fünf Mark bezahlten Sinnesfreuden hingeben: Der „*Heiamann*" als pauschale Heuer für eine Prostituierte, womit sich der etymologische Kreis wieder geschlossen hätte.

Eine ganz andere Verbindung zwischen der Waterkant und dem Rheinland schafft schließlich eine inzwischen in Bremen ansässige Familie Heiermann. Die führt in ihrem Familienstammbaum einen adeligen Vorfahren aus dem Rheinland. Weil dieser Heiermann seinen Adelstitel verkaufen musste, benutzt man dort noch heute seinen Nachnamen als Bezeichnung des Fünfmarkstücks. Auch daran kann man glauben.

Duden 4/1714; Fellsches Bochum 85, Duisburg 62; Kluge 401; Küpper 336; Lerch 264; Siewert 46; www.softco-nidda.de/cgibin/ guestbook.pl?1; Www.besserwisserseite.de/antworten/ fragen_7.phtml

Heiopei

Ein *Heiopei* ist ein liebenswerter Blödmann, ein kindischer, nicht ganz ernstzunehmender oder oberflächlicher Mensch. In der Regel ist ein *Heiopei* ein Mann. Das eher harmlose Schimpfwort ist noch nicht alt, es ist wohl erst in den 1970er Jahren entstanden, frühere Belege finden sich jedenfalls nicht.

Deshalb überrascht, dass dieses junge Wort aus dem Altgriechischen stammt und eine Verballhornung von „hoide o paide" ist, das mit „Schlaf o Kind" zu übersetzen wäre. So kann man es im Internet vielfach lesen. Damit ist auch gleichzeitig die Herkunft der Wörter *Heiapopaia* oder *Eiapopaia* geklärt, mit denen Millionen von Kindern in den Schlaf gesungen worden sind.

Allerdings gibt es für diese Ableitung keinen Anhaltspunkt; sie ist eine klassische Volksetymologie und beruht nur auf Lautähnlichkeit. Außerdem ist sie auch grammatikalisch nicht ganz korrekt; die richtige griechische Form (hier der Vokativ) wäre „pai", worunter die Lautähnlichkeit allerdings nicht leiden würde. Aber diese Verwandtschaft mit dem Griechischen ist wohl eine reine Erfindung. *Heiopopeia* kennt man seit dem Beginn des 19. Jahrhunderts, als Synonym für das Wiegenlied ist es schon bei Goethe (im Egmont) und in den Briefen von Brentano belegt. Das Wort ist eine Nachahmung von kindersprachlichen Formen und begleitet die wiegenden Bewegungen, mit denen Kinder in den Schlaf gesungen werden. Daraus abgeleitet ist die ebenfalls kindersprachliche *Heia*, in die Kinder abends von den Eltern geschickt werden.

Der *Heiopei* schließlich ist eine moderne Ableitung aus *Heiopopeia*. Er ist ein Mann, der eigentlich ein Kind geblieben ist, ein unselbständiger und unzuverlässiger Zeitgenosse, der sein Leben nicht ohne Hilfe bewältigt. Der ehemalige Außenminister Fischer hat offensichtlich an diesen Typus gedacht, als er provozierend von der *Heiopopeia-Generation* sprach. Damit meinte er junge Leute zwischen „zwanzig und dreißig, die bei ihren Eltern wohnen, sich nicht entscheiden können und über die Ungerechtigkeit der Welt lamentieren". Lauter *Heiopeis* also.

Duden 2/927; Grimm 10/891; Küpper 335; www.iq.lycos.de/qa/ srch/Wortherkunft/?q=&mode=&filter=all&p=1&pp=10&sort= #inbanner

Hempels

Wie es bei Hempels unterm Sofa, Bett oder Teppich aussieht, will man eigentlich gar nicht so genau wissen. Dass es dort eher chaotisch zugeht, weiß man sowieso. Viel eher will man wissen, wer denn diese berüchtigten Hempels waren. Gab es sie überhaupt?

Der beliebte „Große Röhrich" ist hier eher ein Spielverderber. Er ignoriert diese Frage einfach und behauptet darüber hinaus, die Redewendung werde erst seit 1991 gebraucht. Das ist mit Sicherheit falsch, denn besagte Hempels können schon in Wortsammlungen aus den frühen 1980er Jahren nachgewiesen werden und müssen deshalb deutlich älter sein. Die frühesten „Datierungen" gehen sogar bis ins Jahr 1900 zurück. Danach gab es „im Stuttgarter Raum vor ca. 100 Jahren einen Zirkus Hempel. Unter dem hohen Zirkuswagen, in dem die Familie wohnte, sammelte sich immer der Müll. Der Müll lag also bei Hempels immer unterm Sofa…"

Die gleiche Geschichte wird auch vom Zirkus Hagenbeck erzählt. Auch dort lebten um die Jahrhundertwende Tierpfleger und Artisten in Wohnwagen, die ihren Müll unter ihren Behausungen entsorgten. „Wie bei Hempels unterm Wohnwagen" war angeblich schon um 1900 eine in Hamburg bekannte Wendung. Wenn diese Herleitung stimmt, kann man die Geschichte jedoch nicht den Nazis in die Schuhe schieben: „Ich habe gehört, dass es im Dritten Reich einen nationalsozialistischen ,Aufklärungsfilm' zum Thema Verwahrlosung (?) gab. Ein Beispiel war die Familie Hempel aus Mecklenburg-Vorpommern, die wohl nach heutigen Maßstäben als asozial gelten müssen. Die Familie Hempel gab es also wirklich!"

Dass es eine Familie Hempel gab, wird wohl niemand bezweifeln, eine wohnte jedenfalls auch in einem Ort namens Rüdersdorf: „Eine Familie Hempel kannte ich als Kind, sie lebten in Rüdersdorf, waren unglaublich schlampig und meine Oma meinte, auch die Generation davor sei eine ,ferklige' gewesen. Genetische Vererbung!" Die Hempels sind ein schönes Beispiel dafür, wie moderne Legenden entstehen. Persönliche Beobachtungen (oder die von Bekannten oder Verwandten) bürgen für die Glaubwürdigkeit einer Geschichte, geschickt gewählte historische Anspielungen (den Nazis ist ein solcher Film durchaus zuzutrauen) sprechen für die Seriosität einer Erzählung.

Wie war es wirklich? Wie immer in solchen Fällen ist es kaum möglich, die wahren Hempels ausfindig zu machen – wenn es sie überhaupt gegeben hat. Vielmehr ist anzunehmen, dass hier nur der Typus gemeint ist. Der *Hampel* oder *Hämpel* steht in vielen Mundarten und in der Umgangssprache für einen groben und unkultivierten Menschen (der Hampelmann hat hier seinen Ursprung). Wahrscheinlich hat er für die Redewendung Pate gestanden. Ein Beleg dafür ist, dass man auch die Variante *wie bei Hampels unterm Sofa* hört, ja manchen erscheinen die „Hempel's" sogar als die amerikanische Form des deutschen Hampels.

Küpper 339; PfälzWb III/622; RhWb III/185; Röhrich 2/698; Sprick 39; Wellmann 25; www.duden.de/deutsche_sprache/newsletter/archiv.php?id=132

Henkelmann

Eigentlich ist an dem Wort Henkelmann nichts Besonderes. Es ist eine typische Bildung auf -mann, wie man sie in *Blaumann*, *Pittermann* oder *Flachmann* auch antrifft. Henkelmänner waren

Gefäße zum Transportieren von – warmen – Mahlzeiten, bestanden aus mehreren ineinandergesetzten Gefäßen und waren in ein Tragegestell oder einen Gurt eingehängt, daher „Henkel". Seine Blütezeit hatte der Henkelmann in der Phase der Industrialisierung und in der entfalteten Schwerindustrie, als die Arbeiter ihn mit in die Werke nahmen oder von ihren Ehefrauen zur Mittagspause gebracht bekamen. Obwohl immer wieder als Erfindung der Bergleute beschrieben, war er unter Tage nicht üblich, lediglich die Arbeiter im Tagebetrieb nutzten ihn.

Lustig wird die Wortgeschichte erst, weil der Henkelmann immer wieder dem Rotwelschen zugeschrieben wird: „doppelwandiger, zum Schmuggeln eingerichteter Esstopf, wie ihn Arbeiter benutzen (an der Schweizer Grenze sehr verbreitet)". Dass man einen Henkelmann zweckentfremden kann, ist unbestreitbar, aus dieser Nebenfunktion jedoch auf die Wortgeschichte zu schließen, scheint genau so töricht wie der Versuch, mit dem weit verbreiteten und damit bekannten Gefäß tatsächlich etwas schmuggeln zu wollen.

Der Henkelmann gilt als typisch für den Ruhrpott. Ob das Wort jedoch hier entstanden ist, weiß man nicht. Selbst Günter Grass isst in seinem „Butt" „lauwarmen Schweinekohl" aus dem Henkelmann. Wie populär er im Ruhrgebiet einmal gewesen ist, belegt das kleine Spottlied, das man hier nach seiner Abdankung auf Kaiser Wilhelm sang:

O Tannenbaum, O Tannenbaum,
der Kaiser hat in 'n Sack gehau'n.
Da kauft er sich 'nen Henkelmann
und fängt bei Krupp in Essen an!

Duden 4/1734; Küpper 340; Wolf 2142; www.stadt-unna.de/ herbstblatt/ hb28/hb28_02.html

Hickepick

Nicht alle Rheinländerinnen oder Rheinländer kennen ihn, obwohl auch sie ihn oft haben, meist hört man die konkurrierenden Formen *Schlick* oder *Schlicks.* Streng genommen dürfte man ihm sogar nur am Niederrhein zwischen Grefrath und Emmerich begegnen, im westlichen Rheinland hat man nämlich entweder den *Pick* oder den *Hick*, wenn man Schluckauf hat, beide Wörter bedeuten also dasselbe. Womit auch schon das Wort erklärt ist: *Hickepick* ist eine Doppelform, in der beide rheinischen Varianten zusammengefasst sind, ein besonders starker Schluckauf also (ähnliches begegnet beim *Kohldampf*, siehe dort). *Hick* selbst ist ein schlichtes Schallwort, das die Geräusche des Schlucksers nachahmt. Es ist übrigens weit verbreitet, auch im Englischen heißt es ähnlich „hiccoup" und „hiccough".

Das Verblüffende an diesem eigentlich räumlich eng begrenzten Mundartwort ist seine aktuelle Ausbreitung. Ein Blick ins Internet belegt, dass der *Hickepick* schon lange nicht mehr auf das Rheinland beschränkt ist. Als irgendwie lustige Variante scheint er richtig Karriere zu machen. Den neuesten Karrieresprung dokumentiert eine Meldung der TAZ aus dem Jahr 2007: **„Der neueste Trend aus Amerika: hickepicking:** Trendbewusste Szenegänger haben schon jede Mode mitgemacht: Sie sind tatooed, gepierced, gecutted, gebranded, gescarfed, getackert und geliftet – alles äußere Formen, um die Haut zu bebildern, zu durchstechen, zu schneiden, zu stempeln, zu vernarben, zu tackern und zurechtzuzurren. Aber der neueste Trend aus den USA geht ganz tief unter die Haut und direkt in den Magen: ‚Hickepicking'. Der gute alte Schluckauf ist der letzte Schrei in den Staaten, jedenfalls in der Extremversion, auch genannt ‚Speed-Hickepick'. Dazu wird auf nüchternen Magen eine Flasche Tabasco auf Ex getrunken, gefolgt von zwei Litern eiskalter Cola. So halten es zum Beispiel die Besucher des angesagten Hickepick-Clubs ‚Gulp' in New York. Dort findet jeden Donnerstagabend ein ‚Speed-Hickepick' statt. Gewinner ist derjenige, der am längsten aufschluckt. Profis können dann schon mal drei Tage lang hickepicken, wenn sie nicht ein Gegenmittel parat haben." Und das ist keine Zeitungsente?

Duden 4/1789; RhWb III/621 u. VI/807; www.taz.de/index.php?id=archiv&dig=2007/03/17/a0185

Hippeland

Wo liegt das *Hippeland*? Viele Rheinländer werden bei dieser Frage nur mit den Achseln zucken können. In der Eifel z. B. kennt man kein *Hippeland*, obwohl es das Rheinische Wörterbuch als gesamtrheinländisch verzeichnet. Aber auch wenn viele nicht genau oder gar nicht wissen, wo dieses ominöse Land nun liegt, eines steht jedoch unverrückbar fest: Wenn überhaupt, dann wohnen im *Hippeland* immer die anderen: *Der kommt vom Hippeland, der hat doch von nix ne Ahnung. Wat machen denn die Hippeländer hier bei uns? Am Sonntag fahren wir ma raus aufs Hippeland.* Das *Hippeland* hat offensichtlich einen schlechten Ruf, weshalb auch niemand gern ein *Hippeländer* sein mag. *Hippeländer* gelten nämlich als zurückgeblieben, hinterwäldlerisch, rustikal und raubeinig; sie sind mithin genau die Zeitgenossen, leicht zu erkennen am Hut, an der Automarke und dem Nummernschild, denen man nur ungern am Steuer eines Autos begegnet.

Für die Städter im Ruhrgebiet ist die Sache deshalb ganz klar: Das *Hippeland* beginnt direkt jenseits des Rheins auf der anderen Seite. Hier allerdings, in der alten Grafschaft Moers, will man davon nichts hören. Die Menschen in Moers und Orsoy wissen vielmehr genau, dass das Hippeland westlich einer gedachten Linie von Aldekerk über Rheinberg nach Wesel liegt. Die Rheinberger bestreiten dies allerdings und verorten das *Hippeland* am nördlichen Niederrhein um Kleve und Emmerich. In diesen Städten wiederum geht man die Frage ganz pragmatisch an und definiert das *Hippeland* schlicht als plattes Land, weshalb Städter gar keine *Hippeländer* sein können. Doch auch für die Bewohner des platten Landes ist noch Rettung in Sicht: Für sie beginnt das *Hippeland* exakt hinter der Staatsgrenze im Einkaufsparadies Venlo.

Es kommen noch zwei kleine Hippelandenklaven hinzu. In Düsseldorf ist der Stadtteil Gerresheim in der näheren Umgebung als *Hippeland* bekannt; und in Neuß sind die Einwohner des Ortsteils Grimlinghausen heute sogar ein wenig stolz auf ihren Spitznamen *Hippeländer*. Außerdem weiß man hier genau, wie man zu diesem Namen gekommen ist: Die Ziege galt früher als Kuh der kleinen Leute, die in Notzeiten besondere Bedeutung erlangte. „1816 gab es im Landkreis Neuß 616 Ziegen; ihre Zahl stieg bis 1861 auf 2857, wovon 268 auf die Stadt selbst entfielen; ein Zeichen der sozialen Not, wovon Grimlinghausen sehr betroffen wurde." Auch wenn diese Geschichte zu den vielen örtlichen Entstehungslegenden gehört, so verweist sie natürlich dennoch auf den eigentlichen etymologischen Kern. Das *Hippeland* ist eben dort, wo die *Hippen*, wie die Ziegen im Rheinland heißen, leben. Sie stehen für eine kleinbäuerliche, von der Subsistenzwirtschaft geprägte Gesellschaft. Es ist das platte, bäuerlich geprägte Land, das als konservativ, etwas rück- und bodenständig galt. Heute klingt diese Bedeutung, wenn überhaupt, nur noch in Ansätzen mit, wenn vom *Hippeland* die Rede ist. Im Gegenteil wird dieser alte Spottname nun von Vereinen und Bürgergemeinschaften ganz offensiv aufgegriffen und bewusst als Identität stiftende Herkunftsbezeichnung eingesetzt. So bezeichnen sich die „Neusser Heimatfreunde" selbst als „Hippeländer", ein Issumer Hundezuchtverein nennt sich „Issumer-Hippeland-Hoppers", es gibt die Karnevalsgesellschaft „Hüppeländer Jonges" und den Bürgerverein „Hippeland" in Gerresheim und einen Footballclub mit dem martialischen Namen „Hippeland Warriors" am Niederrhein. Der Duisburger Fahrradclub fährt eine „Duisburger-Hippeland-Permanente" als ständige Radtour am linken Niederrhein und eine Eisenbahnverbindung nach Kevelaer heißt schon lange liebevoll „Hippelandexpress". Das *Hippeland*, es lebt.

Fellsches Duisburg S.64; Horster 229; Kreiner 122; Kreischer 62; RhWb III/677

jeck

Für die meisten Rheinländer und Rheinländerinnen ist *jeck* so rheinisch wie nur was. Wie definierte der Altmeister des Kölschen, Adam Wrede, noch so prägnant: „Jeck begreift jede Abweichung des Seelischen vom normalen, sich gleich bleibenden Geistes- und Gemütszustand". Und die Abweichungen kommen bekanntlich nicht eben selten vor! Man kann völlig *jeck* sein (verrückt: *der hat sich jeck jesoffen*), *jeck* auf ein Mädchen (verliebt), *jeck* auf alle Mädchen (weibstoll), ein bisschen *jeck* (*jeck vor Freud*) oder *heute arch jeck* sein (kribbelich, nervös sein). Rheinische Sprüche wie *Je ahler, je jecker, Jede Jeck es anders* oder *Jecke sind auch Leute* kennt man weit über die Grenzen des Rheinlands hinaus, *Jecken* findet man zu jeder Zeit an allen Orten, besonders aber zur *jecken Zick*, wie der Karneval am Rhein inoffiziell heißt. In der Session ist die *Jeckheit* der verordnete „seelische Ausnahmezustand", also eigentlich der Normalzustand.

Umso überraschender ist, dass die *Jecken* eigentlich gar nicht rheinisch und schon gar nicht lustig sind. Sie sind nämlich ein Import: „Inmitten der südfranzösischen Provinz Gascogne liegt die Landschaft Gers. Seit dem Jahr 1400 dienten ihre Bewohner in den Söldnerheeren der verschiedensten europäischen Landesfürsten. Sie wurden als Armagnacken oder Armejäcken überall bekannt, besonders wegen ihrer grenzenlosen Aufschneiderei, die allen Gascognern nachgesagt wird (Gascogne = veraltetes Wort für Prahlerei). Im Verlauf ihrer Kriegszüge kamen die ‚Ärm Jäcke' auch nach Köln, erzählten mit südländischer Beredsamkeit von ihren Taten und verewigten sich so im heimischen Wortschatz." Da staunt der Kölner und der Rheinländer wundert sich. Aber die Einwohner von Köln sind in der Beziehung ja Kummer gewohnt, alles typisch Kölsche scheint irgendwie aus dem Französischen zu kommen. Ob es der *Klüngel*, das *Bützen*, die *Fisematenten*, das *Fisternöllchen* oder die *Möhne* sind (siehe jeweils dort), für alles werden die Nachbarn jenseits des Rheins verantwortlich gemacht, warum da nicht auch für die *Jecken*?

Doch selbige können sich trösten. Diese Herleitung ist zwar sehr phantasievoll, aber mehr auch nicht. D'Artagnan und die anderen Musketiere mögen viel erlebt und auch damit angegeben haben, in Köln haben sie ihre Heldentaten jedenfalls nicht erzählt, oder sie sind zumindest zu spät gekommen. Denn um 1400 gab es das Wort in Köln nachweislich schon. Allerdings scheinen die „Armagnaken", als sie 1444 im Elsaß geschlagen wurden, tatsächlich als „arme Gecken" verhöhnt worden zu sein – andererseits ein weiterer Beleg dafür, dass das Wort schon vor den angeblichen Namensgebern existierte. Deshalb gibt es auch einen weiteren Erklärungsansatz. Danach ist *Jecke* ein verächtlicher Ausdruck für deutsche Juden (dazu später). „Glaubte man anfangs, das Wort stamme von „Jacke" ab, da die Westjuden eine solche anstelle des ostjüdischen Kaftans tragen, so weiß man heute, dass das Wort „Jeck" sich aus dem biblischen Buch der Sprüche ableitet („agur ben jake"), wo es heißt: „Zu stumpf bin ich, um ein Mensch zu sein, und Menschenverstand besitze ich nicht". Jeck ist also ein dummer Mensch, ein Synonym für den talmudisch Ungelehrten und geistig Ungeschliffenen.

Das „weiß man heute" allerdings keineswegs überall. Im Gegenteil zeigt die Ableitung aus „agur ben jake" einmal mehr, wie gefährlich ein Erklärungsversuch nur auf Grund lautlicher Ähnlichkeiten ist. Denn *Jeck* ist selbstverständlich nur die rheinische Variante von Geck, das ursprünglich ein niederdeutsches Wort gewesen ist. Es erscheint zuerst 1320 als Schimpfwort am Niederrhein (dump geck) und ist 1385 als „gecke" in der Bedeutung „Narr" urkundlich belegt, als in diesem Jahr die Hofnarren der Bischöfe von Köln und Lüttich von der Stadt Aachen beschenkt werden. Im 14. Jahrhundert wird es als Bezeichnung für Hofnarren allgemein. Obwohl es erst später auf die Narren im rheinischen Karneval übertragen wurde, ist es also doch irgendwie auch ein rheinisches Wort. Wie es entstanden ist, weiß man nicht genau. Wahrscheinlich ist es wie die süddeutsche Entsprechungen *Gagg, Gagger* „Narr" ursprünglich ein lautnachahmendes Schallwort für den Narren gewesen, der unverständliche Laute ausstößt. Es hat aber auch Versuche gegeben, den rheinischen *Jeck* als Kurzform des Personennamens Jakob zu interpretieren.

Exkurs: Deutsche, vor dem Zweiten Weltkrieg nach Israel ausgewanderte Juden wurden dort tatsächlich als *Jeckes* bezeichnet. Dazu ein kleiner Auszug aus der „Zeit" vom 11. Mai 2005: „Zwischen 1933 und 1939 flohen rund sechzigtausend deutsche Juden nach Palästina. Sie hatten es bei der Ankunft nicht leicht. Schnell hatten sie den Spitznamen ‚Jeckes' weg. Woher genau das Wort Jecke stammt, ist nicht klar. Eine Erklärung beruft sich auf die Jacke, die auch bei größter Hitze nicht abgelegt wurde; einer anderen zufolge handelt es sich um die hebräische Abkürzung von *Jehudi kasche havana* – ‚jemand, der schwer von Begriff ist'. Sie mussten sich vorwerfen lassen, dass sie ihre Heimat niemals in Richtung Zion verlassen hätten, wenn Hitler nicht gewesen wäre. Sie sprachen die Sprache der Nazis, die verpönt war. Ihre Vorliebe für Disziplin, Fleiß,

Pünktlichkeit und gute Manieren reizte zu Spott. In der Levante erzählt man immer noch gern, wie sich damals deutsche Ärzte im Jackett die Steine auf der Baustelle mit der Anrede ‚Bitte schön, Herr Doktor – danke schön, Herr Doktor' weitergereicht hätten."

Duden Etymologie 253; Kluge 336, 451; Mayer 1987 279; Pape 2000 44; RhWb II/1082; Röhrich 1/514; Trübner 3/42; Wilhelm 221; Wrede 1/274; www.zeit.de/2005/20/Israel_Jecken

Kabänes

ist mal ein echt zentralrheinisches Wort. Es ist irgendwo im Kölner Umland entstanden und von da bis zur Mosel und an die Ruhr gewandert. Weiter ist es nicht gekommen. Hört man also jemanden *Dat is aber ne janz schöne Kabänes* sagen, muss der oder die aus dem Rheinland stammen. Ein *Kabänes* ist immer irgendetwas Schwergewichtiges, sei es ein kapitaler Fang des Anglers, ein dicker Mensch oder auch nur dessen Kopf, eine große Kartoffel oder ein schwerer Stein. Außerhalb von Köln kann *Kabänes* mittlerweile auch als Kosewort für einen lieben, knuffigen Kerl gebraucht werden.

Dass *Kabänes* heute auch als Synonym für einen Schnaps gilt, ist die Schuld der Brühler Firma Flimm, die 1952 den Kräuterschnaps gleichen Namens einführte. Den wollen die Musiker der bekannten Kölschrockgruppe *De Höhner* in ihrem Lied „Die Karawane zieht weiter" aber auf gar keinen Fall trinken.

Das Wort selbst birgt noch viele Geheimnisse. Als typisch rheinisch ist es natürlich auch sofort der französischen Abstammung verdächtig. Wieso es allerdings auf französisch „le capon" (Gauner, Angeber) zurückgehen soll, leuchtet bei dem Bedeutungsspektrum gar nicht ein. Außerdem ist es in diesem Fall eigentlich völlig ausgeschlossen, dass hier irgendwelche Hugenotten oder napoleonische Besatzungssoldaten die Finger im Spiel hatten, denn das Wort ist überraschend jung. Es kann vor 1900 nicht nachgewiesen werden, selbst um 1905 noch ist es in Köln selbst nicht bekannt. Der Ursprung wird daher auch weniger in der Stadt selbst als im Kölner Umland vermutet.

Deshalb ist auch die Herkunft aus dem Lateinischen sehr unwahrscheinlich. Die vorgeschlagene Ableitung aus lateinisch caput „Kopf" ist nur der Beobachtung geschuldet, dass ein *Kabänes* auch ein dicker Kopf sein kann, die mittellateinischen scabinii „Schöffen" haben ebenfalls mit einem *Kabänes* wenig zu tun. Überhaupt sind hier „sprachliche Beziehungen zu Wörtern anderer deutsche Mundarten oder verwandter germanischer Sprachen (Niederländisch, Englisch, nordische Sprachen) nicht nachweisbar, auch nicht zu Wörtern fremder (romanischer) Sprachen". Es bleibt in diesem Fall nur die Vermutung, dass das Wort spontan gegen Ende des 19. Jahrhunderts entstanden sein muss. Vielleicht hat hier *Kabass* Pate gestanden, ein früher in Köln weit verbreitetes Wort für eine dickbäuchige Strohtasche. Der kölnische Sprachtrieb mag auch aus dem seit den 1850er Jahren in der Stadt nachgewiesenen Familiennamen Cabanis einen *Kabänes* gemacht haben, genau so, wie heute der FC-Spieler Ricardo Cabanas prompt von der lokalen Presse zum *Kabänes* umgetauft wurde. Aber all dies ist Spekulation. Es bleibt dabei: *Kabänes* ist eine nicht sehr alte, aber urrheinische Erfindung, die vor allem vom Sprachwitz der hiesigen Sprecher und Sprecherinnen zeugt.

Fellsches Duisburg 72; Küpper 385; Pape 2000 44; RhWb IV/1; Wrede 2/2; www.kabaenes.de

Kallendresser

Kallendresser ist ein echt rheinisches Wort und bedeutet Rinnenscheißer. Das kann man wörtlich nehmen: Ein *Kallendresser* verrichtet seine Notdurft in der Straßenrinne, stammt mithin aus einer Zeit, als es mit den Sanitärbereichen noch nicht so weit her war. Heute begegnet man solchen Leuten aus naheliegenden Gründen kaum noch, das Wort ist deshalb aus der Alltagssprache im Rheinland verschwunden.

Nur nicht in Köln. Dort gibt es noch einen leibhaftigen *Kallendresser*, wenn auch nur als kleine Kupferblechplastik an einem Privathaus am Altermarkt. Diese kleine, von Ewald Mataré geschaffene Figur ist ein Andenken an ein verloren gegangenes Relief aus dem späten 18. Jahrhundert, das „einen züchtig mit langwallendem Hemd bekleideten Mann zeigt, der hockend einer eindeutigen Tätigkeit nachgeht". Der moderne, seinen blanken Hintern präsentierende *Kallendresser* entspricht also nicht ganz dem historischen Vorbild.

Solche Bildnisse sind an sich nichts Ungewöhnliches. Zu allen Zeiten haben Künstler und Handwerker ihre Freiheiten genutzt und an nicht zugänglichen oder verborgenen Stellen ihrer Phantasie freien Lauf gelassen. Sogar an und in Kirchen zeugen Wasserspeier und Chorgestühle vom Witz und von der Widerborstigkeit ihrer Erschaffer. An Privathäusern waren – auch drastische – Alltagsszenen als Giebelschmuck weit verbreitet, allein in Köln sind mehrere „nackte Hintern" bezeugt, dagegen war der ursprüngliche *Kallendresser* mit seinem langen Gewand sogar vergleichsweise harmlos. Dass diese Darstellungen auch immer irgendwie „Demonstrationen" gegen Obrigkeit und Kirche waren, ist unbestritten.

Es bleibt nicht aus, dass sich um solche Bildnisse schnell Legenden ranken. Das ist in Köln nicht anders. Hier hat man aus dem *Kallendresser* auf Grund seiner exponierten Lage einen „Dachrinnenscheißer" gemacht, weil die *Kalle* im Rheinischen auch für die Dachrinne steht und die Figur so weit oben angebracht war. Diese erste Legende ist der Ausgangspunkt für viele weitere. So sei der *Kallendresser* ein Hinweis auf die mangelnden hygienischen Verhältnisse früherer Zeiten, als die Bewohner höherer Stockwerke notgedrungen ihre Notdurft in der Dachrinne verrichten mussten. Oder auf die Dachdecker selbst, die wenig Lust verspürten, jedes Mal den beschwerlichen Abstieg zu unternehmen und lieber die frisch montierten Dachrinnen benutzten. In einer anderen Legende ist ein Schneider die Ursache, der über einem Musiker wohnte und über das ständige Getröte so erbost war, dass er seinen Hintern aus dem Fenster hielt und in das darunter liegende Musikantenfenster zielte. Es gibt auch eine ganz konkrete Entstehungslegende, die sich wiederum um einen Dachdecker dreht: „Das Denkmal verdankt seine Entstehung einem Streit zwischen dem Bauherrn und Architekten mit dem Dachdeckermeister, der den Wortwechsel beendete mit den Worten: „Ich dr… üch jet in de Kall, loot se üch maache, wovun ehr wellt." Das war derb, deutlich und kölsch. Der Bauherr hatte Sinn für Humor und erklärte dem Architekten: „Jetzt verewigt

mir den Dachdeckermeister oben am Giebel in der von ihm an-
gegebenen Stellung."

Alt Köln 7/16; Köln Lexikon 231; Wrede 2/9;
www.stadt-koeln.de/freizeit/sehenswuerdigkeiten/artikel/00902/in
dex.html; www.kallendresser.de/kallendresser/index.html

Kasalla

Eigentlich sollte man meinen, dass *Kasalla* oder *Casalla* in irgendwelchen Wörterbüchern zu finden sein müsste, denn man
hört das Wort im Rheinland von Köln bis Bochum immer öfter.
Sogar ein Plattentitel der Kölschrockgruppe Brings ist daraus
geworden. Man hört es bei den Gesängen der Fans der Kölner
Haie oder bei den Anhängern auf Schalke, die dem Gegner schon
mal *Kasalla* androhen. In Köln gibt es sogar einen Fußballverein
FC Kasalla, gegen den man bei diesem Namen eigentlich nur
ungern spielen würde. *Kasalla/Casalla* bedeutet nämlich Prügel:
Gleich gibbet Kasalla oder *Kasalla bis die Tüte kracht* sind durchaus
ernstzunehmende Drohungen. *Dat gibt Kasalla* ist die Ankündi-
gung von ordentlichem Ärger. Man kann aber auch mit *Kasalla*
aufs Tor schießen, dann ist damit das rheinische *Schmackes* gemeint. Bei so vielen Belegen erstaunt es allerdings, dass man das
Wort nirgendwo verzeichnet findet. Was wiederum bedeutet,
dass es noch nicht sehr alt sein kann, sonst hätte es schon Eingang in Wortsammlungen gefunden.

Diese Vermutung wird auch durch die Entstehungsgeschichte bestätigt. Und die ist mehr als interessant: Bekanntlich
wurde noch bis weit in die 1950er Jahre in deutschen Schulen
durchaus einmal eine ordentliche Tracht Prügel verabreicht. Die
übliche Form der Bestrafung, die nur die Jungen betraf, waren
Schläge auf den Hintern. Dazu musste sich der Delinquent
bäuchlings auf einen Tisch im Klassenraum legen. Auf einer Seite
hing er dann kopfüber herunter. Und was erblickte der bekla-
genswerte Kerl in dieser Situation: Ein kleines dreieckiges Schild
mit der Aufschrift **Casala**. Dazu muss man wissen, dass die
Firma Casala zwischen 1920 und 1965 Möbel, ab 1946 vor allem
Schulmobiliar hergestellt hat. Im Rheinland waren nachweislich

sehr viele Schulen mit den Tischen und Stühlen aus Lauenau ausgestattet. Die Firma unterhielt in den 1960er Jahren sogar ein Auslieferungslager in Pulheim.

Das kleine Firmenschildchen, das auf allen Schulmöbeln angebracht war, zeigte einen sitzenden Schüler und den Schriftzug Casala, eine Abkürzung der Initialen Carl Sasse Lauenau. Heute gibt es diese Firma unter dem Namen nicht mehr, allerdings kann man bei E-Bay des Öfteren noch „Designerstühle" von Casala finden, die wie ehemalige Schulstühle aussehen. Man kann davon ausgehen, dass die meisten Leser dieser Zeilen, wenn sie denn älter als dreißig sind, in ihrer Schule noch auf Sitzmöbeln dieser Firma gesessen haben. Aber stimmt deshalb diese schöne Wortgeschichte? Sagt man heute noch Kasalla, weil die Schüler früherer Generationen die prügelnden Lehrer mit dem Anblick des Firmenschildchens in Zusammenhang brachten? Bislang gibt es hierauf keine Antwort. Das Wort ist offensichtlich nicht alt, sonst wäre es irgendwo verzeichnet. Es scheint erst nach dem Krieg in Gebrauch gekommen zu sein, sodass ein zeitlicher Zusammenhang durchaus gegeben ist. Dagegen spricht lediglich, dass solche schönen Legenden in der Regel eben genau das sind: sagenhafte Geschichten, die schlüssig erscheinen, aber nicht zu beweisen sind. Allerdings gilt auch hier: Bis zum Beweis des Gegenteils darf man ungestraft an diese Wortgeschichte glauben.

Fellsches Dortmund 52; die Wortlegende wurde dankenswerterweise von Hermann Müller, Troisdorf, mitgeteilt.

Kaue

Die *Kaue* entpuppt sich bei genauerem Hinsehen als ein überraschend vielseitiges Wort. Die meisten Rheinländer und Rheinländerinnen kennen es als Bezeichnung für das Bett: *Los Zähne putzen, un dann ab ine Kaue!* werden viele aus ihren Kindertagen als verhassten allabendlichen Befehl noch gut in Erinnerung haben. Später hat man sich dann nach einer aufreibenden Party freiwillig *völlich fättich ine Kaue gehauen*. Im Ruhrgebiet kann es aber auch passieren, dass das Kind nicht ins Bett, sondern widerwillig in das Badezimmer verschwindet und unter die Dusche steigt. Hier ist man sich natürlich noch der bergmännischen Tradition bewusst, als die Kumpel sich in der *Kaue* umzogen und in der *Waschkaue* den Kohlendreck abspülten. Streng genommen handelte es sich um eine zweigeteilte *Kaue*, die *Weißkaue*, in der die Straßenkleidung aufbewahrt wurde, und die *Schwarzkaue*, in der die Arbeitskleidung hing, dazwischen befanden sich die Duschräume, die eigentliche *Waschkaue*.

Viele Rheinländer werden glauben, dass das Wort aus der Bergarbeitersprache in die Umgangssprache gelangt ist, was angesichts der beiden großen Kohlenreviere an der Ruhr und im Aachener Land durchaus möglich wäre. Mundartsprecher wissen es allerdings besser. Manchmal hört man auch in der Alltagssprache noch das Wort *Möschekau*, meist Ältere nennen so ihren Vogelkäfig; im Ruhrgebiet und am Niederrhein ist es oft auch eine *Duvekau*, also ein Taubenschlag. Die *Kau* oder *Kaue* als Käfig oder Hühnerschlag ist in den rheinischen Mundarten nördlich der Ahr überall verbreitet, es ist die eigentliche Kernbedeutung des Wortes. Eine Nebenbedeutung von *Kaue* ist „Hütte, kleines Gebäude", also so etwas wie ein *Kabäusken*, und hier kommt der Bergbau ins Spiel. Ursprünglich war die *Kaue* nämlich ein kleines Schutzgebäude über dem Schacht (*Schachtkaue*), oft aus Brettern zusammengenagelt. Diese kleinen Schutzhäuschen waren die technischen und sprachlichen Vorläufer der heutigen *Kauen* der Bergleute.

Die *Kaue* ist mit großer Sicherheit ein echt rheinisches Wort. Es ist entstanden aus dem lateinischen „cavea", aus dem sich auch der hochdeutsche Käfig ableitet. „Cavea" bedeutet sowohl „Vogelkäfig" als auch „Stall" und „Gehege für wilde Tiere". Da man die Entstehung unserer *Kaue* (über „cava" und mittelhochdeutsch „kouwe") schon vor 400 datiert, ist es sehr gut möglich, dass unsere sprachlichen Vorfahren im kaiserzeitlichen Trier bei dem Wort an die Boxen gedacht haben, in denen die bedauernswerten wilden Tiere gehalten wurden, die zur Belustigung der römischen Bevölkerung in der Arena abgeschlachtet werden sollten. Aus diesen Bretterverschlägen hat sich später auch die Nebenbedeutung „Verschlag, Hütte, kleines Haus" gebildet. Die Bedeutung „Bett" ist im Laufe der Entwicklung wohl aus der Sonderbedeutung von „cava/kouwe" (Schlafstatt, Lagerstatt von Tieren) entstanden. Im angrenzenden Ausland wurde daraus schließlich das standardniederländische „kooi", das in die Seemannssprache übernommen wurde und von dort wieder als „Koje" in unsere Standardsprache gewandert ist.

Obwohl die *Kaue* somit ein wunderschönes Beispiel für ein direktes Relikt des Moselromanischen in unserer Alltagssprache ist, haben die Rheinländer sich hiervon nicht beeindrucken lassen und das Wort wegen seiner Ähnlichkeit zu „cage" (Käfig) wieder der napoleonischen Besatzung in die Schuhe geschoben. Zwar hat auch das franzöische „cage" etwas mit dem lateinischen „cavea" zu tun, aber unsere *Kaue* hat den Umweg über das Französische nicht nötig gehabt, ihre Wortgeschichte ist auch so spektakulär genug.

Ein Aspekt soll nicht unerwähnt bleiben. Im Rotwelschen ist die Kaue ein Gefängnis, was bei der Grundbedeutung „Käfig" nicht weiter verwundert. Allerdings erhält so die Anweisung *ab ine Kaue* eine völlig andere Note.

Cramm/Huske 61; DeVries 348; Fellsches Bochum 105, Duisburg 78; RhWb IV/309; Steinröx 155; Kluge 479; Wolf 156

Kaventsmann

Ein *Kaventsmann* oder *Kawenzmann* ist im Rheinischen auf jeden Fall etwas ziemliche Dickes, sowohl lobend als auch abfällig gemeint. So ist es bei einer Frau schon eine grobe Beleidigung, wenn man von ihr sagt *Die is aber en ganz schöner Kaventsmann geworden*, dagegen ist ein *Kawenzmann von Kerl* eher ein bewundernder Ausdruck für männliche Kraft und Größe. *Boh, is dat en Kawenzmann* sagt man auch, wenn ein Angler einen besonders dicken Fisch aus der Sieg zieht, ein Zuchtkaninchen besonders dick oder ein Steinpilz außerordentlich groß geraten ist. Oft ist auch zu hören *Der hat mir son Kawentsmann von Stein ine Windschutzscheibe gedonnert*. Im Ruhrgebiet kennt man auch die Variante *Kalofenzmann*, die das gleiche meint: *Bei Macdonald krichse son Kalofenzmann von Burger für nen Euro*.

In der Sprache der Schiffer oder Seefahrt ist mit *Kawenzmann* immer eine besonders hohe und große Welle gemeint.

Nicht zuletzt der Roman „Der Schwarm" von Frank Schätzing hat die Monsterwellen populär gemacht. In der Wissenschaft und der Seefahrt sind die *Kawenzmänner* jedoch schon seit einiger Zeit ein Thema, da sie für zahlreiche Schiffsverluste verantwortlich gemacht werden und man neuerdings in der Nordsee Wellenhöhen von über 25 Meter gemessen hat. Deshalb ist vielfach zu lesen, der *Kaventsmann* sei friesischen oder zumindest niederdeutschen Ursprungs. Das erscheint auf den ersten Blick schlüssig, leider lässt sich das Wort in den dortigen Mundarten aber nicht nachweisen, die norddeutschen Küstenbewohner kennen es selbst nur aus der Schiffersprache.

Wo kommt es also her? Als häufigste Erklärung ist zu lesen, der *Kaventsmann* gehe auf das Wort „Kavent" (Bürge) zurück (von dem auch die Kaution abstammt), eine Annahme, die sich wohl eher darauf gründet, dass beide Wörter zufällig im Lexikon nebeneinanderstehen. Abgesehen davon, dass wohl kaum jemand dieses Wort aus dem Juristendeutschen kennt, das zudem in der Zusammensetzung mit dem Grundwort „Mann" nicht belegt ist, scheint auch die Begründung arg spekulativ: Da Bürgen früher sehr reich waren, hatten sie alle einen dicken Bauch und waren auch sonst wohlgenährt. So wurden sie zum Synonym für alles Dicke und Runde. In die gleiche Kerbe schlägt der zweite, wohl eben so häufig zu lesende Deutungsversuch. Danach stammt das Wort vom Konventsmann ab, womit ein Bewohner eines Klosters oder eben ein Mönch gemeint ist. Von der Käsewerbung und von Devotionaliengeschäften überall in Europa weiß man ja, dass der gewöhnliche Mönch ein ewig grinsender und Wein saufender Dickwanst war, der sehr gut zum Vorbild unseres *Kaventsmanns* taugt. Auch dieser „Konventsmann" ist als Klostermitglied nirgendwo belegt, der Wandel von Konvent zu Kavents scheint außerdem unmotiviert. Aber das hat Rheinländer nicht davon abgehalten, auch den *Kaventsmann* wieder den napoleonischen Franzosen in die Schuhe zu schieben, da die sich mit den Mönchen ja ordentlich geplagt haben.

Was bleibt übrig? Überraschenderweise scheint der *Kaventsmann* nicht zuerst im Norden, wie oft vermutet, sondern im Westen Deutschlands aufgetreten zu sein. Nachgewiesen ist er hier in den Mundarten seit der Mitte des 19. Jahrhunderts, im Pfälzischen auch als *Kabentsmann* oder *Kafentsmann*. Dort kennt man auch das Adjektiv *kavent*, das als Hauptbedeutung „bei guten Kräften, gut dabei" hat. Davon wiederum ist das Substantiv *Kaventsmann* abgeleitet, das wie in der Umgangssprache auch „dicker Mensch, imponierendes Exemplar einer Gattung" bedeutet. Von hier, aus dem tiefen Westen des deutschen Sprachraums, muss sich das Wort ausgebreitet haben, bis es schließlich auch Eingang in den Fachwortschatz der Seeleute fand. Und: So ganz weit lagen die Ableitungen aus Kavent gar nicht daneben, denn das pfälzische *kavent* geht auf das lateinische „cavere" (sich in Acht nehmen) zurück, aus dem auch der spätere Bürge entstanden ist.

Fellsches Bochum 106, Duisburg 78; Küpper 405; PfälzWb 4/146; RhWb 4/352; www.rzuser.uni-heidelberg.de/~cg3/sprkr-wdj/ sprachauskunft-wort.html#Kaventsmann

Keks

Hör bloß auf damit, du gehst mir auf en Keks! Du hass wohl en weichen Keks? Dat geht dich en feuchten Keks an! sind Wendungen, die zwar nicht auf das Rheinland beschränkt, aber hier häufig zu hören sind. Dabei ist natürlich nicht die Herkunft des Wortes Keks das eigentlich interessante Problem, denn die ist kein Geheimnis. Es leitet sich ab aus dem neuenglischen „cakes" für „kleine Kuchen", wobei man die ursprüngliche Pluralform im Deutschen zur Einzahl gemacht hat. Bemerkenswerter ist da schon die Schreibung, die vom frühen Kampf gegen die Anglisierung der deutschen Sprache zeugt. Als sich nämlich die Entlehnung schon so festgesetzt hatte, dass man sie nicht mehr verdrängen konnte, hat man sie kurzerhand den hiesigen Schreibgewohnheiten angepasst, um ihre fremden Wurzeln zu übertünchen. Vielleicht auch ein Verfahren für moderne Sprachreiniger?
  Auch die Wendung *einen feuchten Keks angehen* ist wohl nur eine Spielform von *einen feuchten Kehricht/Dreck angehen* und nicht weiter zu hinterfragen. Aber wieso ist Keks ein Synonym für Kopf geworden? Eine Vermutung ist die Erklärung als Parallelform zu *weiche Birne*, da auch Kekse, wenn sie nicht

sachgerecht gelagert sind, die ihnen gemäße Konsistenz verlieren und weich und pappig werden. Ähnlich assoziativ ist die vermeintliche Analogie zu der Wendung *sich den Kopf zerbrechen*, die ebenfalls auf die diesmal typische, weil krümelige Konsistenz von Keksen anspielt. Danach hieße *geh mir nich auf den Keks* etwa „zerbrich dir nicht meinen Kopf". Echt zeitgeistig ist eine andere Variante. Dazu muss man Insiderwissen haben, denn *Keks* war in den 1970er Jahren einmal ein Szeneausdruck für eine „Portion" LSD, die in Form von kleinen Löschpapier-, Zucker- oder Filzplättchen und Tabletten gehandelt wurden. Auch Haschischplätzchen wurden so genannt. Deshalb soll die Wendung *der geht mir auf den Keks* eigentlich die Bedeutung von „der LSD-Trip geht mir auf den Geist, wirkt, macht Halluzinationen" gehabt haben.

Zeitlich käme diese Herleitung sogar hin, denn beide Redewendungen (*auf den Keks/Geist gehen*) sind offensichtlich erst in den späten 1970er Jahren aufgetaucht, der Keks als Kopf ist jedoch älter, wie die letzte Wortgeschichte belegt: Im Rotwelschen und, davon inspiriert, im Berlinischen ist *Koks* oder *Gox* ein Synonym für einen schwarzen Zylinder oder einen steifen Hut. Diese Bezeichnung wird zurückgeführt auf jüdisch-deutsches „gag" (Dach). Aus diesem *Koks/Gax* ist dann als Spielform in der Umgangssprache der Keks entstanden, wobei der *weiche Keks* „erweichtes Gehirn" in Berlin schon in den 1950er Jahren belegt ist.

Die Entscheidung für eine der Wortgeschichten fällt nicht schwer. Man kann sie nach Sympathie treffen, denn aus sprachwissenschaftlicher Sicht sind alle Varianten entweder gleich wahrscheinlich oder unwahrscheinlich. Wie in der Umgangssprache sprachliche Bilder motiviert werden, ist nur selten wissenschaftlich reproduzierbar; man kann Sprachforschern mit solchen Fragen sogar *gehörig auf den Keks gehen*, weil sie eigentlich außerhalb ihrer Kompetenz liegen.

Duden Herkunftswörterbuch 401; Küpper 406; Röhrich 1/525; Wolf 2837; www.fragenohneantwort.de/kurz.htm; www.dw-world.de/dw/article/0,2144,1927540,00.html

Kinkerlitzchen

Jeder kennt sie, jeder verachtet sie: *Mit sone Kinkerlitzchen brauchse mir gar nich ers kommen. Dat sind doch nur Kinkerlitzchen.* Gemeint sind also Kleinigkeiten, etwas Unbedeutendes oder Nichterwähnenswertes, um das man sich eigentlich nicht kümmern möchte. Folglich freut sich niemand, wenn er zum Geburtstag *nur ma en paa Kinkerlitzjen geschenkt* bekommen hat. Seltener ist die Wendung: *Nu mach ma keine Kinkerlitzchen*, mit der man jemanden entweder auffordert, nicht soviel *Buhai* (siehe dort) um eine eigentlich unbedeutende Sache zu machen oder sich nicht zu *vermäcken* oder zu zieren und faule Ausreden zu gebrauchen.

Obwohl jeder weiß, was Kinkerlitzchen sind, weiß niemand, woher sie stammen. Schon für die Gebrüder Grimm war es ein „merkwürdiges Mundartwort", dem allerlei Geschichten nachgesagt wurden. Die interessanteste, aber gleichzeitig unwahrscheinlichste ist die angenommene Verwandtschaft mit dem italienischen „chiccheri", das so viel wie Flitterkram, Tand bedeutet. Interessant insofern, als „chiccheri" selbst eine spannende Geschichte hat. Es ist wohl verwandt mit dem englischen „kicking" oder „kicky" (putzsüchtig, aufgebrezelt), das noch heute auch in der zimbrischen Sprachinsel im Veneto als *kickelen* „putzen, zieren" bekannt ist: „Man lernt daran an die alterthümlichkeit mundartlicher wörter von heute glauben, schon die Angelsachsen mögen das wort mit nach England, die Langobarden, Gothen mit nach Italien gebracht haben."

Auf verschlungene Pfade führt auch die vorgeschlagene Ableitung aus dem rheinischen *Kickschosserei* „Kleinigkeit, Überflüssiges, Tändelei", mit gleichem Bedeutungsspektrum demnach. Auch dieses für das zentrale Rheinland so typische Wort hat seine Entsprechung im Englischen, dort sind „kickshows" so etwas wie Narreteien. Beide Varianten gehen allerdings auf französischen Ursprung zurück, sie sind nichts anderes als Verballhornungen von „quelque chose" und stammen aus dem 17. Jahrhundert, das noch heute als Alamodezeit für seine übertriebene Adaption alles Französischen berüchtigt ist. Viele französische Lehnwörter in den rheinischen Mundarten sind im Übrigen auf dieses Alamodewesen zurückzuführen.

Auch für die bislang vielversprechendste Herleitung ist wiederum das Nachbarland verantwortlich: Möglicherweise ist französisch „quincaille" (Eisengerätschaft, Kurzwaren) der Ursprung unserer Kinkerlitzchen; wenn nicht doch eher eine Zusammensetzung aus Kanker „Spinnentier" und Litze „Faden" vorliegt oder gar die Konterlitze aus sorbisch „kuntorlica" (kleine Mückenart) als Ursprung anzunehmen ist. Man sieht, fast die gesamte europäische Sprachlandschaft und -geschichte ist an den Erklärungsversuchen beteiligt: für einen eigentlich so kleinen und unscheinbaren Gegenstand ein ganz schöner Aufwand.

Grimm 5/467, 11/774; Hermanns 290; Küpper 413; Pfeifer 2/833; RhWb IV; Wrede 2/36

klamüsern

Im Rheinland wird das Wort meist als *auseinanderklamüsern* (erklären, verdeutlichen) *Dat hab ich dir gestern doch lang und breit auseinanderklamüsert, und heute kannsde dat schon widder nich*! oder als *ausklamüsern* (aushecken) gebraucht: *Ich möcht ja nich wissen, wat die da wieder still und heimlich ausklamüsert haben.*

Das Grimmsche Wörterbuch nennt es „ein seit dem 16. jh., wo es aufzukommen scheint, vielgebrauchtes und mehrdeutig seltsames wort", und das Trübnersche Wörterbuch kalauert: „An diesem Fremdwort ist viel kalmäusert und herumklamüsert worden, besonders von den Kalmäusern selbst, d. h. von armen Schulmeistern und Pedanten (das ist die älteste Bedeutung des Wortes)." Damit ist schon verraten, woher unser mundartliches und heute auch umgangssprachliches *klamüsern* kommt. Es geht auf den Kalmäuser oder Kalmüser zurück, wie früher gelehrte Stubenhocker, Pedanten, arme Schulmeister, Bücherwürmer oder sogar Schmarotzer genannt wurden. Davon ist das Verb kalmäusern (grübeln) abgeleitet, das in den niederdeutschen und rheinischen Mundarten zu unserem *klamüsern* wurde.

Soweit ist alles noch unstrittig. Schwierig wird es erst bei der Frage, woher denn nun der seltsame Kalmäuser kommt. Da gehen die Antworten weit auseinander. Hier wird die Theorie favorisiert, nach der das Wort auf den „cal(a)mus" zurückgeht, das ist die lateinische Bezeichnung der Schreibfeder, früher ein unentbehrliches Utensil aller Lehrer. Der Kalmäuser ist dann daraus in Anlehnung an den Duckmäuser entstanden. Wahrscheinlich haben die *Pennäler* dieses Wort zuerst aufgebracht, die ja umgekehrt nach dem „pennale", der Federbüchse, benannt sind. Betrachtet man die vielen Bedeutungsnuancen, mussten sich die armen Schulmeisterlein früher wohl eher schlecht als recht als Schmarotzer und Liebediener durchschlagen.

Eine andere gelehrte Ableitung geht auf den berühmten Sprachreformer Johann Christoph Adelung (1732–1806) zurück, der das Wort auf die lateinische Wendung „cultor musarum" bezieht, die man mit „still sinnen" übersetzen könnte. Eine ähnliche Idee steckt hinter dem Versuch, die Kalmäuser auf die Kamaldulenser zurückzuführen. Dieser Orden lebt nach der benediktinischen Regel eremitisch in kleinen Häusern und lässt seinen Mönchen und Nonnen so genügend Zeit zu besinnlicher Kontemplation. Leider war der Orden im deutschen Sprachraum wenig bekannt, sodass er kaum eine so deutliche Spur in der deutschen Sprache hinterlassen haben dürfte.

Vielleicht ist der Kalmäuser aber auch nichts anderes als ein „kahler Mäuser". Das Grundwort in Duckmäuser war im Süden des deutschen Sprachraums früher ein eigenständiges Wort und stand für einen Leisetreter. Aber wie schon das Grimmsche Wörterbuch anmerkt, wird der Kalmäuser anders als der Duckmäuser wie ein Fremdwort auf der zweiten Silbe betont, was diese Theorie unwahrscheinlich macht. Das ist das Stichwort für zwei weitere Ableitungsversuche. Immer wenn ein Fremdwort seltsam klingt und sich gängigen Erklärungsmustern verweigert, kommt das Rotwelsche ins Spiel. In der Gaunersprache ist der Kalmäuser häufig belegt, er hat hier einen Bedeutungswandel erfahren und steht für einen durchaus positiv gemeinten „Vielwisser". Er soll verwandt sein mit dem ebenfalls rotwelschen Kammesierer, der ein gelehrter Bettler ist und sich angeblich vom jüdisch-deutschen „komaz" (mit voller Hand nehmen) ableitet. Ein „kamzon" wiederum ist ein geiziger, ewig die Hand aufhaltender Mensch, womit wir wieder beim Kalmüser wären. Diese Wortgeschichte scheint aber genau so weit hergeholt wie der Versuch, den Kalmüser mit dem rotwelschen Wort für das Einbruchswerkzeug „Klamonis" (aus jüdisch-deutschem „kle'u-monis" (Handwerkszeug)) in Verbindung zu bringen.

Man sieht, Trübners Deutsches Wörterbuch hatte mit seiner ironischen Anmerkung durchaus recht: An diesem Wort *gibt et viel rumzuklamüsern, bis man dat allet richtich ausenanderklamüsert hat* (wie man im nördlichen Rheinland sagen würde).

Čircić 107; Honnen KKK 99; Grimm 11/70; Trübner 4/80; Wolf 2435; www.wiki.muenster.org/index.php/TackoPediaV

Klüngel

Der *Klüngel* ist wie die *Knöllchen* und *I-Dötzchen* eines der Wörter, die das Rheinland in den ganzen deutschen Sprachraum exportiert hat. Schlimmer noch, beim Export blieb auch das Adjektiv kleben, sodass heute der *Kölsche Klüngel* überall ein Begriff ist und die rheinische Metropole unweigerlich mit diesen üblen Machenschaften in Verbindung gebracht wird. Selbst im großen Grimmschen Wörterbuch ist der „kölnische klüngel" auf immer verewigt, „durch den man dort im städtischen leben allein zu etwas gelangen soll, schleichwege, geheime fürsprache u. d."

In Köln findet man das ungerecht und verweist darauf, dass es auch einen *Aachener Klöngel* und in Westfalen einen *Telgter Klüngel* gebe. Diese Kungeleien seien also keineswegs eine hiesige Erfindung. Allerdings findet man sich in Köln ganz offen damit ab, dass „es in dieser Welt keine Stadt, keine Gesellschaft, keine Ausübung von Macht oder Privilegien ohne Klüngel" gibt, und versucht, dieser „menschlich-allzumenschlichen Realität" damit sogar mit mehr Ehrlichkeit zu begegnen: „Andere tun es stillschweigend und verstohlen, die Kölner reden auch davon." Und das tun sie auf ihre Art. Dann ist Filz eben kein Filz mehr, sondern eine durchaus vernünftige Abkürzung des Instanzenweges, eine Form von nachbarlichem Zusammenhalten gegen die Unvernunft bürokratischer Umständlichkeiten, ja eine Art bürgerlichen Aufbegehrens gegen die Staatsgewalt. „Mer kenne uns, mer helfe uns", soll Konrad Adenauer den Kölschen Klüngel definiert haben. Was lernt man daraus? Klüngel ist nicht gleich Klüngel, es ist eine Frage der Einstellung. Dass der Rest der Welt diese Sicht nicht übernommen hat, nimmt ihr der Kölner ausgesprochen übel. Es gilt ihm als ein Zeichen von Humorlosigkeit.

Sprachgeschichtlich hat der Rest der Welt allerdings insofern Recht, als er die Kölner als die Erfinder des *Klüngelns* betrachtet. Hier findet sich der früheste Beleg mit der Bedeutung „betrügerische Machenschaften" schon im Jahr 1782 im Zusammenhang mit der städtischen Lotterie, danach taucht das Wort sehr schnell in Zeitungen, Protokollen und in der Literatur auf (so bei Heinrich Heine). Eigentlich bedeutet *Klüngel* in allen rheinischen Mundarten „Knäuel, Gewirr", es geht zurück auf mittelhochdeutsches „klungelin" mit dem gleichen Inhalt und hat damit eine lange Wortgeschichte bis hin zum Althochdeutschen und Altnordischen, wo „klungr" auch Büschel oder Haufen bedeutet.

Historiker stören sich an dieser Ableitung mit dem Argument, dass es Filz und Vetternwirtschaft schon vor 1782 gegeben habe. Da waren es die „geheimen Kränzchen", in denen die Pfründe unter den Kölner Mächtigen aufgeteilt wurden. Diese capitula clancularia (clancularius „heimlich") wurden 1615 vom Erzbischof ausdrücklich untersagt. Allerdings bezog sich dieses Verbot auf das Stift St. Severin. Auch lautgeschichtlich ist diese Etymologie sehr zweifelhaft, außer einer vagen Ähnlichkeit spricht nichts für diese Herkunft.

Gegen die Clancularia-These und für die Abstammung von Klunge/klungelin spricht auch die goße Wortfamilie, die sich um *Klüngel* und das verwandte *Knüngel* im Rheinland scharrt. So kann ein *Klüngel* auch ein knüseliger Mensch sein, oder ein Putzlappen zweifelhafter Herkunft, ein *Klüngel* ist auch eine heimliche Liebschaft, man kann *klüngeln* (trödeln, bummeln), *klüngelich* sein (unordentlich, schlampig) oder eine *Klüngelsarbeit* verrichten (knifflige Arbeit). All diese Wörter kann man nicht nur in den rheinischen Mundarten, sondern auch noch häufig im modernen sprachlichen Alltag hören.

Eine Wortgeschichte zu einem für das Rheinland so wichtigen Wort ist natürlich nicht vollständig, wenn die Franzosenzeit unerwähnt bliebe. Und in der Tat sind unsere Nachbarn auch für den *Klüngel* verantwortlich gemacht worden. Denn auch die wissen „Verabredungen zu eigennützigen Zwecken" durchaus zu schätzen und begleiten diese schon mal mit einem Augenzwinkern. Das heißt im Französischen dann „clin d'oeil", aus dem die von der Sache begeisterten Kölner dann den *Klüngel* geformt haben sollen. Diese Ableitung gehört sicher zu den schönsten „französischen" Wortlegenden im Rheinland.

Es bleibt festzuhalten: Die Kölner haben der deutschen Sprachgemeinschaft mit dem *Klüngel* ein äußerst „brauchbares" Wort geschenkt, wie Trübners Deutsches Wörterbuch sehr anschaulich formuliert, das der steifen Umschreibung „Gruppe von Menschen, die sich gegenseitig fördern und Vorteile verschaffen" haushoch überlegen ist. Das ist sicher auch der Grund für die schnelle Ausbreitung über Köln hinaus.

Grimm 11/1296; Hilgers 1993; Honnen KKK 102; Kluge 500; Köln Lexikon 256; Meisen 1965, 45; Pape 2000 45; Pfeifer 2/858; RhWb IV/807; Trübner 4/189; Wrede 2/55.

Knickebein

Knickebein scheint ein bisschen aus der Mode gekommen zu sein. War es in der zweiten Hälfte des 20. Jahrhunderts von Weihnachts- oder Nikolaustellern nicht wegzudenken, findet man es heute nur noch ganz selten in den Regalen der Discounter. Mit *Knickebein* bezeichnete man in dieser Zeit kleine, in Zellophanpapier eingepackte Schokoladengefäße, meist in Form von Tonnen, Flaschen oder Stiefeln, die eine cremige, oft rosa oder gelb gefärbte Flüssigkeit enthielten, die irgendwie nach Eierlikör schmeckte. Diese Knickebeindinger waren auch oder gerade für Kinder gedacht, die so schon in jungen Jahren eine Ahnung von Alkohol bekamen. Meist waren sie als erstes aufgegessen, denn man konnte herrlich damit herumsauen, in dem man sie in zwei Hälften teilte oder garantiert an der falschen Seite aufbiss.

Eigentlich ist mit *Knickebein* nur die Füllung gemeint. Es ist eine Art Punsch, der erst später in diese kleinen Schokoladenbehältnisse gefüllt wurde. Ursprünglich war *Knickebein* ein alkoholisches Mixgetränk, das in Cafés oder bei Gesellschaften getrunken wurde. Seine Rezeptur ist nicht eindeutig, immer ist aber ein Eigelb im Spiel. Hier eine kleine Auswahl:

1. Unten ins Glas kommt grüner (Minze), in die Mitte roter (Edelkirsch) und oben blauer (Curacao, auch als „blauer Engel" bekannt) Likör. Die Liköre werden in dieser Reihenfolge „eingeschichtet", sie dürfen nicht ineinander verlaufen, was ein ausgereiftes Maß an Vorsicht erfordert. Wenn man nun diese Flüssigkeiten künstlerisch im Glas sortiert hat, kommt oben drauf noch vorsichtig ein Eigelb, worauf ein wenig Kaffeepulver und ein wenig Pfeffer gestreut werden.

2. In ein Glas kommt Likör, dann ein ganzes Eigelb, darauf geriebene Mandeln, etwas Ingwer und Kakaopulver, dann ein Branntwein. Das Eigelb darf nicht beschädigt werden, weil es die beiden Schnäpse trennen soll. Dieses Rezept lässt sich vielfältig abwandeln, der Auswahl der Spirituosen sind keine Grenzen gesetzt: Maraschino, Benedictine, Vanillelikör, Scotch, Cherrybrandy, Chartreuse grün, Rum, Kümmellikör usw. Man kann offensichtlich mischen, was die Bar hergibt, die einzige Konstante ist das trennende Eigelb in der Mitte.

Dass diese Mischungen keineswegs Trockenübungen eines Barkeeperlehrlings sind, sondern tatsächlich getrunken werden, dafür sind die Schützen von Altena in Westfalen der lebende Beweis. Bei ihnen wird *Knickebein* im Rahmen einer kultischen Handlung eingenommen, bei der sich die Zecher erheben und folgendes Gedicht rezitieren:

Als der Sandwirt von Passeier
Innsbruck hat im Sturm genommen
Ließ er sich ein Dutzend Eier
Und dazu zwölf Schnäpse kommen
Machte daraus eine Mischung
Trank sie aus und knickte ein
Und seit dem heißt diese Mischung
In ganz Deutschland „Knickebein"

Darauf antwortet die ganze Runde:

Knickebein, Knickebein, du mein Vergnügen
Knickebein, Knickebein, du meine Lust
Gäb es kein Knickebein, gäb's kein Vergnügen
Gäb es kein Knickebein, gäb's keine Lust

Schließlich schreit der Vorsprecher: *Knicke …*

und die Runde brüllt: ... *Bein*

Knicke... ... Bein
Knicke... ... Bein

Neben der verblüffenden Erkenntnis, dass es Menschen gibt, die *Knickebein* tatsächlich trinken, ist es mindestens eben so verwunderlich, dass hier offensichtlich der österreichische Freiheitsheld Andreas Hofer (der Sandwirt von Passeier) als der Erfinder dieses Gebräus angesehen wird. Mit dieser Ansicht stehen die Schützen aus Altena ziemlich alleine da. Vor allem ist sie äußerst unpatriotisch, weiß man doch eigentlich, dass *Knickebein* eine echt deutsche Erfindung ist, ja im Land der Erfinder des Eierlikörs (die Niederländer zählen dabei nicht) geradezu erfunden werden musste. Und so gibt es auch andere Westfalen, die den Ursprung tatsächlich im heimischen Schützenwesen vermuten. Danach ist es ein örtlicher Schützenkönig gewesen, der behauptet hatte, 30 Eier mit 30 Schnäpsen vermischt trinken zu können. Das soll er auch bewiesen haben, allerdings seien ihm anschließend die Beine weggeknickt. Deshalb nannte man ihn fortan „Knickebein" und die Masse, die er damals trank, auch. Einen anderen Erfinder kennt Friedrich Kluge in seinem Buch „Unser Deutsch": „Über die Entstehung dieser Übertragung, die von Jenaischen Studentenkreisen aus schnell weite Gebiete erobert hat, bin ich von dem Präsidenten des Jenaer Oberlandesgerichts, Herrn Geh. Rat Brüger, unterrichtet: In den 40er Jahren verkehrte in studentischen Kreisen Jenas ein junger Mecklenburger, der durch seinen Gang mit eingeknickten Beinen allgemein auffiel; nach eigenem Rezept beorderte er sein Lieblingsgetränk, dem studentischer Witz alsbald den bezeichnenden Namen ‚Knickebein' beigelegt hat." So steht es auch im Deutschen Wörterbuch von Brockhaus/Wahrig.

Auch wenn man einem Oberlandesgerichtspräsidenten besser nicht widersprechen sollte, sehr wahrscheinlich ist seine Geschichte nicht. Das Wort *Knickebein* kennt man heute zwar nur noch als Bezeichnung eben jenes Getränks, aber es ist deutlich älter als das Gebräu, das eigentlich erst um 1900 aufgekommen ist. Mit *Knickebein* bezeichnete man früher einen „Menschen, der beim gehen knickt, dessen Knie brechen". Es ist in der deutschen Literatur vielfach belegt. Auch in den rheinischen Mundarten ist das *Knickebein* als Bezeichnung für einen schlottrig und unsicher gehenden Menschen weit verbreitet. Die Verbindung von einknickenden Beinen und Alkohol bietet sich schon auf Grund einfacher alltäglicher Erfahrungen an. Deshalb ist die Bedeutungsübertragung dieses Wortes auf ein alkoholhaltiges Getränk, zumal mit einer solchen Zusammensetzung, durchaus naheliegend, dazu braucht es keine historische Person, der erstmals die Beine beim Genuss einer solchen Mischung weggeknickt sind. Ähnliche Übertragungen kennt man zur Genüge: Kabänes, Killepitsch, Ratzeputz…, die Sprachwissenschaft nennt so etwas „imperativische Schnapsbezeichnungen".

Grimm 11/1416; Kluge/Deutsch 78; Paul 469; RhWb 4/934; Wahrig 4/179; Wrede 2/61; www.mysnip.de/forum-archiv/thema/ 4054/9682/Knickebein.html

Knöllchen

Das *Knöllchen* ist ein echter rheinischer Export. Gemeint ist natürlich nicht die Erfindung an sich, denn im Abzocken sind alle Städte gleich schnell, sondern das Wort. Es ist zuerst im Rheinland aufgetaucht, vielleicht sogar in Köln. Schon um 1900 war es hier nachweislich im Gebrauch, heute ist es wohl im ganzen deutschen Sprachraum bekannt. Die Rheinländer hatten schon immer eine blühende Phantasie, wenn es um die ungeliebten Strafzettel ging: *Backes, Bal, Bildchen, Brändchen, Brützchen, Fabel, Fladdermäuschen, Flette, Frevel, Knüllen, Knippchen, Köllchen, Mandätchen, Männchen, Möllchen, Printenmännchen, Protoknülleschen, Protowippchen, Raport, Ruge, Rülleschen, Schnärr, Schnörreschen* und *Wupp* waren früher einmal gängige Bezeichnungen in der rheinischen Umgangssprache.

In der modernen Alltagssprache hat nur das *Knöllchen* überlebt. Es wird mittlerweile ganz wertfrei benutzt, sogar von denjenigen, die es hinter die Windschutzscheibe klemmen. Man darf sie ungestraft *Knöllchenschreiberinnen* oder *Knöllchentanten* nennen. Selbstverständlich fragen sich nun besonders die Nicht-Rheinländer, wie es zu dieser Bezeichnung gekommen ist. Als häufigste Vermutung hört man dabei die Annahme, dass es auf den Zorn des Empfängers zurückzuführen sei, der sein Protokoll stante pede *zerknüllt* und als Knolle auf den Boden geworfen habe. Eine andere Erklärung führt das Wort auf ein Knäuel zurück, wohl mit dem gleichen Hintergedanken. In Köln vermutet man, es könnte etwas mit der Kopfnuss zu tun haben. Diese Form der Bestrafung nannte man hier früher ebenfalls *Knöllchen*; und eine Form des Denkzettels ist ein Protokoll schließlich auch. Allerdings kennen nur noch wenige Kölner diese Bedeutung.

Vielleicht haben alle diese Erklärungsversuche einen wahren Kern. Auf jeden Fall ist das *Knöllchen* eine Verballhornung des standarddeutschen „Protokoll". Als erste Varianten traten wohl *Protoknöllchen* oder *Protoknülleschen* auf, später wurden sie dann zu *Knöllchen* verkürzt. Ob die damaligen Sprecher und Sprecherinnen dabei auch an „knüllen" oder die „Knolle" gedacht haben, werden wir wohl nicht mehr erfahren, möglich ist es durchaus. Moderne Sprecher tun es jedenfalls, denn sie machen häufig aus dem niedlichen *Knöllchen* eine *Knolle*: *Ich hab schon wieder eine Knolle an meinem Wagen gehabt.*

Duden 5/2166; Küpper 437; RhWb VI/1131; Wrede 2/64

Köbes

Nicht nur in Köln oder Düsseldorf, sogar im Ruhrgebiet ist der Köbes inzwischen so bekannt wie berüchtigt als ein blau beschürzter Kellner, dem sich der Kneipengast unter Androhung von schweren Sanktionen willenlos auszuliefern hat. Zahlreiche Legenden ranken sich um die Art und Weise, mit der rheinische *Köbesse* selbst abstinenten Anhängern Buddhas die rheinischen Bierspezialitäten schmackhaft machen (*Wasser willste? Soll ich auch Handtuch und Seife bringen? – Kräutertee? Ich bring dir heißes Wasser, dann kannste da deinen Jutesack reinhängen*). Überhaupt sind sie die Gralshüter des regionalen Biergeschmacks, die jede Überschreitung der heiligen Sortengrenzen gnadenlos ahnden. Wer es wagt, in Köln ein Altbier zu bestellen, bekommt zu hören: *Alt? Lasses Kölsch wat stehen, dann ises alt!* oder: *Ich mach dir dat Licht aus, dann hasse en dunkles Bier!* In Düsseldorf droht der *Köbes* dagegen, Wasser in das Altglas zu schütten, wenn der Gast auf einem Hellen besteht; und in der Pilsstadt Duisburg findet man schon mal ein sich langsam auflösendes Kräuterbonbon im Pilsglas, wenn man eigentlich ein Alt haben will. Kein Wunder, dass sich alte Kölner früher warnten: „Wenn ein Köbes freundlich ist, sollte man misstrauisch werden."

In Köln hat sich um die *Köbesse* sogar eine eigene Theorie entwickelt; allerdings lässt der *Köbismus* eine Frage bislang unbeantwortet: Warum heißt der *Köbes Köbes*? Unbestritten ist, dass *Köbes* die rheinische Kurzform des Personennamens Jakob ist. Aber weshalb in rheinischen Brauhäusern ein jeder Kellner Jakob heißt, ist bislang genauso wenig erforscht wie die britische Gewohnheit, alle Butler James zu rufen. Die landläufigen Erklärungsversuche sind jedenfalls nicht der wahre Jakob und in das Reich der Wortlegenden zu verweisen. Die beliebteste Herleitung ist der Verweis auf die Betreiber der Hospitäler an den Pilgerwegen nach Santiago de Compostela, die allgemein Jakobswirte genannt wurden. Auch die Pilger selbst sollen als Namensgeber herhalten, da viele von ihnen kaum die Mittel für die weite Reise aufbringen konnten und sich ihre Pilgerfahrt als Kellner oder eben *Köbes* in den Pilgerherbergen verdienen mussten. So schön diese Etymologien auch sind, so unwahrscheinlich sind sie auch. Weshalb gerade und ausschließlich in einer Region, die deutlich an der Peripherie der mittelalterlichen Jakobspilgerwege lag, der heilige Jakob der Namenspatron aller Kellner und Ober sein soll, können die Verfechter dieser Theorien nicht begründen. Darüber hinaus sind die *Köbesse* erst seit knapp 200 Jahren schriftlich belegt, wären sie wirklich schon den mittelalterlichen Pilgern begegnet, hätte sicherlich einer von ihnen darüber berichtet.

Die einfachste Deutung bieten möglicher Weise die rheinischen Mundarten selbst. Danach steht der Name *Köbes* ganz allgemein für einen „eigensinnigen, vierschrötigen" Menschen – denkt da etwa jemand an einen Kellner in einer kölschen Gastwirtschaft?

Dietmar 134; Wilhelm 257; RhWb IV/1094; Wrede 2/68

Kohldampf

hat jeder schon einmal gehabt. Die Nachkriegsgeneration sicher mehr als die heutigen Wohlstandskinder. *Ich hab Kohldampf bis unter de Arme*! sagt man ganz selbstverständlich, wenn man starken Hunger hat – und denkt sich nichts dabei. Dabei ist es doch eigentlich eher seltsam, dass man Kohldampf sagt, wenn man starken Hunger hat. Und noch ungewöhnlicher ist die Redewendung *Kohldampf schieben*; wieso *schiebt* man *Kohldampf*, wenn man hungrig ist?

Vielleicht denkt der eine oder die andere ja auch heute noch tatsächlich an dampfenden Kohl, wenn sich Hungergefühle zeigen, mit dem im Rheinland zumindest früher sehr beliebten Gemüse hat der *Kohldampf* allerdings nichts zu tun. Denn *Kohldampf* ist die volksetymologische Umdeutung eines anderen Wortes, das zwar ähnlich klingt, aber eigentlich *Kolldampf* geschrieben und ausgesprochen werden müsste. Und so taucht das Wort 1835 auch erstmals auf. Damit ist der entscheidende Hinweis auf die Wortgeschichte gegeben. Denn „Koller" ist ein altes rotwelsches Wort für Hunger; in der Gaunersprache heißt es auch „es kollert mich", wenn man Hunger hat. Da in schwäbischen Gaunersprachen auch Dampf „Hunger" bedeutet, ist *Kohldampf* doppelt gemoppelt und bedeutet eigentlich „Hungerhunger" oder einfach „starker Hunger". Mit dem Hinweis auf das Rotwelsche erklärt sich wahrscheinlich auch das Verb „schieben" in diesem Zusammenhang. Das gaunersprachliche *scheften* ist so etwas wie ein Universalverb, es kann „sein, liegen, machen, arbeiten" oder auch „haben" bedeuten und hat in diesem Fall die Folie für das hochdeutsche „schieben" abgegeben. (Ein kleiner Exkurs: Indem man einem Wort viele Bedeutungen gibt, kann man eine Sprache sehr einfach unverständlich machen, eine beliebte Methode im Rotwelschen.)

Über die Herkunft des Wortes „Koller/Kohler" lässt sich nur spekulieren. Ob es sich tatsächlich aus dem Romanes, der Sprache der Sinti und Roma, ableiten lässt, ist umstritten. Dort bedeutet *kalo* „schwarz, arm, ohne Geld", und wer arm ist, hat bekanntlich öfter Hunger. Diese Erklärung erscheint aber sehr bemüht.

Der *Koll-* und spätere *Kohldampf* ist über die Soldatensprache in die allgemeine Umgangssprache gelangt. Besonders in den beiden Weltkriegen ist das Wort unter Soldaten sehr populär geworden, und die glücklichen Heimkehrer haben es anschließend in der Heimat verbreitet.

Duden 5/2177; Kluge 509; RhWb IV/1114; Röhrich 2/864; Trübner 4/220; Wolf 954 u. 2827

Kokolores

Dat is doch Kokelores oder *Son Kokolores hab ich noch nie gehört* sind Sätze, die man im Rheinland tagtäglich hört, wenn sich jemand über irgendeinen Unsinn, ein blödes Gerede oder Getue aufregt. Schaut man allerdings in das Rheinische oder Pfälzische Wörterbuch, wird man das Wort nicht finden. Es gilt hier nicht als mundartlich, anders als in Hessen, Sachsen oder Schlesien, wo es in die regionalen Wörterbücher aufgenommen ist. Und auch der „Kluge" verzeichnet es zwar als regional und „peripher", also als nicht überall bekannt, sagt aber nicht, wo es genau zu verorten ist.

Das passt zu *Kockelore, Kokolores* oder *Kukelores*, denn es ist ein wirklich rätselhaftes Wort mit einer ganzen Reihe von Entstehungslegenden. Belegt ist es erstmals im 17. Jahrhundert, einer Zeit, in der das Lateinische noch eine wichtige Rolle in der Liturgie und der gelehrten Welt spielte. Und darauf zielen auch die beiden bekanntesten Erklärungsversuche. Danach ist *Kokelores* eine Verballhornung der lateinischen Formel „per omnia saecula saeculorum", die man als Gebetsabschluss kennt (durch alle Jahrhunderte der Jahrhunderte, also: von Ewigkeit zu Ewigkeit). Diese Legende ist zwar sehr schön, aber sie kann sich auf nicht mehr als eine vage Lautähnlichkeit berufen. Noch unbestimmter ist die zweite Herleitung: „Um sich den Anschein von Gelehrsamkeit zu geben, wurden früher gern pseudo-lateinische Wörter gebraucht, so auch im englischen Kontext ‚cockalorum' für den Hahn. Vermutlich ist ein solches Wort in späterer Umgestaltung stellvertretend für diese Form des eitlen Prahlens geworden und verallgemeinert worden."

Da beide Wortgeschichten nicht so recht zu überzeugen vermögen, hat man weiter nach anderen Quellen gesucht. Ein dringend verdächtiger Kandidat ist das österreichische Brettspiel „Kakelorum", bei dem eine Kugel in bestimmte Löcher gelenkt werden muss. Dieses Spiel war offensichtlich leicht zu manipulieren und wurde deshalb von fahrenden Händlern eingesetzt. Von daher bekommt die Warnung *Mach bloß kein Kokelores* durchaus einen Sinn. Der Haken an der Sache ist allerdings: Der Verdächtige hat ein lupenreines Alibi, denn dieses Spiel ist erst im 19. Jahrhundert aufgekommen, da war unser *Kokelores* schon seit zweihundert Jahren in Gebrauch.

Die Suche muss also weiter gehen. So wird auch eine Verwandtschaft mit dem Gaukler vermutet, der im Mittelniederdeutschen noch „gokeler" hieß. Im Südhessischen nennt man einen „Spaßmacher" auch *Kokelores*, was vom Bedeutungsgehalt also passen würde. Diese Deutung, die auch das Duden-Herkunftswörterbuch favorisiert, ist weniger unwahrscheinlich als der Versuch, *Kokelores* auf die Kukelskörner zurückzuführen. Die im Rheinland auch *Kukeltskören* oder *Kukelekeren* genannten Früchte des „Fischkörnerstrauchs" wurden früher zum Betäuben von Fischen gebraucht, die anschließend mit einem Käscher abgeschöpft werden konnten. Diese unsportliche Variante des Fischens ist aber kaum mit dem Bedeutungsgehalt unseres *Kokelores* in Verbindung zu bringen. Das gilt wohl auch für das französische „coqueleur" (in der Art eines Hahnenkampfes), den typischerweise vor allem Männer aufführen können.

Der neben dem Gaukler letztendlich doch aussichtsreichste Kandidat für den Ursprung unseres Wortes ist der eingangs erwähnte Hahn, und damit sind wir über Umwege auch wieder im Rheinland gelandet. Denn hier heißt der Gockel in einigen Regionen eben *Kuckelures* oder *Kuckelöres*, in Aachen sagt man: *Kuckelöres! sätt der Hahn.* Auch in den angrenzenden Niederlanden bedeutet *koekeloeren* „krähen", ein lautmalendes Wort, das das Geschrei des Hahnes imitieren soll. Damit wäre das prahlerische Getue des männlichen Hühnervogels der Ursprung für das umgangssprachliche Wort *Kokelores*. Übrigens wird auch im Englischen ein Angeber, Wichtigtuer oder Prahlhans „cockalorum" genannt.

Gänzlich unbeleckt von der Abstammungsfrage und auch vom Bedeutungsgehalt des Wortes war ein frischgebackener

Vater, der seine Tochter allen Ernstes *Kokolores* nennen wollte, weil das in Spanien ein weit verbreiteter Name sei, der einen christlichen Hintergrund habe und „die zum Herrn Gehörende" bedeute. Mit dieser Auslegung ist er aber bei seinem zuständigen Standesbeamten offensichtlich nicht durchgekommen.

Duden Herkunft 426; Hermanns 336; Kluge 510; Küpper 443; Paul 473; RhWb IV/1640; Röhrich 2/866; Veen/Sijs 468; De Vries 342; Werner 192; www.gfds.de/index.php?id=81; www.wer-weiss-was.de/ theme125/article1037969.html

Graf Koks

Wie sieht jemand aus, der *rumläuft wie Graf Koks* oder *Graf Koks vonne Gasanstalt*? Oder *stolz ist wie Graf Koks vom Gaswerk?* Es ist in der Regel ein Mann, der aufgedonnert oder stutzerhaft gekleidet wie ein Pfau durch die Gegend stolziert. Aber kundige Beobachter wissen: alles nur Fassade, eigentlich ist nichts dahinter. Der Mann ist schlicht und einfach ein Angeber. *Du läufst hier rum wie Graf Koks, un deine Alte muss malochen gehn!* Im Ruhrgebiet kennt man ihn auch als *Graf Koks vonne Pannhütte, Graf Koks vonne Müllkippe, Graf Koks vonne Aschenkippe, Graf Koks von der Halde* und *Graf Koks von der Kohlengrube,* in anderen Regionen, z. B. Berlin, auch als *Graf Rotz von der Popelsburg* oder *Graf Kacke.* Hier ist der Graf eher ein Synonym für einen „feinen Pinkel", während er im Ruhrgebiet immer ein eingebildeter Stutzer ist.

Beide Regionen streiten sich auch um die Urheberrechte an dieser Gestalt. Das Ruhrgebiet wirft die vielen Attribute in die Waagschale, die typisch für das Industrierevier sind. Gasometer, Aschenkippen/Kohlekippen, Halden und Kohlegruben prägen hier die Landschaft. Die Berliner dagegen führen Kurt Tucholsky ins Feld, der der eigentliche Erfinder des Grafen Koks sein soll. Der besagte Graf ist eine der vielen Figuren, in die der Schriftsteller in seinen Beiträgen für die Zeitschrift „Die Weltbühne" geschlüpft ist. 1932 ist Graf Koks der Held einer kleinen Geschichte, in der eine neugierige Postbeamtin überführt wird. In Anwesenheit eines Zeugen schreibt Graf Koks einen Brief: „Lieber Freund, da ich weiß, dass das Postfräulein Emilie Dupont dauernd unsere Briefe liest, weil sie vor lauter Neugier platzt, so sende ich Dir anliegend, um ihr einmal das Handwerk zu legen, einen lebendigen Floh. Mit vielen schönen Grüßen Graf Koks." Als der Brief schließlich ankommt, enthält er tatsächlich eines dieser Tierchen, obwohl ursprünglich gar keines eingelegt worden war.

So schön dieser gelungene Streich auch ist, die Geburtsstunde des prahlerischen Grafen von der Gasanstalt markiert er sicher nicht. Zum einen ist Tucholskys *Graf Koks* ein schlauer Fuchs und kein dummer Angeber, zum Anderen war eben der auch schon lange unterwegs, als der Satiriker die Welt 1921 erstmals mit seiner Figur bekannt machte. Viel wahrscheinlicher ist deshalb die Annahme, dass Tucholsky sich hier selbst der berüchtigten „Berliner Schnauze" bedient hat, die er sehr gut kannte und oft zitiert hat. Der *Graf Koks von der Gasanstalt* marschierte schon seit der Jahrhundertwende durch die Straßen der Hauptstadt und war bereits sprichwörtlich geworden.

Deshalb macht eine andere Entstehungslegende nicht Tucholsky, sondern den Besitzer einer Berliner Gasanstalt zum Anlass der Wendung. Der sei immer mit Anzug und Zylinder herumgelaufen und so zum Vorbild für den eingebildeten Grafen geworden. Wie fast immer sind solche Personalisierungen frei erfunden. Wahrscheinlicher ist da schon eine Legende, die einen steifen Hut zur Ursache der Redewendung macht. Mit *Koks* bezeichnete man nämlich früher (manche kennen das Wort auch heute noch) einen bestimmten Herrenhut, etwa einen Zylinder oder Bowlerhat. Ein *Graf Koks* wäre danach also ein Stutzer, der mit einem steifen Hut stolz wie Oskar durch die Gegend läuft. Wobei hier die Geschichten, weshalb der steife Hut *Koks* genannt wird, mal wieder stark differieren. In England wird ein Bowlerhut auch „billycock" oder „coke-hat" genannt, beide Bezeichnungen haben ihre eigenen Entstehungslegenden. Weit verbreitet ist die Geschichte vom Dandy William Coke, einem Verwandten des zweiten Earls of Leicester, der den Hut in England populär gemacht haben soll. Aber diese Geschichte ist genauso spekulativ wie eine andere, die ebenfalls oft zu lesen ist: Danach geht die Bezeichnung *Koks* oder auch *Gocks* auf jüdisch-deutsches „gag" (Dach) zurück, das wir auch im Zusammenhang mit dem *Keks*, einem Synonym für den Kopf, kennen (siehe dort).

Neben der Hut-Legende hat noch eine andere Ableitung beste Chancen. *Koks* war und ist seit der Jahrhundertwende um 1900 ein umgangssprachliches Synonym für „Unsinn, Erlogenes, Prahlerisches". *Mach keinen Koks* oder *Erzähl doch nich son Koks* kann man noch heute im sprachlichen Alltag hören. Von hier ist es wahrlich nicht mehr weit zum *Grafen Koks* als Bild eines angeberischen Aufschneiders. Dieser *Koks* scheint übrigens in Analogie zum Kohl entstanden zu sein, der in den Verben *kohlen* und *verkohlen* (Unsinn erzählen, lügen) auftaucht. Die verschiedenen und sehr phantasievollen Attribute, die der *Graf Koks* (Gasanstalt, Pannhütte usw.) im sprachlichen Alltag erhalten hat, sind wohl alle spätere, regionale Ausschmückungen, die auf örtliche Gegebenheiten anspielen.

Mit dem modernen *Koks* als Szeneausdruck für das Rauschgift Kokain haben der Graf und das zugrunde liegende Wort nichts zu tun. *Das Koks* ist jüngeren Datums und in einschlägigen Kreisen entstanden, während *der Koks* aus dem Englischen entlehnt ist. Koks ist die Pluralform des englischen „coke" (Kohle), die in vielen europäischen Sprachen heimisch geworden ist.

Abschließend eine Anmerkung für alle, die nicht aus dem Ruhrgebiet stammen: Eine *Pannhütte* ist dort eine Ziegelei, zusammengesetzt aus *Panne* für „Dachpfanne" und Hütte, ein Wort, das allgemein für einen (Industrie-) Betrieb steht (Hüttenwerk, Stahlhütte), in dem mit hohen Temperaturen gearbeitet wird. Die *Pannhütte* findet man in Oberhausen, Bochum und Wattenscheid noch heute vielfach als Straßen- und Flurnamenbezeichnung, auch wenn die Ziegeleien mittlerweile fast überall verschwunden sind.

Duden Etymologie 426; Kluge 510; Küpper 443; Wolf 2837; www.de.wikipedia.org/wiki/Graf_Koks

Krat

Wenn man im Rheinland jemanden eine *gemeine* oder *versoffene Krat* schimpft, ist das eine üble Beleidigung. Neudeutsch könnte man das Wort als *Asi*, *Proll* oder gar *Penner* übersetzen; man kann mit passenden Adjektiven dazu die verschiedensten, schärferen Varianten erfinden. Immer geht es aber um ordinäre Typen, die in der modernen Unterschichtsdiskussion als Angehörige des Prekariats bezeichnet würden.

Das könnte man nun wirklich typisch rheinisch nennen. Denn dem sprichwörtlich katholisch-bürgerlichen Milieu, das im Rheinland trotz Napoleon die politischen Geschicke am Rhein ausklüngelt, musste ein Sozialdemokrat im 19. Jahrhundert wie der Leibhaftige erscheinen. Und für die sprachgewandten Rheinländer war damit schnell ein neues Schimpfwort geboren. Aus Sozialdemo*krat* wurde kurz *Krat*, eine Bezeichnung, die in der Folgezeit auf alle angewandt wurde, die proletarischen Ursprungs oder linker Denkungsart verdächtig waren. Eine *Krat* war – oder ist – eben der Prolet als ständige Gefahr für die so wohlgeordnete rheinische Republik, der deshalb gehörig diskriminiert gehört.

Natürlich ist diese Herleitung, die man noch vielfach hören oder sogar lesen kann, völliger *Kokelores*, wie man im Rheinland sagt. Schade eigentlich, denn sie leuchtet dem Kenner der rheinischen Kernlande zwischen Köln und Aachen direkt ein. Sie ist aber genauso falsch wie die Ableitung aus „Kroate", was für „Hausierer, Lumpenhändler" stehen soll. Zwar kennt man im nördlichen Rheinland Redewendungen wie *saufen wie ein Kroat* oder mundartlich *ene Kroat ütschröje*, was so viel heißt wie „jemanden zur Rede stellen"; auch halten sich bis heute Erinnerungen an das berüchtigte „Kroatenjahr" 1635, als kroatische Söldnertrupps im Rheinland und in Hessen plündernd durchs Land zogen – in Kalkar erinnert noch der *Karwotenhuck* und in Kevelaer ein Kroatenkreuz an diese Zeit, dort sollen im Dreißigjährigen Krieg Kroaten gelegen haben. Aber allein schon die Tatsache, dass man im Rheinland *die Krat* sagt, zeigt, dass diese Ableitungen allesamt falsch sein müssen.

Die Mundartsprecher und -sprecherinnen ahnen oder wissen es bereits: die *Krat* ist nicht nur im Rheinland eine Kröte (andernorts heißt sie *Krott, Kradde* oder *Krät*), die bekanntlich für alles mögliche stehen kann: ein mageres Pferd, eine streitsüchtige Frau, ein eigensinniges Mädchen, ein hässliches Kind oder eben einen verkommenen Trunkenbold. In Köln scheint das Wort in der letzten Zeit sogar seine ursprünglich nur negative Bedeutung verloren zu haben. In den Texten von Kölschrock-Bands wird es heute eher als ein Ehrentitel für Menschen benutzt, die unangepasst sind und sich nicht am Mainstream orientieren. Und auch *kleine Kradden* müssen nicht mehr unbedingt ungehorsame Kinder, sondern können auch durchaus liebenswerte Exemplare sein.

Küpper 457; Dittmaier 1957 88; Paul 492; RhWb 4/1323; Wilhelm 284; www.rollybrings.de/texte/krat.htm

Kröten

Haben tun sie immer die anderen, man selber hat davon stets zu wenig, und man weiß eigentlich nicht, woher sie überhaupt kommen: *Woher soll ich denn die Kröten dafür nehmen? Der hat Kröten ohne Ende! Dem seine Kröten möchte ich haben. Dat hat meine letzten Kröten gekostet* sind Sätze, die man im rheinischen Alltag oft hören kann. Die *Kröten* kommen, wenn sie für das liebe Geld stehen, nur im Plural vor. Und auch, wenn der Ausdruck irgendwie abfällig klingt, gönnen tut man sie Leuten wie Ackermann und Esser nicht.

Vielleicht ist es ja gerade dieses ambivalente Verhältnis zum Geld, das diesen seltsamen Namen zugrunde liegt. Man ist eigentlich ein bisschen fies davor, vor allem wenn es sich um abgegriffene Münzen oder Scheine handelt, aber anfassen muss man sie doch. Auch die Amphibien sind ja irgendwie ein bisschen eklig, etwas schleimig, kalt und oft auch ein wenig giftig. Auf jeden Fall müssen die Kröten schon seit dem 15. Jahrhundert mit ihrem Namen für das liebe Geld herhalten. Deshalb wurde vermutet, dass alte Volkssagen den Grund für diese Bedeutungsübertragung abgeben könnten. Dort sind Kröten sehr oft die Wächter von großen Schätzen, die sich aber, wenn der Richtige (die Richtige erscheint eher selten) kommt, auch selbst in Münzen verwandeln können. Die sind also buchstäblich *Kröten*. Noch weiter zurück geht eine andere Deutung. Danach sind altgriechische Münzen, die auf einer Seite eine Schildkröte aufgeprägt hatten, das Vorbild für unseren Sprachgebrauch. Diese Erklärung scheint jedoch etwas weit aus der Zeit hergeholt.

Ein anderes Motiv wird in der Kleinheit gesehen. Oft stehen die Kröten ja z. B. für kleine Kinder, im Rheinischen kennt man die *kleine Krott*, eine eher liebevolle Bezeichnung für ein kleines

135

Mädchen. Diese Vorstellung des Kleinen soll sich dann in der Folge auf Münzen übertragen haben. Auch diese Herleitung kann nicht richtig überzeugen. Da scheint eine andere Deutung schon wahrscheinlicher. Danach ist *Kröte* einfach eine Verballhornung des niederdeutschen *Groten*, was nichts anderes als Groschen bedeutet. Von der Mehrzahl *Gröten* ist der Weg zu *Kröten* nicht mehr weit. Die hätten dann gar nichts mit den armen Viechern zu tun.

Diese an sich überzeugende Erklärung hat einen klitzekleinen Haken. Es gibt bekanntlich viele Wörter für das Geld, und ein in der Umgangssprache weit verbreitetes ist die *Patte* oder – außerhalb des Rheinlands – *Padde*. Und damit kommen wir zwangläufig zu unseren Kröten zurück. *Padde, pad* oder *pedde* sind nämlich die niederdeutschen oder niederländischen Bezeichnungen für die Kröte. Wir kennen das Wort außerhalb der Mundarten noch in „Schildpatt", was eigentlich nichts anderes als Schildkröte heißt, heute aber das Horn des Schildkrötenpanzers meint. Wenn man im Alltag allerdings Sätze hört wie *Ich hab keine Patte mehr*, *Gib ma die Patte rüber* oder *Ich hab Patte dick*, dann ist damit immer das liebe Geld oder die Geldbörse gemeint. In der Gaunersprache ist deshalb der *Paddenzieher* oder *Paddendrücker* ein *Taschendieb*. Hier haben wir sie also wieder, unsere Kröten, die für unser Geld herhalten müssen. Irgend eine Beziehung zwischen der *Knete* und den Tieren muss es wohl geben.

Es sei denn, die *Patte* hat gar nichts mit der *Padde* zu tun. Das wäre der Fall, wenn sie auf die Patte als Aufsetztasche auf Hemden oder Mänteln zurückgehen würde. Diese Bezeichnung ist in den vierziger Jahren des 19. Jahrhunderts im deutschen Sprachraum heimisch geworden. Dann müsste die Bedeutung auf die Geldtasche und schließlich auf den Inhalt selbst übergegangen sein. Die *Paddenzieher* oder *Paddendrücker* erscheinen in diesem Licht jedenfalls ziemlich logisch. Allerdings ist diese Patte immer ein Fachbegriff für Schneider und Hemdenhersteller geblieben, in der Alltagssprache hat er sich nicht durchgesetzt. Somit bleibt diese Ableitung auch wieder fraglich.

Küpper 464; Paul 492; Pfeifer 2/937; RhWb IV/1323; Trübner 4/282; Wolf 2971; Zitzen 2/325

Lamäng

Als Rheinländer glaubt man nicht ohne Grund, dass man hier besonders viel *aus der Lamäng* macht, ja dass man sogar der eigentliche Erfinder dieser Improvisationsmethode sei, weil sie der rheinischen Mentalität durchaus zu entsprechen scheint. Nicht umsonst gibt es in Köln ein Improvisationstheater, das sich so nennt; einige Kneipen in und um Köln heißen Lamäng, und der aktuelle Großmeister des Ahrweins, Werner Meyer-Näkel, verkauft seinen Landwein unter diesem Etikett. Auch sprachlich passt das Wort zu einer Landschaft, in der man *Schäng* (Jean/ Hans), *ming* (mein), *Wing* (Wein) oder *brung* (braun) sagt.

Aber schon ein Blick in das Rheinische Wörterbuch belehrt eines Besseren. Gerade einmal zwei Belege aus Bochum und Gummersbach sind hier aufgezählt, und auch die lassen einen eher stutzen: *Ek han niks in der Lamäng* heißt es da aus dem Ruhrgebiet, und im Bergischen lautet der Beispielsatz: *Den Rifkuken so ut der Lamäng eiten* (essen). Im Kölnischen Sprachschatz ist das Wort gar nicht verzeichnet, und auch in den angrenzenden pfälzischen Mundarten ist es nur ganz sporadisch belegt. Das Wort ist also nicht aus den rheinischen Dialekten entlehnt, sondern irgendwo anders entstanden.

Ein Quercheck im Duden und im Netz verblüfft Rheinländer und Rheinländerinnen dann vollends. Dort gibt es die Wendungen *etwas aus der kalten* oder *freien Lamäng machen*, oder man kann abwehrend sagen *nicht in die kalte Lamäng* oder *das kommt nicht in die Lamäng*, alles Bedeutungen, die am Rhein eher unbekannt sind. Hier hört man nur Sätze wie *Dat mach ich doch aus de Lamäng* oder *Ich koch die Suppe immer so ausse Lamäng*, wenn man ausdrücken will, dass man etwas ohne Plan oder Anleitung machen kann.

Allerdings zeigen die beiden Beispielsätze aus dem Rheinischen Wörterbuch sehr schön, wie das Wort entstanden ist. *Nix in de Lamäng haben* heißt nämlich nichts anderes als „nichts in der Hand haben", und den Reibekuchen *ut der Lamäng* isst man eben aus der Hand, ohne Teller, Messer und Gabel. Die Ableitung aus französisch „la main" liegt hier quasi auf der Hand. Die beiden rheinischen Belege lassen somit die ursprüngliche, wörtliche Bedeutung durchscheinen; die Umgangssprache kennt heute nur noch die Verallgemeinerung „etwas aus der freien Hand machen". Interessant ist, dass das Wort mit dem französischen Artikel entlehnt wurde, im Deutschen jedoch noch einmal der deutsche Artikel vorgestellt wird. Wann diese lustige Verballhornung des französischen Originals „la main" (die Hand) erstmals zu hören war, dürfte nur schwer zu rekonstruieren sein. Wahrscheinlich war es um die Mitte des 19. Jahrhunderts. Ziemlich sicher ist allerdings, dass *Lamäng* nicht im Rheinland entstanden ist, sondern wohl eher in Berlin. Dort spielen die Skatspieler übrigens heute noch *aus der Lamäng*, wenn sie den Skat nicht aufheben. Im Rheinland heißt es dagegen ganz normal „aus der Hand spielen".

Duden 5/2341; Küpper 480; Pfalzisches Wb 4/743; RhWb V/62; www.blueprints.de/content/view/410/33/; www.fbls.uni-hannover. de/ sdls/schlobi/berlinisch/lexikon/a_to_z/l.htm

wenn der Lorenz knallt

Was passiert, wenn *der Lorenz knallt, ballert* oder *brennt*? Für die einen wäre diese Preisfrage das Aus im Millionenquiz, während andere wiederum nicht verstehen, was daran überhaupt fraglich ist. Für viele Niederrheiner, Ruhrgebietler und Westfalen jedenfalls gilt: *Wenn der Lorenz ordentlich vom Himmel knallt*, dann scheint die Sonne, und das Freibad ist angesagt. *Boh, der Lorenz brennt aber wieder* ist für viele eine gängige Floskel im Hochsommer, mit der man sich in Duisburg oder Bochum über die Hitze beklagt. Die Wendung scheint sich in der letzten Zeit, glaubt man den Belegen im Internet, über das eigentliche Verwendungsgebiet hinaus ausgebreitet zu haben.

Aber wieso *knallt der Lorenz* überhaupt (und nicht der Peter, Erwin oder Hermann)? Alles deutet darauf hin, dass die Wendung ursprünglich nur in den westfälischen Mundarten beheimatet war. Im Münsterländischen kennt man den Lorenz jedenfalls als stechende Sonne: *Wat brennt den Loorenz di weer up'n Balge*, in den rheinischen Mundarten dagegen nur als Mond oder gar Mann im Mond. Dies ist in Bochum und Duisburg auch heute noch in der Umgangssprache so. Wenn hier der *Lorenz prall am Himmel steht*, dann ist Vollmond und Alarmstufe eins für Alkoholgefährdete, weshalb man beim *prallen Lorenz* auch vom *Säufermond* spricht. Im Hunsrück und in der Eifel nennt man den Mond übrigens Philipp und den darin befindlichen Mann Mondphilipp, was auf eine gewisse Beliebigkeit bei der Benennung von Himmelskörpern mit Personennamen schließen lassen könnte.

Allerdings scheint doch einiges auf eine Verbindung mit dem Heiligen Laurentius – Lorenz ist die weit verbreitete Kurzform – hinzudeuten. Der Tag des Heiligen, der 10. August, fällt genau in die Mitte des Sommers und ist deshalb mit einer Reihe von Wetterregeln verbunden, die ihn naturgemäß in Verbindung bringen mit großer Trockenheit und sengender Sonne. Vom Lorenz, der große Hitze bringt, ist es nicht weit zum Lorenz, der vom Himmel knallt. Zumal man ihn auch als Ursache der Sternschnuppen kennt, die im August ja vermehrt auftreten. Bei Sternschnuppenfall hieß es früher: *Lorenz is am kriische* (weinen).

Auch die alten Geheimsprachen haben diese ungewöhnliche Bezeichnung für die Sonne übernommen. Die Masematte genannte Geheimsprache der Bauleute im Münster kennt die Sonnenstraße als *Lorenz-Strehle,* und die Aufforderung *Bösch mir aus dem Lorenz* heißt dort nichts anderes als *Geh mir aus der Sonne!*

RhWb V/212; Piirainen/Elling 560; Bächtold-Stäubli V/924; www.wiki.muenster.org/index.php/TackoPedia-L

Makadam

Die älteren Rheinländerinnen und Rheinländer kennen das Wort noch. *Makadam* oder *Teermakadam* nannte man früher den Straßenbelag aus Asphalt. Er war von keiner hohen Qualität, hatte große Lufteinschlüsse und wurde schnell weich – aber er war besser als der laute und die Wagen zum Poltern anregende Basaltsteinbelag.

Die Bezeichnung geht auf den englischen Erfinder dieser Bitumenmischung zurück: Der schottische Ingenieur John McAdam (1756–1826) hatte den Straßenbelag 1815 entwickelt, und sehr schnell breitete er sich auch auf den Straßen des Festlands aus. Zuerst in Frankreich, wo das Zeug schön französisch *Makadam* ausgesprochen wurde. Der Name wurde schnell in

Deutschland heimisch, noch bevor hier die Sprecher Mäkädäm hätten sagen können. Deshalb gilt auch bei uns die französische Verballhornung eines englischen Namens.

Duden 6/2494; Horster 339

Männeken und Männekes

sind nicht nur deshalb interessant, weil sie ihre geographischen Grenzen überwunden haben. Denn eigentlich dürfte man diese niederfränkische Verkleinerungsform nur im Norden des Rheinlands antreffen, aber das *Männeken* hat sich bis weit in das zentrale Rheinland vorgewagt. Überall kann man hier Sätze hören wie *Der Schiedsrichter ist aber ein giftich Männeken. Dat kleine Männeken hat aber ne große Schnauze.* Auch als Drohung kann es eingesetzt werden: *Hörma Männeken, wenne nich gleich ruhig bis, passiert wat. Pass bloß auf, Männeken!*

Wenn man dagegen *Männekes* macht, dann versucht man, sich mit Ausflüchten oder faulen Ausreden aus einer verkorksten Situation zu retten: *Nu mach ma keine Männekes und geh dich da entschuldigen. Jedes Mal machst du die selben Männekes.*

Eigentlich sollte hier die Herkunft keine Fragen aufwerfen; tut sie aber doch. So kann man als ernsthaften Vorschlag lesen, dass sich die Bezeichnung *Männeken* für einen kleinen, schwächlichen Mann aus französisch „mannequin" ableitet, der beweglichen Gliederpuppe des Schneiders. Das ist deshalb lustig, weil es sich genau anders herum verhält. Das französische „mannequin" ist nämlich aus dem niederländischen „manneken", das nichts anderes als das rheinländische *Männeken* ist, hervorgegangen. Im Niederländischen ist damit tatsächlich die Anziehpuppe in einem Schneideratelier gemeint. Und das ist auch der Grund, weshalb man schon Mal „mannequin pis" für das berühmte Brüsseler Wahrzeichen lesen kann.

Komplizierter ist es beim *Männekes machen*. Zwar ist unbestritten, dass auch hier die Verkleinerungsform von „Mann" zugrunde liegt, doch kann man nicht nur im Rheinland auch die Variante *Menkenkes* machen hören, die das gleiche bedeutet. Die geht wohl eindeutig auf rotwelsche Ursprünge zurück. In den alten Geheimsprachen bedeuten *Menkenkes* „leere Einwände, unbegründetes Widersprechen", auch „Täuschung, Schwindel". *Menkenkes* und *Männekes machen* bedeuten im Rheinland also das gleiche. Dennoch haben wohl beide Varianten nichts miteinander zu tun. Es handelt sich hier um eine zwar verblüffende, aber eben doch zufällige Übereinstimmung. Denn im Rheinland kann man sowohl *Männekes* als auch *Männchen machen,* immer steht dahinter das Bild der Männchen machenden Tiere, seien es Hasen, Marder oder Hunde.

Honnen 128; RhWb V/829 u. 1076; Werner 240; Wolf 3531

mausetot

Bei mausetot finden sich als Erklärungen gleich alle drei der üblichen Fehlerteufel. Volksetymologisch wird es zur Maus gestellt, weil es ja auch mäuschenstill heißt. Hier wird an das „leicht vernichtbare Mäuseleben" und sogar an – altindische – Vorstellungen von der Maus als Begleiterin des Todesgottes erinnert. Echt weit hergeholt. Aber man kann es natürlich auch auf das Französische schieben. Angeblich haben die Berliner die französische Wendung „mort aussitôt", was so viel wie „auf der Stelle tot" heißen soll, zu mausetot verballhornt. Aber auch das Hebräische gehört hier zu den üblichen Verdächtigen. Ähnlich wie *zappenduster* oder *Kohldampf* (siehe dort) ist das Wort nämlich doppeltgemoppelt. Der erste Wortbestandteil geht demnach zurück auf hebräisch „mauth" (maus gesprochen), was soviel wie „tot" oder „Leiche" heißt. Mausetot bedeutet danach also doppelt tot oder ganz besonders tot.

Ein bisschen Volksetymologie ist allerdings tatsächlich dabei. Denn eigentlich geht mausetot auf das niederdeutsche *mu(r)sdoot* oder *morsdoot* zurück, was nichts anderes als „ganz tot" bedeutet (zu *murs* ganz). Daraus wurde in der Umgangssprache in Anlehnung an die Maus unser mausetot. Das ist alles.

Exkurs: Eine andere Berliner Wortlegende in diesem Zusammenhang betrifft das schöne deutsche Wort „mutterseelenallein", das die Berliner Schnauze angeblich aus dem französischen „moi tout seul" (ich ganz allein) verballhornt haben soll. Auch an dieser

Geschichte stimmt nichts, das heute kaum noch gebrauchte Wort „Mutterseele" stand im 18. Jahrhundert einfach für „Mensch" allgemein. Daraus erklärt sich sein Gebrauch (siehe Einleitung).

Duden Herkunft 516; Mayer 1987, S. 279; Trübner 4/582;
www.kreuzer-siegfried.de/texte-zum-at/hebrwoerter.pdf;
www.schule-in-frankfurt.de/45/45-15.htm

Möhne

Wenn es an Weiberfastnacht wieder heißt, die *Möhnen* hätten die Macht übernommen, dann weiß jeder Rheinländer, was damit gemeint ist: als alte Weiber verkleidete Frauen gebärden sich besonders wild im Karnevalstrubel. Weniger bekannt ist dagegen, dass die Bezeichnung für die Karnevalsfrauen eigentlich noch gar nicht so alt ist. Sporadisch in den 1930er Jahren, vermehrt aber erst nach dem Zweiten Weltkrieg werden die wilden Weiber auch *Möhnen* genannt. Davor waren sie einfach nur *ahle Wiiver*.

Und bis dahin war *Möhne* die normale mundartliche Anrede für jede alte, verheiratete Frau über sechzig oder aber die leicht abfällige Bezeichnung für eine unverheiratete alte Jungfer. Diese Bedeutung hat sich bis heute noch in der Wendung *Die hat ganz schön Möhnespeck angesetzt* gehalten, mit der die Fettpolster älterer Frauen benannt werden. Gar nicht mehr bekannt ist, dass *Möhnen* keineswegs nur weiblichen Geschlechts waren. Auch willensschwache, weibische oder gutmütige Männer wurden im Rheinischen durchaus als *Möhnen* bezeichnet.

Die Verwendung des Wortes im sprachlichen Alltag ist in der ersten Hälfte des letzten Jahrhunderts kontinuierlich zurückgegangen. Damit wurde es frei für seinen Auftritt im rheinischen Karneval. Heute ist die *Möhne* nur noch im Zusammenhang mit den närrischen Tagen zu hören, beim *Möhneball*, *Möhnenabend* oder in der Gestalt der Bonn-Beueler *Obermöhn*. Die ursprüngliche Bedeutung des Wortes ist schon seit dem Ende des 19. Jahrhunderts verschwunden. Die Muhme – *Mühne* und *Möhne* sind die rheinischen Varianten – war eigentlich die Schwester des Vaters oder der Mutter, ein anderes Wort für Tante also, genau das Wort, das – wie der Onkel den *Öhm/Ühm* (Oheim) – die Muhme im Sprachgebrauch verdrängt hat. Insofern kann man sich auch freuen, dass das alte Wort im rheinischen Karneval eine Überlebensnische hat. Die Rheinländer nehmen diese Entwicklung eh' von der humorvollen Seite: *Schön es de Möhn, schamant es de Tant!*

Damit sollte auch deutlich geworden sein, dass die im Rheinland verbreitete Deutung des Wortes aus dem – wieder mal – Französischen keinesfalls stimmen kann. Nach dieser Theorie leitet sich die Möhne aus „moine" ab, französisch für „Mönch, Einsiedler". Diese Deutung kann sich einzig und allein auf gewisse lautliche Übereinstimmungen berufen, sprachgeschichtlich ist sie durch nichts begründet. Wunderlich ist dabei auch, wie man von der Bedeutung „Mönch" die Brücke zu „alten Frau" oder gar „weiblicher Karnevalsjeck" schlagen kann.

Kölner Express 2.12. 2004, S. 3; Pape 2000 45; RhWb V/1366

den Molli machen

Es ist offensichtlich nicht angenehm, wenn mit einem *der Molli gemacht wird*. In der Regel versucht man, das zu verhindern: *Ich lass mit mir nich den Molli machen! Wenne meins, ihr könnt mit mir den Molli machen, dann hapt ihr euch getäuscht. Die machen doch den Molli mit dem!* Wenn mit einem *der Molli gemacht wird*, dann wird man entweder vorgeführt, veräppelt oder hintergangen. Daneben gibt es noch die seltenere Variante *jemandem zum Molli machen*, dann bekommt der Betroffene sogar eine Abreibung.

An dieser Wendung, die im Rheinland weit verbreitet und vielleicht sogar hier entstanden ist, erscheint manches rätselhaft. Wer ist überhaupt dieser *Molli*? Und wie kommt die seltsame sprachliche Form zustande? Man könnte sich vorstellen, *den Molli zu machen*, so wie man auch *den Bär machen* kann, wenn man zu niedrigen Dienstleistungen missbraucht wird (eine inhaltlich ähnliche Wendung also), oder wie oben *jemanden zum Molli zu machen*. Aber *den Molli* **mit** *jemandem machen*? Diese Verwendung ist ausgesprochen ungewöhnlich.

In der Tat kann man auch *den Molli machen*. Dann spielt man sich auf, prahlt über die Maßen oder fällt aus der Rolle. *Mach hier nich den Moll!i* bekommt man dann zu hören. Wer in diesem Fall der *Molli* ist, weiß man angeblich genau. Es war der „Graf von Molzberg, dessen Schloss bei Walmerod im Westerwald steht. Das Dorf Möllingen, das seinen Namen trägt, war ihm lehenspflichtig." Auch wenn ein Graf mit seinen Untertanen sicherlich *den Molli machen* konnte, so ist diese Herleitung doch mehr als unwahrscheinlich. Selbst die Westerwälder kennen diese Sage nicht.

Im Frankfurter Raum ist ein *Molli* ein Verrückter oder Spinner. Das Wort soll mal wieder französischen Ursprung haben und aus dem Verb „mollir" (ermatten, nachlassen) abgeleitet sein. Wahrscheinlicher ist allerdings, dass das Wort aus unserer Wendung isoliert wurde und neueren Datums ist. Die Bezeichnung *Molli* für einen Stoffteddy geht ebenfalls nicht auf französische Wurzeln (angeblich zu französisch „mou" (weich)), sondern auf den Namen eines Spielzeugtiers der bekannten Firma Steiff zurück, des Mollibärs.

Ein sehr bekannter *Molli* ist die berühmte Schmalspurbahn, die zwischen Bad Doberan und Kühlungsborn an der Ostsee verkehrt. Leider weiß man sogar auch hier nicht um den Ursprung dieses netten Spitznamens. Eine oft zu hörende Entstehungslegende geht so: „Vor mehr als einhundert Jahren reiste eine betagte Dame mit ihrem dicken Mops namens ‚Molli' nach Bad Doberan, um von dort aus mit der neu eröffneten Dampfeisenbahn nach Heiligendamm zu fahren. Doch ihr Mops war unter keinen Umständen zum Einsteigen zu bewegen. Plötzlich riss der kleine Hund bellend aus. Erschrocken rief die alte Dame auf Plattdeutsch: ‚Molli, bliev stahn!' Doch nicht der Ausreißer hörte auf diesen Befehl, sondern der Lokführer. Ein kurzer, heftiger Ruck ging durch den gerade anfahrenden Zug und er blieb stehen. Seitdem heißt die Bäderbahn im Volksmund Molli."

Wie man zu dieser logisch doch sehr anfechtbaren Geschichte steht, spielt in diesem Fall keine Rolle, wichtig sind zwei Hinweise, die hier zu finden sind. Da ist einmal der dicke Mops, dessen Name wohl das Adjektiv mollig aufgreifen soll. In dieser Weise ist auch schon des Öfteren der Molli in unserer Wendung erklärt worden, was aber semantisch doch ein wenig in die Irre führt. Dabei ist mollig ein durchaus interessantes Wort, das erst in studentischen Kreisen des 19. Jahrhunderts seinen Bezug zu den rundlichen und meist weiblichen Körperformen bekommen hat. Davor hatte es nur die auch heute noch übliche Bedeutung „weich, warm, behaglich" (*Dat is schön mollich warm hier bei euch*!). Interessant ist der Mops der Dame aber auch in anderer Hinsicht, denn *Molli* war unabhängig vom jeweiligen Leibesumfang ein ehemals weit verbreiteter Hundename, er findet sich wie Fifi oder Bello in vielen Wörterbüchern. Deshalb hat man auch versucht, unsere Wendung auf den Hund zu schieben und sie als das Einprügeln auf einen armen Köter zu interpretieren. Sie könnte darüber hinaus auch eine Anspielung auf das Führen eines Hundes an der Leine sein.

So ganz befriedigen beide Herleitungen jedoch nicht, zumal sie auch die spezielle Konstruktion der Wendung nicht erklären können. Sicher ist in diesem Fall nur, dass der Molli nichts mit dem Molotow-Cocktail zu tun hat, den interessierte Kreise in den wilden sechziger und siebziger Jahren zärtlich zum Molly verkleinerten.

Frankfurter Wörterbuch 10/2049; Küpper 542; PfälzWb IV/1393; RhWb V/1383; Röhrich 2/1041; Wahrig 4/715; www.ad-hoc-news.de/Aktuelle-Nachrichten/de/13578985/(ddp-Infokasten)-Wie-der-Molli-zu-seinem-Namen-kam

mönkskesmaß

ist ein im Rheinland sehr beliebtes Mundartwort. Fragt man nach typisch „rheinischen" Wörtern, wird es neben *Plüschprumm*, *Schottelplack*, *Jehööchnis* oder *Jütschklomp* immer wieder genannt. Es hat sich im Ruhrgebiet sogar in der Umgangssprache gehalten und bedeutet dort „eine Sache bedächtig angehen und Schrittchen für Schrittchen zu Ende bringen". Allerdings ist gerade im Norden des Rheinlands vielen der eigentliche Ursprung des Wortes nicht mehr bewusst. Hier erklärt man sich nämlich *mönkskesmaß* als „Maß der Mönche", die mit langsamen Schritten in den Gottesdienst einziehen.

Dass dies so ist, muss nicht verwundern, denn *mönkskesmaß* ist ein ganz besonderes Wort. Im nördlichen Rheinland, also am Niederrhein und im Ruhrgebiet, dürfte es eigentlich gar nicht zu finden sein. *Mönkskesmaß* oder *mönkesmoß* heißt streng genommen „mundgerecht". Man benutzt es, wenn Speisen nicht zu heiß, in nicht zu großen Bissen oder Früchte gerade reif zum Essen sind. Im übertragenen Sinne ist es etwas *mönkesmaß*, wenn etwas den persönlichen Wünschen entsprechend ist: *Du wells och alles mönkesmoß gemach han.*

Dass nicht jeder Rheinländer das Wort sofort entschlüsseln kann, liegt einmal darin, dass in den rheinischen Mundarten das Wort „Mund" nur sehr selten vorkommt, denn im Platt heißt das Organ überall „Muul" oder „Maul", die Variante „Mund" kommt nur in Wendungen oder in Reimen vor. Darüber hinaus ist *mönkesmaß* auch noch eine ganz besondere Variante. Wie bei dem zentralrheinischen *Honk* (Hund), *Kenk* (Kind) oder *Ponk* (Pfund) ist das Wort velarisiert, wie die Dialektologen sagen. Diese Lauterscheinung, die auch in anderen Wörtern wie braun (*brung*), Wein (*Wing*) Rhein (*Rhing*) zu finden ist, gehört zu den typischen Merkmalen des zentralrheinischen Raums zwischen Bonn und Krefeld, im Norden und weiter im Süden kennt man diese Formen nicht. Es ist deshalb verwunderlich, dass diese Variante auch am Niederrhein und im Ruhrgebiet verbreitet ist. Die Menschen hier benutzen also ganz selbstverständlich ein eigentlich „kölsches" Wort, ohne es zu wissen. Man könnte auch von einem kölschen Wortexport sprechen.

Fellsches Duisburg 112; RhWb V/1406

Mottek und anderes auf -ek

Wer im Ruhrgebiet und seiner Peripherie genau hinhört, dem fallen eine Reihe von seltsamen Substantiven auf, die für Nichtruhries auf den ersten Blick völlig unverständlich sind. Sie haben alle ein gemeinsames Merkmal: die Endung auf -ek: *Pinnorek/Pinollek, Ollek, Platzek, Asek, Grommek, Bischek, Pastek, Schirrek, Eschek, Hatschek, Spillek, Pillek, Podschonnek, Fusek, Gronnek, Jonnek, Klappkarrek, Lellek, Oschek, Opek, Dullek, Frannek, Jadek,*

Jantek, Korrek, Pempek, Plottek, Proschek, Schittek, Ipschek, Ommek, Zinnek und *Pömpek*.

Ein Wort, das für das Ruhrdeutsche ungemein typisch ist, fehlt in dieser Liste: der *Mottek*. Dies hat seinen Grund darin, dass der *Mottek* zwar der Urahn all dieser seltsamen Wörter ist, aber als echtes Lehnwort nicht in diese Reihe gehört. Neben *Mattka, Pinunsen* und *dobsche* ist es nämlich eines der seltenen Überbleibsel im Ruhrgebiet aus der Sprache der polnischen Bergarbeiter, die zu Beginn des 20. Jahrhunderts an die Ruhr gekommen waren. Der *Mottek*, ein großer, schwerer Hammer, ist heute eines der Kennwörter des Ruhrdeutschen. Wenn man die Frage „*Weiße, watten Mottek is?*" nicht beantworten kann, ist man im Revier sofort als Zugezogener entlarvt. Heute hat sich das Wort sogar in weiten Teilen des Rheinlands ausgebreitet.

Der Mottek ist so wichtig gewesen, dass er zur Folie für die Bildung aller anderen Wörter auf -ek geworden ist. Die Sprecher und Sprecherinnen im Ruhrgebiet haben nach dem Vorbild *Mottek* gleichsam andere Wörter polonisiert, indem sie an einen bekannten Wortstamm die vermeintlich polnische Endung -ek angehängt haben. Das geht eigentlich ganz einfach: Der *Pastek* ist ein Pastor, der *Asek* ein *Asi*, also ein proletenhafter Typ, der *Platzek* ist ein Platzwart (und erinnert gleichzeitig an den weit verbreiteten Familiennamen Polazcek), der *Schirrek* ein Schiedsrichter, der *Opek* ein Opa, der *Spillek* ein Spielplatz, das *Pillek* ein Pils oder irgendein Bier.

Bei manchen Wörtern ist die Herleitung jedoch schwieriger, weil das jeweilige Grundwort sich nicht von vornherein erschließt. Beim *Fusek* mag man noch auf Fußball kommen, *Fusek zocken* ist die Ruhrpottvariante für „Fußball spielen", auch den *Klappkarrek* mag man sich noch als zusammenklappbaren Einkaufskorb denken, genau so wie den *Schittek* als Schrotthändler, der sicher auf *Schitt* „Mist" zurückgeht; aber schon beim *Jonnek* als Bezeichnung für einen kräftigen Mann muss man wissen, dass der *Johnny* oder *Jonny* (sprich: Dschonni) im Alltag die Bezeichnung für etwas großes, kräftiges ist: *Der Typ is aber en ganz schöner Johnny!* Ähnlich ist es beim *Oschek*, der auf den *Oschi* zurückgeht, ebenfalls ein Wort für ein größeres Ding: *Der hat son Oschi inne Hand gehabt.* *Ollek* ist eine liebevolle Bezeichnung für den männlichen Partner, der im Alltag auch schon mal *Oller* genannt wird. Auf *Ömme*

147

(siehe dort), ein Wort mit einer ähnlichen Bedeutung wie *Oschi* (etwas Großes, Schweres), geht der *Ommek* zurück (Kawenzmann). Von *Kurrek* auf ein Schwein kann allerdings nur der kommen, der das alte Essener Mundartwort *Kurre/Korre* für die Sau kennt, beim *Plottek* „Messer" muss man wissen, dass *Plotte* oder *Plaute* ein altes Mundartwort für ein kleines Messer ist. *Ipschek* ist deshalb ein kleines Kind, weil *ipschich* im Ruhrdeutschen „klein, unscheinbar" bedeutet; dem *Pinnorek* liegt das westfälische Wort *Pinnockel* zugrunde, das eine „Spitze" oder „Zinne" bezeichnet (siehe dort). Im Pott steht *dull* für „nicht ganz gescheit" (zu toll), ein *Duller, Dullratz* oder eben ein *Dullek* ist folgerichtig ein Dummkopf. Auch *Lellek* ist ein Schimpfwort, diesmal für einen Halbwüchsigen, und wohl eine Umbildung des alten Wortes *Lellbeck*, das in den rheinischen Mundarten für einen Grünschnabel oder Einfaltspinsel gebraucht wurde. *Proschek*, das „Schwein, Sau" bedeutet, geht auf das westfälische Adjektiv *prossich* „schlammig, dreckig" zurück. Der *Pömpek* ist dagegen wohl westfälischen Ursprungs, er dürfte auf den *Pümpel* oder *Pömpel* zurückgehen, ein Wort für irgend ein Ding oder Gerät, das einem in einer bestimmten Situation gerade hilft, z. B. das Gerät, mit dem man verstopfte Abflüsse bearbeitet.

Es bleiben *Bischek* (Flegel), *Grommek* (dürre Person), *Eschek* (unangenehme Person, auch Türke), *Podschonnek* (Unordnung: *Boh, is dat en Podschonnek hier bei dir ine Bude!*), *Pempek* (Bauchnabel), *Jadek* (dicker, gemütlicher Mann) und *Jantek* (Anzug), deren Herkunft nicht eindeutig ist. *Podschonnek* wird gelegentlich auf das polnische „porzadek" (Ordnung) zurückgeführt, was aber ebenso spekulativ ist wie die Ableitung von *Eschek* aus dem türkischen „esek" (Esel). Einzig das Wort *Zinnek* für ein männliches Kind macht dem *Mottek* die Alleinstellung als polnisches Lehnwort streitig. Ob die Ableitung aus angeblich polnischem(?) „Sinnek" (Säugling) oder schlesischen „Symek" (Junge) allerdings Bestand hat, darf bezweifelt werden.

Becker Ruhrdeutsch; Fellsches Wortschätzchen; Henrich Ruhrdeutsch; Menge; www.reviertalk.de

Motten

kriegt man natürlich überall in Deutschland, wenn man sich wundert, ärgert oder erschreckt. Dabei hat der Spruch gar nichts mit den lästigen Tierchen zu tun, sondern ist eine Verballhornung der lateinischen Formel „(apud) christi mortem" ((bis) zu Christi Tod).

Diese Herleitung kann ein Franke oder Bayer allerdings kaum nachvollziehen. Dazu müsste er wissen, dass es im Rheinland natürlich heißt: *Du kriss die Motten*! oder *Da krisste die Motten*! Erst dann wird nämlich die lautliche Ähnlichkeit zwischen *krissdie Motten* und „christi mortem" deutlich. Das würde auf der anderen Seite bedeuten, dass die Wendung, sollte die Etymologie tatsächlich stimmen, auch im Rheinland entstanden sein müsste, da sie nur mit den Lautverhältnissen der hiesigen Umgangssprache funktioniert.

Dem ist jedoch nicht so, weshalb diese originelle Herleitung ins Reich der Volksetymologien verwiesen werden muss. Die Redewendung bedarf auch gar keiner tiefschürfenden Erklärungen, denn das Treiben der kleinen Plagegeister ist tatsächlich „um die Motten zu kriegen". Und es ist nur logisch, dass man seinen Feinden dann gerne wünscht *Dass du die Motten krichst*! Daraus ist dann der Ausdruck des Entsetzens oder Erstaunens geworden: *Ich krich die Motten*! Das muss sich nicht unbedingt auf die kleinen Tiere beziehen, sondern kann sogar einer anderen Bedeutungsvariante geschuldet sein. Nicht nur bei Rotwelschsprechern heißt „die Motten haben" nämlich auch, mit Tuberkulose infiziert zu sein; eine sehr drastische Anspielung auf zerfressenes Gewebe.

Fellsches Duisburg 113; Röhrich 2/1053; Trübner 4/681; Wolf 3699

Muckefuck

„Es ist eigenartig, wie sich eine einmal angenommene Herleitung festsetzt", schrieb der bekannte rheinische Sprachwissenschaftler Heinrich Dittmaier über den *Muckefuck* schon 1957. Aber auch nach fünfzig Jahren sprachwissenschaftlicher Aufklärungs-

arbeit liest man immer noch allerorten eine der klassischen Volksetymologien, die im Kern so geht: „Das Wort Muckefuck wiederum klingt eher barbarisch, aber barbarisch ist ja auch das Getränk,
das es bezeichnet. Dennoch kommt auch dieser seltsame Name
aus dem Französischen. Als nämlich am Ende des 18. Jahrhunderts in Preußen der Kaffee knapp und teuer zu werden begann,
entdeckte ein findiger Mann namens Ohlde, dass man aus der
Wurzel der Wegwarte, auch Zichorie genannt, nach entsprechen-
der Behandlung – nämlich rösten, mahlen und aufgießen – ein
kaffeeähnliches oder doch zumindest kaffeefarbenes Getränk
brauen konnte. Dieses wurde von den Berlinern französischer Abstammung *mocca faux* ‚falscher Kaffee' genannt, und die Berliner
machten daraus den ‚Muckefuck', ihren Unkaffee für Notzeiten."

So oder ähnlich kann man es überall lesen. Mal sind es hugenottische Flüchtlinge, die den Brandenburgern den Ersatzkaffee beibringen, mal französische Gärtner in Berlin, mal ist es die
napoleonische Besatzung im Rheinland, die ihren Feinden den
„mocca fault" aufzwingt, oder es sind die siegreichen deutschen
Soldaten, die nach dem Feldzug 1871 den *Muckefuck* mit nach
Hause bringen. Doch an dieser schönen Geschichte ist so gut wie
alles falsch. In Frankreich kennt man keinen *mocca faux,* und er
ist auch nicht gegen Ende des 18. Jahrhunderts erfunden worden,
schon gar nicht von einem Herrn Ohlde. Da wäre auch der
Elberfelder Johann Melchior Berninghaus vor, der 1793 in Velbert
eine Kaffeefabrik gründete und dort ein Patent des Braun-
schweiger Majors von Heine nutzte, der 1770 bereits ein Verfahren für die Herstellung von Zichorienkaffee hatte schützen
lassen. Das Rösten von Körnern für einen Aufguss war allerdings
schon länger bekannt, bekam aber in Zeiten knapper Versorgung
mit echtem Kaffee immer mal wieder eine besondere Bedeutung.
Das Wort selbst ist um 1800 noch nirgendwo belegt; und auch
das Grimmsche Wörterbuch kennt es nicht.

Diese Geschichte ist deshalb nicht mehr als eine nette Legende. Die Herleitung, die man heute dagegen in den meisten
etymologischen Wörterbüchern findet, geht zurück auf den
schon erwähnten Heinrich Dittmaier, der in der rheinischen Landeskunde eine bedeutende Rolle gespielt hat. Da er auch Mither-
ausgeber des großen Rheinischen Wörterbuchs war, hatte er
Zugriff auf ein bemerkenswertes Archiv. Und dort waren neben

dem zusammengesetzten Wort *Muckefuck* als Bezeichnung für den Kaffeeersatz auch seine beiden Bestandteile zu finden. Im zentralen Rheinland und am unteren Niederrhein ist der *Muck* in den Mundarten so etwas wie „Schlamm, trübe Brühe" aber auch „Kaffeesatz". Die *Mocke* ist in der rheinischen Umgangssprache noch heute die Bezeichnung für eine Flüssigkeit, mit der man nicht in Berührung kommen möchte (*Hafenmocke* heißt in Duisburg das Wasser im Binnenhafen). Im Bergischen Land sind die *Mucken* verfaulende Baumstümpfe, in denen sich ein brauner Mulm angesammelt hat. Dieses Zeug, das Blumenliebhaber als Dünger schätzen, heißt hier tatsächlich *Muckefuck*, und da der gemahlene Kaffeeersatz große Ähnlichkeit mit dem Mulm hat, wurde die scherzhafte Bezeichnung wohl übernommen. Der zweite Wortbestandteil *fuck* bedeutet im Rheinland so viel wie „faul, verdorben", es ist in den Mundarten in der Variante *fuckackig* weit verbreitet. Wenn Birnen oder Äpfel schon leicht matschig werden, dann sind sie *fuckackig* (siehe dort).

Der *Muckefuck* kommt im Bergischen gleich in verschiedenen Bedeutungsvarianten vor. Neben dem Mulm und Ersatzkaffee kann damit auch das sogenannte Studentenfutter gemeint sein, oder ein Streich (*Wat macksde vörn Muckefuck?* kann man in Remscheid fragen) und der Tunichtgut selbst, der den Scherz zu verantworten hat, und schließlich ein „unglaubhaftes Durcheinander" (*Muckefuck kallen*). Weil das Bergische Land so etwas wie eine *Muckefuck*-Hochburg ist, glaubt man, dass das Wort von hier seinen Weg in die deutsche Sprachlandschaft gemacht hat. *Muckefuck* wäre danach also echt rheinisch.

Anzumerken bleibt, dass auch diese Herleitung noch nicht völlig zu überzeugen vermag. Das nachgestellte Adjektiv ist und bleibt ziemlich ungewöhnlich (man sagt ja auch nicht „Beerefaul" sondern Faulbeere). Zu erklären ist es allenfalls aus Gründen des Reims oder der Wortmelodie.

Braun 50; Dittmaier 88; Duden Herkunft 541; Fellsches Duisburg 115; Gutknecht 157; Halbach 453; Kluge 634; Legros 16; Mengel 20; RhWb V/1339; Werner 250; Wrede 2/209; Zitzen 1/120; Mitteilung von Johannes Großkortenhaus, Velbert; ww.germanistik.uni-hannover.de/organisation/publikationen/bln_lexikon/a_to_z/m.htm; www.sachsen-natur.de/wegwarte.php

Nonnenfürzchen

im Rheinland oft auch *Nonnenfützje*, sind kleine runde Gebäckstücke aus feinem Teig. Hier versteht man darunter meist das traditionelle Fastnachtsgebäck, auch *Muuzemändelchen* genannt, bei dem mit einem Löffel portionierte und an Mandeln erinnernde Teigklößchen in heißem Schmalz ausgebacken werden.

Nonnenfürzchen gibt es überall. Meist werden sie für eine regionale Spezialität gehalten, man findet sie aber sowohl in Sachsen, im Allgäu, in Schwaben (*Nonnefürzle*), in der Pfalz und eben im Rheinland. Selbst in Frankreich sind sie nicht unbekannt, dort heißen sie „pets de nonne", was nichts anderes heißt als *Nonnenfurz*. Das muss deshalb betont werden, weil seit geraumer Zeit in allen möglichen Veröffentlichungen behauptet wird, dass das süße Gebäck eigentlich mit Darmwinden gar nichts zu tun hat. Stellvertretend sei hier einmal der entsprechende Eintrag in Wikipedia zitiert: „Korrekt bezeichnet wäre das als **Nonnenfürtchen**, was auf das Wort ‚nunnekenfurt' zurückgeht. Übersetzt heißt das so viel wie ‚von den Nonnen am besten zubereitet'."

Diese Deutung überrascht, denn „nunneckenfurt" bedeutet nun einmal *Nonnenfurz, furt* ist die alte unverschobene Variante des modernen Furz. Und in dem großen Mittelniederdeutschen Wörterbuch von Schiller/Lübben wird lediglich eine alte Erklärung zitiert, die offensichtlich Anlass für die falsche Deutung bietet: „Nach der gewöhnlichen Annahme ein Gebäck, das die Nonnen gut zu bereiten wussten." Auch wenn es vielen Liebhabern des Gebäcks offensichtlich peinlich ist, eine alternative, weniger anzügliche Deutung lässt die Bezeichnung nicht zu. Die entsprechenden Versuche, wie zum Beispiel die Herleitung als *Nunnenfarsch*, was mit Schweinespeckseite zu übersetzten wäre, müssen als gescheitert angesehen werden. Jedenfalls sind die *Nonnenfürzchen* sehr alt, in allen möglichen Quellen aus dem 15. und 16. Jahrhundert wird das Gebäck schon erwähnt.

Es bleibt natürlich die Frage nach dem Motiv, das unschuldige Gebäck mit einem solchen Namen zu belegen. Eine lustige Antwort bietet das Köln-Lexikon. Dort spekuliert man, dass die *Nonnefützjer* ihrer Form wegen so heißen! So etwas müsste man dann ein Materialisierungswunder nennen. Eine richtige Entstehungslegende gibt es auch. Sie findet man – mal wieder – in

Frankreich. Dort wurden die süßen Dinger in einem Kloster – wo auch sonst? – erfunden, und das kam so:

„Im Kloster Marmoutier bei Tours, das seiner kulinarischen Genüsse wegen sehr geschätzt war, hatte sich der Bischof zu Besuch angesagt. In der Küche herrschte reges Leben, alle Nonnen waren beschäftigt mit braten, backen und kochen. Sie bereiteten einen Teig, der das Geheimnis der frommen Äbtissin war. Die junge Novice Agnes ging ihr eifrig zur Hand; sie stand vor einem heißen Kessel mit heißem Fett, mit gesenkten Augen lauschte sie auf die Erklärungen ihrer Herrin, dabei hielt sie in der Hand einen Löffel, auf dessen Spitze sich eine Kugel mit diesem eben zubereiteten Teig befand.

Da, auf einmal ein Geräusch! – Wie ein langer, sonorer Ton einer Orgel zog er sich hin, um in ein sanftes Pianissimo auszuklingen. Trotz des sanften Ausklangs waren die Ohren aller Nonnen schwer beleidigt. Woher kam das Geräusch? Man betrachtete sich gegenseitig und horchte hin und her. Vielleicht kam es aber auch von einem dämonischen Wesen, das sich in das Kloster eingeschlichen hatte.

Aber nein, es war ein allzumenschliches und war, wie es schien, unter dem Gewande der jungen Novize Agnes entstanden. Zur gleichen Zeit – so heißt es wenigstens in der Legende – sprang über den Herd eine ganze Anzahl niedlicher Engelchen, die mit Küchengeräten einen Lärm vollbrachten, als ob sie das eben vorher entstandene Geräusch übertönen oder vielleicht entschuldigen wollten. Unter dem strengen Blick der Nonnen wurde die arme Novize abwechselnd rot und weiß, vor Schreck ließ sie das Klümpchen Teig von ihrem Löffel in das siedende Fett fallen.

Und siehe da! – Welch ein Wunder! – Der Teig geht unter einem ähnlichen Geräusch wie dem von der kleinen Nonnen vollbrachten auf und schwillt zu einer goldgelben Kugel. Man geht näher, man staunt. – Welch übernatürliches Ereignis. Man versucht den Kuchen und findet ihn unübertrefflich. Ein unvergleichlich neues Gericht war erfunden, das seit jener Stunde unter dem Namen ‚Nonnenfürzchen‘ bekannt wurde.“

Öcher Platt 1983, S. 9; RhWb VI/235; Schiller/Lübben 3/208; Wilhelm 329; Wrede 2/237;
www.spezialitaeten-baden-wuerttemberg.de/spezialitaeten

Ömmes und ömmes

Im Internet findet sich zum *Ömmes* eine nette kleine Geschichte, die einem offensichtlichen Nichtrheinländer auf einem großen rheinischen Schützenfest passiert ist: „Der Truppenaufmarsch ist vorüber, und nun mischt sich des Königs Armee unter das gemeine Volk und versorgt sich mit allerlei Leckereien. Meine Begleiterin gesellt sich wieder zu mir und wird von einer ihrer Bekannten gefragt, ob sie auch einen ‚Ömmes' wolle. Sie verneint. Ich frage: ‚Einen was?' Sie: ‚Einen Ömmes, das ist so ein Stück Fleisch vom Grill. Da, der Mann da isst gerade einen.' Mit diesem Satz zeigt sie auf einen Mann, der schon auf Grund der mangelnden Uniformierung zunächst sympathisch wirkt, sich dann allerdings durch das Stück ‚Ömmes' vor sich degradiert: ein etwa handflächengroßer Brocken, der wohl mal in irgendetwas Vierbeinigem befestigt war. Auf die Nachfrage, warum dieses Gebilde nun gerade ‚Ömmes' hieße, weiß meine Begleiterin auch keine Antwort, nur, dass der Mensch der es verkauft, auch so genannt wird. Ich erblicke ihn in seiner Grillbude in einigen Metern Entfernung und stelle mir die Frage nach dem Huhn und dem Ei: Heißt der Mensch ‚Ömmes', weil er Brocken verkauft, die wie Ömmes aussehen? Oder heißen die Brocken Ömmes, weil sie von einem Menschen verkauft werden, der diesen Namen aus verständlichen Gründen trägt?"

Es ist kein Wunder, dass sich ein Imi über den *Ömmes* wundert. Denn in seinem Kerngebiet, das etwa vom Münsterland über das Ruhrgebiet bis in den Kölner Raum reicht, ist er so etwas wie eine sprachliche Allzweckwaffe. Das Wort lässt sich je nach Situation vielseitig verwenden, wird damit jedoch für Nichteingeweihte tendenziell unverständlich. Meist ist ein *Ömmes* etwas Dickes, Unförmiges, was natürlich immer relativ ist: *Boh, wat hasse da von großen Ömmes im Gesicht* (dicker Pickel, große Nase), *Der hat mit son Ömmes nach mir geschmissen!* (dicker Stein), *Kuck ma, wat die von Ömmes als Schlachmann haben* (großer, kräftiger Mann). *Ich hab son Ömmes von Karpfen gefangen!* Seltener ist ein *Ömmes* aber auch ein eher kleiner Mann oder ein Halbwüchsiger, manchmal auch irgendein Mann, dessen Name einem nicht einfallen will: *Wie heißt der noch, der Ömmes von deiner Schwester?* oder ein Synonym für „Kumpel, Kerl" *Komm, nu mach kein Scheiß, Ömmes.* Im Ruhrgebiet ist *Ömmes* auch eine alternative Bezeichnung für die Oma *Ömmes un Öppes kommen zu Besuch!* Und damit es endgültig unübersichtlich wird, kann man *ömmes* auch als Pronomen verwenden: *Da muss ömmes kommen, der dat reparieren kann. Kennsde ömmes, den de empfehlen kannst*? (jemand).

Ein solch mehrdeutiger *Ömmes* erscheint manchem ominös. So etwas muss aus dem Ausland kommen. Hauptverdächtige sind im Rheinland in einem solchen Fall immer das Französische und die französischen Besatzungstruppen. Und da „un homme" recht ähnlich klingt und auch eine eher allgemeine Bedeutung hat, wird der französische „Mensch" zum Urahn des *Ömmes.* Eine andere Variante erinnert an die Aufschrift „hommes" an den französischen Männertoiletten, die die Ruhrgebietler während der Ruhrbesetzung kennen gelernt haben könnten.

Wenn sich eine französische Abstammung nicht beweisen lässt, dann kommt meist das Jiddische oder Jüdisch-Deutsche ins Spiel. So auch hier. Dort und in der münsterländischen Geheimsprache Masematte kennt man das Substantiv „Emmes" (Wahrheit) und das Adverb „emmes" (ja, wahr, gut). Und da sich diese Wörter im Rheinischen eher wie Ömmes anhören, liegt die Verwandtschaft auf der Hand. Die Ableitung geht dann so: „Ömmes – schwerer Gegenstand: Substantivierung von ‚ömmes' (ja klar) (der bekräftigende Charakter der Interjektion wird auf den zu bezeichnenden Gegenstand übertragen)."

Wem diese Ableitungen zu weit hergeholt sind, dem sei versichert, dass *Ömmes* eigentlich ein altes rheinisches Mundartwort ist. Zusammen mit den Varianten *Ommer, Ummer* und *Ümmes* bezeichnet es eine dicke Murmel beim Klicker- oder Knickerspiel der Kinder. Von hier hat es den Weg in die allgemeine Umgangssprache gefunden. Es ist in kölnischen Quellen des 16. Jahrhunderts schon als *omnia* oder *ommnian spillen* belegt. Und auch das Pronomen *ömmes* (jemand) birgt keine Geheimnisse. Es ist mit dem *Ömmes* überhaupt nicht verwandt, sondern eine Lautvariante des ebenfalls rheinischen *iemes* (ebenfalls „jemand"), wie sie in den Mundarten des Rheinlands zwischen Westerwald und Ruhrgebiet zu finden ist. Die einzige Gemeinsamkeit von *Ömmes* und *ömmes* ist also ihre Herkunft aus dem Dialekt, die aber für die meisten Rheinländer und Rheinländerinnen schon nicht mehr zu erkennen ist.

Fellsches Duisburg 119, Dortmund 118, Bochum 182; RhWb IX/46; Siewert 82; Werner 266; Wrede 3/253; www.kommunikaze.de/ index.php?aid=267; www.wiki.muenster.org/idex.php/ TackoPedia-O

paletti

Die Wendung *alles paletti* ist heute omnipräsent. Mit ihr machen Kabarettisten Karriere (Hallo Chefe, alles paletti), Firmen Werbung, nach ihr benennen sich Artisten, Zirkusse oder Onlinedienste. Eine beachtliche Kariere, wenn man bedenkt, dass die Wendung noch gar nicht so alt ist. In den 1960er Jahren haben Arbeiter im Ruhrgebiet Stein und Bein geschworen, dass sie das Wort *paletti* erstmals bei ihren damals neuen italienischen Kollegen gehört hätten. Auch die Palette als Stapelunterlage ist erst nach dem Zweiten Weltkrieg richtig populär geworden, erstmals erwähnt wird sie in dieser Bedeutung im Jahr 1921.

Dass *alles paletti* aus dem Italienischen kommt und irgend etwas mit der Stapelpalette zu tun hat, kann man allenthalben hören und lesen. Zumindest die erste Behauptung ist frei erfunden. Im Italienischen kennt man das Wort überhaupt nicht, es ist ein sogenannter Pseudoitalianismus, also eine deutsche Worterfindung. Ob bei der Wortschöpfung die Palette Pate gestanden hat, kann man nur vermuten. Die ist immerhin wohl tatsächlich aus dem Italienischen entlehnt. Die „paletta" geht auf lateinisches „pala" (Schaufel) zurück, das wohl der Form wegen später zur Malerpalette wurde. (Möglich ist auch eine Entlehnung aus dem Französischen „palette" mit der gleichen Wortgeschichte.)

Eine sinnvolle Erklärung, wieso aus der Palette *alles paletti* wurde, ist bislang nicht gefunden. Andere Versuche erscheinen allerdings noch spekulativer. So der Vorschlag, eine hebräische Wurzel „pallet" zu konstruieren, die angeblich schon im 2. Jahrhundert (!) im Sinne von „Retten, bewahren, in Sicherheit bringen" benutzt wurde. Auch der französische „paletot" (Überwurf, Jacke) wurde bemüht (im Sinne von „in trockenen Tüchern sein", weil auch ein „paletot" schließlich aus Stoff ist) und sogar die griechische Göttin Pallas Athene. Alle diese Erklärungen zeigen in diesem Fall eigentlich nur eins: Nichts Genaues weiß man nicht.

Solche Sprachspielereien sind wahrscheinlich spontan entstanden, ohne dass eine handfeste etymologische Ableitung bemüht werden muss. Das gilt auch für den *Apparillo*, ein Wort, das kein Italiener verstehen würde, oder Udo Lindenbergs berühmtes *controletti*.

Kluge 676; www.gutefrage.net/frage/woher-kommt-der-ausdruck-alles-paletti; www.wer-weiss-was.de/theme143/article1402042.html

Panhas

kennt man heute kaum noch. Die einen meinen: zu Recht, andere bedauern das. Auf jeden Fall scheint *Panhas* nicht mehr so recht zu modernen Ernährungsgewohnheiten und vor allem Vertriebsformen zu passen. *Panhas* war – und ist – ein typisches Gericht bei Schlachttagen, wie sie früher nicht nur in ländlichen Gebieten im Rheinland üblich waren. Es gibt keine einheitliche Rezeptur, sondern der *Panhas* war jeweils von der Laune und Freigiebigkeit seiner Schöpfer geprägt. Grundbestandteil war und ist immer noch Wurstbrühe und Buchweizenmehl, dazu kommen je nachdem Blut, Fettstückchen, aufgeplatzte Würste oder auch Hackfleisch. Immer entsteht daraus eine ziemlich feste und graue Masse, die in Scheiben geschnitten in der Pfanne gebraten wird. Hardcore-Liebhaber essen ihn pur, auf Schwarzbrot oder mit Rübenkraut bestrichen. Dass sich der Brei auch hervorragend zum Kleben geeignet habe, ist eine üble Nachrede. Im Westfälischen gilt er als Heilmittel gegen Haarausfall, ob gegessen oder roh auf dem Kopf, ist nicht überliefert.

Panhas (oder auch *Pannas*) gilt vielen als Arme-Leute-Essen, weil das angeblich schon sein Name verrate. *Panhas* bedeutet danach nämlich „Pfannenhase" und sei somit die sprachliche Aufwertung eines eigentlich sehr billigen Gerichts. Solche verschönernden oder beschönigenden Namen kennen die Mundarten und die Umgangssprache zu Hauf: „Essenberger Schinken" (Rübenkraut), „Arbeitersekt" (Bier), „Himmel und Erde", „Halver Hahn" (Röggelchen mit Käse und Senf in Köln). In diesem Fall handelt es sich jedoch nicht um einen Euphemismus. Vielmehr ist *Panhas* als „Pannharst" oder „Pfannenharst" zu erklären, was nichts anderes als „In-der-Pfanne-Geschmortes" bedeutet. Der *Panha*s war auch kein Arme-Leute-Essen, sondern ein Gericht, bei dem möglichst alle Reste eines Schlachttages, die nicht zu Wurst oder Braten verarbeitet werden konnten, verwertet wurden. Solch ein *Panhas* konnte durchaus sehr fett und inhaltsreich sein. Wie der Name „Pannharst" schon andeutet, stammt das Wort aus Westfalen, wo es ja auch das verwandte Gericht *Pottharst* (Im-Topf-Geschmortes) gibt. Die eigentlichen rheinischen Mundartbezeichnungen für diese Schlachtschüssel sind *Klappertüüt, Balkenbrei, Dätsch, Prinz* und *Püttes*, wobei Erstere auf die mühselige Herstellung verweist, bei der in einer großen Schüssel der immer steifer werdende Brei mit einem Holz endlos lange gerührt (*geklippert* oder *gekläppert*) werden musste. In Westfalen kann man den *Panhas* auch mit Rosinen oder Roggenmehl verfeinern, dann heißt er *Möppkenbrot*.

Man hat übrigens bei der Deutung auch wieder das Französische ins Spiel gebracht. Danach erklärt sich *Panhas* aus dem französischen „panache" (Mischung), „weil in Westfalen das Wort Pannhas nur dort bekannt ist, wo zur napoleonischen Zeit Franzosen weilten". Die Beweisführung für diese Annahme dürfte jedoch äußerst schwierig sein.

Auch wenn man den *Panhas* beim Metzger immer seltener zu sehen bekommt, hat er sich in der Umgangssprache verblüffend lange bis heute behauptet, wenn auch in anderen Zusammenhängen. So kennt man im Rheinland den *Pannaskopp* (Dummkopf) und im Ruhrgebiet den *Pannasathleten*, der eine schöne Umschreibung für ein Weichei oder einen *Schlappschwanz* ist. Noch schöner sind allerdings die Wendungen *Panhas am Schwenkmast* oder *Panhas im Christbaum*. Die benutzt man, wenn man ausdrücken will, dass der kritische Punkt erreicht und die Geduld am Ende ist. *Wenne nich sofort aufhörs, dann is aber Panhas am Schwenkmast. Jetz is aber Schluss, sonst hängt der Panhas am Christbaum.* Diese Drohungen sollte man im Rheinland besser nicht ignorieren. Die ruhrpöttischen Extrempunker der Band „Pöbel und Gesocks" haben nicht von ungefähr eine ihrer Platten „Panhas am Schwenkmast" genannt. Wie diese – neueren – Wendungen entstanden sind, weiß man allerdings nicht. Außerdem kannte man im zentralen Rheinland noch die *Panhasfabrik*.

Dort wurde allerdings kein Wurstbrei hergestellt, sondern dort arbeiteten Leute, die aus Braunkohle Briketts pressten.

Den *Panhas* gibt es sogar in Amerika. Von den pfälzischen Auswanderern im 17. Jahrhundert in das spätere Pennsylvanien eingeführt, hat sich der „pannhaas" weit über das ehemalig deutschsprachige Gebiet ausgeweitet. Man findet ihn dort – amerikatypisch – in Dosen. Heute wird das deutsche Wort allerdings zunehmend von der englischen Bezeichnung „scrapple" abgelöst, was aber irgendwie unappetitlicher klingt.

Duden 6/2842; Fellsches Essen 111; Piirainen/Elling 652; RhWb VI/485; Zitzen 5/77; www.sz-magazin.sueddeutsche.de/texte/ anzeigen

Paselacken

gibt es natürlich auch in der Einzahl (der *Paselack*), aber eigentlich kommen sie im Sprachgebrauch nur in der Mehrzahl vor. *Paselacken* sind in der Regel Leute, mit denen man nichts zu tun haben möchte. Sie sind entweder ungehobelt, unhöflich, schmutzig, schlampig oder einfach nur anders und fremd. Das hat nichts mit Fremdenfeindlichkeit zu tun, Begriffe für Außenseiter, ob soziale oder kulturelle, findet man in allen Umgangssprachen zu Hauf. Das ist genauso mit den Schimpfwörtern, von denen es Unmengen gibt, ohne dass dies Rückschlüsse auf den „Volkscharakter" der jeweiligen Sprachgemeinschaft zulassen würde.

Das bedeutet allerdings nicht, dass das Wort nicht auch als äußerst diskriminierendes und beleidigendes Schimpfwort eingesetzt werden könnte. Das Internet ist voll von Verunglimpfungen, in denen die *Paselacken* eine entscheidende Rolle spielen. Damit sind dann tatsächlich immer Ausländer gemeint. So spielt der Ruhrgebietsausdruck *Paselackenflachrennen* auf die behauptete Durchsetzungsfähigkeit türkischstämmiger Mitbürgerinnen an den Wühltischen beim Winterschlussverkauf an. Und das lautähnliche *Pasemalucken* kombiniert leicht erkennbar die Wörter *Paselacken* und *Mamelucken* und betont damit die Fremdartigkeit der so Bezeichneten.

In Lemgo stand sogar im Jahr 2002 ein Mann wegen Volksverhetzung vor Gericht, der über „Paselacken und Türken" hergezogen war und nun gar nicht verstand, was daran diskriminierend gewesen sein sollte. Sein Verteidiger verstieg sich sogar zu der Ausrede: „Der Ausdruck Paselacken ist ein Kosename, wie er in Masuren und Polen häufig verwandt wird."

Obwohl er damit nicht durchkam, ist hier die Fährte gelegt für die gängigen Erklärungsmuster des Wortes *Paselack*. Auch wenn es eigentlich gar nicht stimmt, glauben heute viele, mit den *Paselacken* seien früher nur Menschen aus dem Osten gemeint gewesen, offensichtlich erinnert das Wort zu sehr an das lautähnliche *Pollack*. In den großen Wörterbüchern findet man deshalb in der Regel die Herleitung von *Paselacke* aus dem polnischen Wort „poslanka" (Gesandter) und dem Verb „poslat" (hinschicken). Sowohl im Wahrig als auch im Duden ist der *Paselacke* dabei jemand, „der für andere schwer arbeiten muss" und der ausschließlich im nordostdeutschen Sprachraum zu finden ist. Diese Bedeutung lässt sich tatsächlich aber nur für das Danziger „Missingsch", die deutsche Umgangssprache der alten Hansestadt belegen. Dort ist ein *Paslack* ein Handlanger, Helfer oder Diener.

Es gibt ihn allerdings auch und gerade im deutschen Westen, im Rheinland und Ruhrgebiet. Hier sind *Paselacken* aber eher soziale Außenseiter, die sich entweder nicht zu benehmen wissen oder sich bewusst nicht an die gesellschaftlichen Normen halten; in Essen war ein *Paselack* beispielsweise eine „Herumtreiberin, ein unordentliches nachlässiges Weib, das klatschen geht", wie das Rheinische Wörterbuch zu berichten weiß. Und diese Bedeutung kommt nicht von ungefähr. Denn im Rheinland und auch im Dortmunder Raum ist in den Mundarten das Verb *paselacken* einmal weit verbreitet gewesen. Es bedeutet „mühsam laufen, gehen, durch dicken Schlamm waten". Daraus ist die Bedeutung „Herumtreiber, Tunichtgut" abgeleitet, die sich noch im bedeutungsgleichen *Postlöke* in Hannover findet. Das Verb *paselacken* ist eindeutig älter als die „polnische Invasion" im Ruhrgebiet der 1880er Jahre, es kann also nicht durch die direkte Beeinflussung des Polnischen entstanden sein, seine Lautung erinnert also nur zufällig an das Polnische. Wie der Danziger *Paslack* nun aber mit den rheinischen *Paselacken* zusammenhängt, bleibt eine interessante Frage.

Dagegen ist der *Polacke* erstens eindeutig ein Schimpfwort für Polen und Vertriebene, für das man sogar ins Gefängnis wandern kann, und zweitens wirklich ein polnisches Wort (polak „Pole"). Es war allerdings schon lange im Deutschen gebräuchlich, als die ersten polnischen Kumpel die Ruhr erreichten. Da war es aber noch nicht abwertend gemeint, sondern wurde als neutrales Lehnwort benutzt. Seinen beleidigenden Beigeschmack bekam es erst im 19. Jahrhundert.

Duden 6/2865; Fellsches Bochum 187; Ludewig 88; RhWb VI 539; Schleef 192; Wahrig 5/68; www.hiergeblieben.de; www.jessner. homepage.t-online.de/dzgwort.htm

petzen

Petzen ist in jeder Hinsicht unangenehm. Sowohl für denjenigen, der Opfer einer *Petze* geworden ist, als auch für den Sprachwissenschaftler, der der Wortgeschichte auf der Spur ist. *Pass auf, der petzt* war früher für Kinder ein vernichtendes Urteil, der des *Petzens* Verdächtigte war als *alte Petze* unten durch und bekam in seinem Freundeskreis keine Schnitte mehr.

Petzen scheint kindersprachlich zu sein. Erwachsene *petzen* nicht, sie verraten, schwärzen an, verleumden oder mobben neuerdings und sind, zum Beispiel als Lehrer, höchstens Objekt des *Petzens*. Mit einer Ausnahme. Das sind die Italiener, die bei der Weltmeisterschaft den deutschen Spieler Torsten Frings bei der Uefa *verpetzt* hatten und so seine entscheidende Sperre im Halbfinale durchsetzen konnten. Das würden Deutsche nie tun, hier *petzen* nur die Kinder.

Das war nicht immer so. Man weiß ziemlich genau, wann das Wort in dieser Bedeutung zum ersten Mal aufgetaucht ist: 1781 ist es in der Sprache der Studenten in Halle erstmals belegt. Dort scheint das *Petzen* schnell groß in Mode gekommen zu sein, denn auch alle späteren Belege stammen aus dieser Stadt. Erst ab 1830 finden sich Zeugnisse aus studentischen Kreisen in Leipzig, Gießen und Berlin. Aus der Studentensprache wanderte das Wort mit dieser Bedeutung dann in die Schüler- und Kindersprache, von dort in die allgemeine Umgangssprache. Für die Gebrüder Grimm war diese Bedeutung noch so neu, dass sie sich auf eine mündliche Mitteilung berufen mussten. Auch für sie war sie schon kindersprachlich.

In vielen deutschen Mundarten kennt man *petzen* oder *pfetzen* eigentlich als „kneifen, zwicken". Das ist die alte, schon im Mittelhochdeutschen belegte Bedeutung. Im Rheinland gibt es zwei Varianten, das südliche *petzen* und das nördliche *pitschen*. Beide haben auch die Bedeutung „trinken, saufen, zechen", weshalb man noch heute umgangssprachlich sagen kann: *Ich hab mir ganz schon einen gepitscht* oder *Komm, wir gehen einen pitschen*. So erfährt auch der Düsseldorfer Schnaps mit dem ulkigen Namen *Killepitsch* zumindest teilweise seine Deutung. Allerdings erklärt dies nicht, wieso *petzen* irgendwann einmal die Bedeutung „verraten, anschwärzen" bekommen hat. Auch wenn die großen Wörterbücher die verschiedenen Bedeutungen von *petzen* in einem gemeinsamen Wortartikel abhandeln und so einen gemeinsamen Ursprung postulieren, ist es doch fraglich, ob es sich hier tatsächlich um ein- und dasselbe Wort handelt. Zwar gibt es durchaus Anknüpfungspunkte für eine Bedeutungserweiterung, wenn man etwa an die weit verbreitete Redewendungen *ich han dich nich gepetzt* denkt, die man zu jemandem sagt, der sich um etwas kümmert, was ihn nichts angeht. Aber es ist doch zu auffällig, dass überall als ältere Standardbedeutung ausschließlich „kneifen" genannt wird, „verraten" kommt als neue Bedeutung erst spät hinzu. Nun sind Bedeutungsübertragungen nicht ungewöhnlich, nur hat sich die neue Anwendung leider in diesem Fall in einem Sprachgebiet etabliert, in dem die alte gar nicht vorkommt. Im Sächsischen gibt es kein *petzen/pfetzen/pitschen* mit der Bedeutung „kneifen"; hier ist die neue Bedeutung aber nachweislich zuerst aufgetaucht.

Wenn dem so ist, wären unsere beiden *petzen* nur zufällig lautgleich, hätten aber eine völlig unterschiedliche Geschichte. Nur welche? Schon die Grimms haben vorsichtige Vermutungen angestellt und eine Verbindung zum Wort Patsch hergestellt. Es ist heute völlig ungebräuchlich, aber noch Goethe kannte und benutzte es als „Klatscherei, Geschwätz". Eine andere Herleitung geht die Sache bildlich an: „Wahrscheinlich schallnachahmender Herkunft: *petzen* verbalisiert einen kurzen (spitzen), schrillen Laut, wie ihn der Jagdhund ausstößt, der ein Stück Wild verbellt." Tatsächlich hat es den Ausdruck Betze oder Petze für eine

Hündin als „Verbellerin" von gestelltem Wild wirklich einmal gegeben, und schon im 17. Jahrhundert wurden so auch „lose Weiber" genannt. Nur ist das Verb *petzen* wohl früher belegt als das Substantiv *Petze* (Verräterin) und eine parallele Entwicklung eher unwahrscheinlich.

Es bleiben zwei Herleitungen. Auch im Rotwelschen ist das Wort *petzen*, wie man sich leicht vorstellen kann, bekannt, und die *Petzen* sind in einschlägigen Kreisen ähnlich gefürchtet wie unter Kindern. In der Gaunersprache bedeutet *petzen* oder die Variante *pezetten* „bei der Polizei angeben, verraten, anzeigen". Dem würde ein amüsantes Wortspiel zugrunde liegen, denn das rotwelsche Wort für Polizei lautet *Peizaddik* oder *Pezadik*. Es ist eine Zusammensetzung aus den jüdisch-deutschen Buchstaben pe (p) und zadik (z), die die Abkürzung für „Polizei" bilden. Eine andere Erklärung verweist auf das hebräische Wort „pazah", was so viel wie „den Mund auftun" bedeutet. Hier wäre auch auf den Entstehungsort zu verweisen, das Hallische Waisenhaus, dessen Insassen als Studenten der Theologie Hebräisch können mussten. So schließt sich dann der Kreis.

In neuester Zeit ist schließlich eine völlig andere Erklärungsvariante aufgetaucht. Danach geht *petzen* auf das niederdeutsche Wort *inpetzen* zurück, das aus dem mittellateinischen „impetere" entstanden ist und „beschuldigen, anzeigen" bedeutet. Diese Erklärung klingt sehr plausibel, nur bleibt hier die Frage offen, weshalb die Halleschen Studenten ein niederdeutsches Wort zur Folie ihrer Worterfindung gemacht haben. Vielleicht haben sie die Bedeutung aber auch nur übernommen…

Duden 7/2901; Frankfurter Wb 12/2284; Grimm 13/1580; Kluge 693; Küpper 602; Pfeifer 2/1257; PfälzWb 1/831; Röhrich 2/1154; RhWb VI/641; Trübner 5/78; Wolf 4103; www.fbls.uni-hannover.de/sdls/schlobi/berlinisch/lexikon

picobello

Wenn früher der Mutter der Kragen platzte, hörte sich das oft so an: *In einer Stunde komm ich wieder hoch, un dann is dat Zimmer aufgeräumt, aber picobello, hörse? Picobello!* Dann wusste man als Kind, dass die Zeit des Paktierens oder Diskutierens vorbei war und es unweigerlich ans Aufräumen ging. Das Wort war außerdem die höchste Auszeichnung, die ein deutscher Urlauber im Ausland einem Hotelzimmer verleihen konnte: *Dat muss man ehrlich sagen, da konnteste nich meckern, die Zimmer waren picobello sauber!*

Man könnte sich sogar vorstellen, dass das Wort von den frühen Italienreisenden der Wirtschaftswunderzeit erfunden worden ist, die bass erstaunt waren, dass sie im Ausland nicht alle Hygienegewohnheiten aufgeben mussten. Es ist jedoch schon um 1900 in Gebrauch gewesen und auch im Rheinischen Wörterbuch bereits belegt. Erfunden ist es aber, denn *picobello* findet man nicht im Italienischen. Es ist vielmehr eine scherzhafte Italienisierung wie *alles paletti* (siehe dort), *kontroletti* oder *Remmidemmi*. Deshalb ist die Herleitung aus italienisch „picco" (Berg, Gipfel) sicher nicht richtig. Es ist wohl eine phantasievolle „Übersetzung" des deutschen Wortes piekfein ins Italienische, die allerdings, obwohl „bello" durchaus zu seinem Wortschatz gehört, kein Italiener verstehen würde. Den rheinischen Mundartsprechern dürfte diese Italienisierung sofort eingeleuchtet haben, denn sie kennen *pick* und die Varianten *pück/pöck* oder *päuk* als Adjektiv mit der Bedeutung „vortrefflich, essbar, gut, brauchbar" aus ihrem alltäglichen Wortschatz. *Ich glaub, die Sahne is nich mehr ganz pück* kann man sogar noch heute in der rheinischen Umgangssprache hören. Wahrscheinlich ist das rheinische *pick/pück* mit dem niederdeutschen *piek* in piekfein verwandt. *Piek* ist aus dem niederländischen „puik" entlehnt und war ursprünglich eine Qualitätsbezeichnung der Hansekaufleute (niederländisch „puken" bedeutet aussuchen). Die piekfeine Gegend um die Außenalster ist ja noch heute den Hamburgern ein Begriff. Auf jeden Fall ist *picobello* wie auch piekfein eigentlich doppeltgemoppelt und müsste mit „ausgesucht schön" übersetzt werden.

Kluge 701; Küpper 609; Pfeifer 1275; RhWb VI/806, 1157; www.ruhrgebietssprache.de/lexikon/picobello.html

piesacken

Wer hätte das gedacht? Das Wort *piesacken* mit der Bedeutung „jemanden quälen, ärgern, Schmerzen bereiten" hat seinen Ursprung auf dem Hunsrück. Man kann es im Internetlexikon Wikipedia, in der Zeitschrift Merian und in der Chronik einer bekannten Hunsrücker Familie nachlesen. In dem kleinen Ort Kappel lebte demnach ab 1860 eine Bauernfamilie, deren männliche Mitglieder sich als Heilkundige ein nicht unbeträchtliches Zubrot verdienten. Sie waren weit über die Ortsgrenzen hinaus bekannt als „Knochenflicker", heute würde man sie Chiropraktiker nennen. Da man auf dem Land in dieser Zeit bei Brüchen und schon gar nicht bei Verrenkungen zu einem teuren Arzt ging, ließ man sich seine Knochen eben von örtlichen Heilern wieder richten. Und da besagte Familie Pies hieß und mit der Zeit weit über die Ortsgrenzen hinweg einen guten Ruf hatte, nannte man bald überall auf dem Hunsrück deren Tätigkeit, die natürlich mit nicht unbeträchtlichen Schmerzen verbunden war, einfach nur *piesen* oder eben *piesacken*. Wie die Heiler Jakob und sein Sohn Robert Pies zu Werke gingen, wird heute im Vorderhunsrückmuseum in Dommershausen anschaulich vorgeführt. Bis 1973 ist Robert Pies seinem selbst erlernten Handwerk mit Erfolg nachgegangen.

Und damit sind wir schon beim Knackpunkt dieser Wortgeschichte. Vater Jakob war 1860 geboren und hatte nach der Familienchronik erst 1895 „nach Kappel geheiratet". Er kann sein Handwerk also erst um die Jahrhundertwende begonnen haben. Das Wort *piesacken* jedoch ist schon im gesamten 19. Jahrhundert in der norddeutschen Literatursprache belegt und, wenn die Quelle stimmt, bereits um 1750 erstmals nachgewiesen. Selbst wenn man also an eine solche Abstammungsgeschichte glauben wollte, kann sie in diesem Fall unmöglich stimmen.

Deshalb wird auch eine weitere Herkunftslegende erzählt. Danach ist *piesacken* ein rotwelsches Wort, das wiederum – wie so oft – auf einen jüdisch-deutschen Ursprung zurückgeht. Der lautet „pisseach" und bedeutet „lahm, krumm." Das gaunersprachliche *pisacken* meint deshalb auch das Krummschließen oder Knebeln eines Gefangenen, was ja durchaus auch als „quälen, nerven" zu verstehen ist. Diese Ableitung könnte durchaus stimmen, aber wahrscheinlich ist die Wortgeschichte genau den entgegengesetzten Weg gegangen: Hier hat das Rotwelsche ein Wort aus den niederdeutschen Mundarten übernommen und zu einem Geheimsprachenausdruck gemacht.

Denn der eigentliche Hintergrund von *piesacken* ist eher ein wenig – schräg. Das Wort ist abgeleitet von der mundartlichen Bezeichnung für das „Geschlechtsglied des Stiers", das im Niederdeutschen und auch in Teilen des Rheinischen *Pesek*, *Peserik* oder *Pieserich* heißt. Ein anderes und bekannteres Wort dafür ist „Ochsenziemer". Getrocknet und mit Leder überzogen wurde er früher zu einer gefürchteten Schlagwaffe, dem Vorgänger des heutigen Schlagstocks. *Piesacken* bedeutet also nichts anderes als „mit dem Ochsenziemer schlagen". Heute wird es im sprachlichen Alltag meist nur noch in der übertragenen Bedeutung verwendet: *Musst du deinen Bruder immer so piesacken? Die Bank is mich am piesacken wegen des Kredits. Der is immer nur andere am piesacken.*

Zum Schluss: Im Dialekt des Hunsrücks hat die Familie Pies tatsächlich Spuren hinterlassen. In weiten Teilen der Region sagt man, wenn man zum Arzt will: *Ich moss bei de Pies gohn!* Und auch die Tätigkeit der Knochenflickerfamilie nennt man im Dialekt *piesen*: *Er es gepiest wure* heißt es, wenn die Knochen gerichtet worden sind. So hat die Familie Pies tatsächlich für eine kleine Wortfamilie den Anlass gegeben. Das Wort *piesacken* jedoch hat mit ihnen nichts zu tun.

Čircić 129; Duden 7/2927; Küpper 610; Pfeifer 2/1276; Pies, Piesen, Piesacken; RhWb VI/830, VI/879; Wolf 4210; www.lexikon.freenet. de/Kappel_(Hunsr%C3%BCck)

Pimmock

Der *Pimmock* ist sehr rheinisch – das heißt, eigentlich nicht der *Pimmock* selbst, sondern nur das Wort. Ein *Pimmock* kann gar nicht rheinisch sein, sonst wäre er gar keiner. Er ist ein Fremder, der sich in der rheinischen Lebenswirklichkeit nicht zurechtfindet und auf ewig ausgeschlossen bleibt.

Wer im Rheinland ein *Pimmock* ist, bleibt Ansichtssache. Früher waren es die „zugewanderten slawischen, auch holländischen

Arbeiter auf den Gütern, überhaupt jeder ostelbische Landarbeiter zur Zeit der Getreide- und Rübenernte". Das war im letzten Viertel des 19. Jahrhunderts. Später waren es die Vertriebenen aus dem ehemaligen deutschen Osten, dann die Gastarbeiter und schließlich die sogenannten „Ossis" nach der Wende. Im Ruhrgebiet nennt man die konsequent gleich *Ostpimmock*.

Aber für echte Kölner fing das *Pimmock-Land* immer schon auf der *Schäl Sick* bei Bergisch-Gladbach an. Und da echte Rheinländer katholisch sind, ist auch ein Protestant automatisch ebenfalls ein *Pimmock*. Das ist z. B. schon im 19. Jahrhundert in Zülpich belegt, dort nannte man während des Kulturkampfes so die Besucher der Gottesdienste von Pfarrern, die sich den Maigesetzen gebeugt hatten.

Es ist deshalb kein Wunder, dass *Pimmock* im Rheinischen auch ein Schimpfwort ist für einen Menschen, „der durch Sprache, Gebaren und Haltung unangenehm auffällt, fremdes Wesen den Eingesessenen gegenüber zeigt. Bei den Soldaten war in der preußischen Zeit (nach 1871) ein unbeliebter Vorgesetzter *ne Pimmock*, bei Beamten ähnlich, bei Bürgern, Arbeitern, Händlern, Kaufleuten die Bürokraten, soweit sie nicht um- und nicht zugänglich waren; kurz jeder, der einem persönlich nicht passte."

Im westlichen Rheinland heißen *Pimmocks* übrigens *Pimmau*, *Pimmei* oder *Pimack*. Und dort, wo *Pimmocks* herkommen, ist die *Pimmlakei* oder *Pimelakei*. Dieses Wort ist eindeutig jünger und nicht sehr weit verbreitet, es ist erst seit 1970 belegt und wohl eine Kombination aus *Pimmock* und *Walachei*. Womit wir bei der Herkunft der *Pimmocks* sind. Die kommen eigentlich aus dem Piemont und waren Erdarbeiter und Plattenleger. Diese Theorie geistert seit ewigen Zeiten durch das Rheinland. Wer sie aufgebracht hat, wer diese ominösen Gastarbeiter gewesen sind und wo sie gearbeitet haben, ist bislang allerdings völlig unbekannt. Dass die Piemontesen ein Synonym für „den Italiener an sich" gewesen sind, ist nirgendwo belegt, wahrscheinlich reine Erfindung und wohl nur auf Grund der lautlichen Ähnlichkeit ins Spiel gebracht worden. Das gilt auch für die folgende Theorie: Danach sind die Leute auf dem Weg aus dem Osten immer wieder über Brücken gekommen, die mit den Figuren des Brückenheiligen Nepomuk geschmückt waren. Da der eigentlich „Johannes aus Pomuk" hieß, sind aus den Zuwanderern aus dem

Osten eben die „Pumucken" und dann die *Pimocken* geworden. Und der erste *Pimmocke* war dann wohl Pumuckl.

Tatsache ist: Man weiß bis heute nicht, wie das Wort entstanden ist. Wrede schreibt in seinem Kölnischen Sprachschatz „möglicherweise onomatopoetisch in Anlehnung an Derbes", womit er wohl sagen will, dass hier das Wort *Pimmel* für „Penis" irgendwie an vermeintlich slawische Lautungen angepasst worden ist. Das ist den Rheinländern durchaus zuzutrauen, *wissen tut man es aber nicht*, wie man hier sagt.

Fellsches Essen 2005, S.110; Hermanns 439; Küpper 612; Orywal 192; RhWb VI/840-842; Wrede 2/296; www.iq.lycos.de/qa/show/ 162162/Was+ist+die+etymologische+Herkunft+des+Wortes+%22Pi mock%22+(k%C3%B6lsch+f%C3%BCr+%22Fl%C3%BCchtling%22+ aus+den+dt.+Ostgebieten%3B+auch+in+einer+WDR-doku-Sendung+2007+erw%C3%A4hnt)%3F/

Pimpernellen

Wenn man im Rheinland, und wirklich nur hier, die Geduld verliert, *kricht man die Pimpernellen, Pimpernölles, Pimpernöllen oder Pimpinellen.* Das kann bei vielen Gelegenheiten passieren: *Der redet so langsam, da krieg ich die Pimpanölles bei. Dat is jetz schon der zweite Bus, der nich kommt; dat is doch zum Pimpernellen kriegen. Bei der Frickelsarbeit hier krieg ich regelmäßig die Pimpernöllen. Wenn ich hier noch länger im Stau stehn tu, dann krich ich se anne Pimpernellen.*

Aber was bekommt man eigentlich genau, wenn man die *Pimpernellen kriegt?* So richtig weiß das niemand. Nicht-Rheinländer und Jüngere vermuten daher schon mal, dass sich hinter der Wendung irgendetwas Verbotenes verbirgt. So scheint die seltene Variante *etwas* **an** *die Pimpernellen kriegen*, die man manchmal hören und lesen kann, die sprachliche Phantasie zu beflügeln. Deshalb wurde schon vermutet, Pimpernelle sei ein umgangssprachlicher Ausdruck für eine besonders lästige Geschlechtskrankheit. Auch das Wort selbst, das manche in seine vermeintlichen Wortbestandteile *Pimper* und *Nille* zerlegen, führt diese auf das weite Feld der Fortpflanzung und der dazu notwendigen Organe.

Solche Spekulationen sind hier allerdings nicht angebracht, denn mit der *Pimpernelle* gelangen wir nicht auf das Gebiet der Fauna, sondern der Flora. Die Pimpernelle wird in einem Heilpflanzenlexikon so beschrieben: „Die ausdauernde, bis zu 1 m hoch wachsende Große Bibernelle besitzt einen kantig gefurchten, hohlen, oben verzweigten Stängel und weiße bis intensiv rosafarbene Blüten. Der Name Bibernelle oder Pimpinella wird z. T. auch für den als Salatgewürz verwendeten Kleinen Wiesenknopf (Sanguisorba minor) geführt, was zu Verwechslungen führen kann." Das Wort ist eine Entlehnung aus dem Französischen, dort heißt die Pflanze „pimprenelle". Wahrscheinlich geht der Name auf den lateinischen „piper" (Pfeffer) zurück, weil sich die Körnerfrüchte beider Pflanzen gleichen.

Aus ihrer Eignung als Heilpflanze hat man nun unsere Redewendung zu erklären versucht. Danach eignet sich eine Tinktur aus der Pimpernelle, um den Blutdruck zu senken, also genau das, was man dringend braucht, wenn man gerade *die Pimpernellen gekriegt hat*. Diese Ableitung ist allerdings weder logisch noch entspricht sie den Tatsachen, denn ein Pimpernellentee eignet sich kaum als Beruhigungsmittel, sondern allenfalls als Heilmittel gegen Entzündungen im Halsbereich.

Wahrscheinlich ist die Pimpernelle in unserer Redewendung auch gar keine Heilpflanze. Im Rheinland meint die Pimpernell oder Bibernell nämlich auch das gemeine Zittergras, eine Pflanze, die man heute nicht mehr sehr häufig in der freien Natur antrifft. Dieser Name ist tatsächlich in Anlehnung an das Verb *bibbern* (zittern) aus der eigentlichen Pimpernelle entstanden. Und so ist der Name für das Zittergras schließlich in den Mundarten des ganzen Rheinland zur Bezeichnung für das Zittern, die Angst und Ungeduld eines Menschen an sich geworden. Die Redewendung beruht also auf einer volksetymologischen Umdeutung der Pimpernelle in Bibbernelle.

Fuß XXXVII 9; Kluge 703; Meisen 1955, S. 211; RhWb I/674, VI/844; van Veen/van der Sijs 667; Wrede 2/296; www.gesundheit.de/ heilpflanzen-lexikon/index.html?c=; www.gesundheit.de/ heilpflanzen-lexikon/bibernelle/bibernelle.shtml

Pinnörkel

Den *Pinnörkel* gibt es im Rheinland in verschiedenen Ausführungen als *Pinnorek, Pinnökel, Pinöpel, Pinnokel, Pinnörgel* oder *Pijökel*. Damit ist keinesfalls ein neu entdeckter Verwandter des südamerikanischen Grottenolms oder ein Fabeltier in den Wäldern der Eifel gemeint, sondern schlicht ein ganz alltäglicher Gegenstand, der stumpf, spitz, länglich oder auch lang sein kann. Es handelt sich hier um ein Verlegenheitswort wie das bekannte *Dingens* oder *Dingenzich*, das immer dann zum Einsatz kommt, wenn die eigentliche Bezeichnung eines Gegenstandes nicht bekannt ist oder gar nicht existiert, wie beim „Einkaufsband-Zwischenlege-Pinnörkel", dem „Teig-Verteil-Pinökel" bei französischen Crepes-Buden, dem „Abzieh-Pinnökel" an einer Getränkedose, dem „Versandttaschen-Zumach-Pinökel" oder dem „Verriegelungs-Pinökel" in der Autotür.

Ein *Pinnörkel* ist also in der Regel ein nicht näher definierbares, fummeliges Kleinteil, er kann aber durchaus auch ein größerer Pinn sein, der irgendwo in der Landschaft steht. Genau genommen ist er die rheinisch-westfälische und norddeutsche Variante der bekannten *Pöppels, Schnippis, Nürpsels* oder *Nuppsis*. *Pinnörkel* begegnen uns im Alltag fortwährend, man kann an ihnen ziehen, sie drücken und pressen oder drehen. Meist brechen sie im ungünstigsten Augenblick ab oder man weiß eigentlich nicht, wozu sie überhaupt da sind.

Die Bekanntheit des *Pinörgels* nimmt von Norden nach Süden rapide ab. Im niederdeutschen Sprachraum bis zum Ruhrgebiet und Sauerland ist er flächendeckend anzutreffen, im zentralrheinischen Raum findet man ihn noch häufig, in der Eifel beginnt die Pinnökel-Diaspora. Überraschenderweise ist das Wort, oder zumindest seine Bedeutung, sehr jung. Es findet sich außer in modernen Internetwörterbüchern in keinem anderen Lexikon, weder in großlandschaftlichen noch in Ortsmundartwörterbüchern. Das macht seine Wortgeschichte äußerst ungewöhnlich.

Ganz sicher stammt es nicht aus dem Rotwelschen, wie man in einem Münsteraner Wörterbuch lesen kann. Dort ordnet man den *Pinnörkel* der örtlichen Geheimsprache Masematte zu und leitet das Wort vom rotwelschen „Pink" (Mannsperson) ab.

Darauf kommt man, weil ein *Pink* im Ostfriesischen nicht nur ein „unbedeutender Mann" ist (daher der *feine Pinkel* und auch das Wort *pinkeln* für urinieren), sondern auch der „Kleine Finger" und der „Penis". Diese sexuelle Komponente findet man im Zusammenhang mit dem *Pinörkel* im Übrigen oft, was bei dem bezeichneten Gegenstand nicht weiter verwundert. Aber das ist wohl eine spätere Bedeutungserweiterung.

Es bleibt eigentlich nur eine sinnvolle Erklärung für den *Pinnökel/Pinnörkel*, und das ist eine wirklich lange Wortgeschichte. Danach geht unser kleiner Pinn auf das mittelniederdeutsche „pinakel" (Turmspitze) zurück, das wiederum vom lateinischen „pinnaculum" (Mauerzinne) abgeleitet ist. Dies ist eine Verkleinerungsform von „penna/pinna" (Finne, Spitze, Nagel), in dem wir unser alltagssprachliches Lehnwort *Pinn* für „Holzpflock, Bolzen" erkennen können. Das lateinische „pinnaculum" ist in eine ganze Reihe von Sprachen gewandert und findet heute als Fachausdruck in der Kunstgeschichte Verwendung.

Diese einleuchtende Ableitung hat allerdings den einen *Pinnögel*, d. h. Haken, dass die gesamte Wortgeschichte seit dem Mittelniederdeutschen bis heute nicht belegt ist. Das Wort kommt nur äußerst selten vor und hat dann nie die Bedeutung, in der es heute gebraucht wird. Wie ist die rasante Verbreitung, wie ist der plötzliche Bedeutungswandel in unserer Zeit zu erklären? Eine Lösung dieses Rätsels könnte der *Pinappel* spielen. Dieses auch im Rheinland früher weit verbreitete Mundartwort ist unter Einfluss „Apfel/rheinisch: Appel" aus „pinnaculum" entstanden, man könnte auch sagen: verballhornt worden. Es bedeutet „Pinienzapfen, Tannenzapfen" und nähert sich damit deutlich den Formen, für die unser moderner *Pinnörkel/Pinnökel* steht. Das würde auch die Varianten *Pinöpel* und *Pinöppel* erklären.

Der *Pinnorek* ist ein Sondervariante des Ruhrgebiets. Sie passt in die Reihe *Mottek, Pastek, Zinnek* usw., der ein eigenes Kapitel dieses Buches gewidmet ist.

Honnen 1996; Honnen KKK 148; Kremer 2003; Meisen 1955, S.209; RhWb VI/ 845; Wolf 4198; www.wiki.muenster.org/index.php/ TackoPediaP-Q

Pips

Im Rheinland ist man nicht erkältet, hier holt man sich den *Pips* oder *Peps*. Das Ergebnis ist allerdings dasselbe. Auch Tiere bekommen den *Pips*, auf einem rheinischen Bauernhof wusste man damit aber umzugehen: „Verstopfung der Nase mit verhärteter Zungenspitze beim Federvieh, sodass die Tiere pipend atmen; man stopft den Tieren frische Butter in die Nasenlöcher, man gibt ihnen ein Klümpchen Butter, in das eine Spinne eingedrückt ist; man pinselt ihren Hals mit Petroleum; man schälte früher die Zungenspitze und gab die Haut mit etwas Butter dem Tiere zu fressen."

Dieser Ausflug in die rheinische Volksmedizin kommt nicht von ungefähr. Denn eigentlich bezeichnet der *Pips* eine „katharrhalische Entzündung der Nase bei Hühnern", die die Vögel beim Atmen laut piepen lässt. Doch das ist nur die halbe Erklärung. Denn überraschenderweise ist das lustige Mundartwort keine reine Lautmalerei, sondern es hat eine Geschichte, die sich bis auf das Lateinische zurückführen läst. Ausgangspunkt ist lateinisch „pituita" (zähe Flüssigkeit, Verschleimung), das unter dem Einfluss von „pipare" (piepen, flöten) im Mittelalter zu „pipita", eben dem *Pips des Geflügels* wurde. Im Althochdeutschen wurde daraus das putzige „phiphiz" und „phiffiz", dem man unser heutiges *Pips* schon ansieht. Man findet parallele Entwicklungen auch in anderen Sprachen, im Spanischen heißt der Pips „pepita" und im Französischen „pepie".

Eigentlich ist der *Pips* also das viel ältere und weiter verbreitete Wort für unseren modernen Schnupfen. Weshalb sich dieser, weitaus jünger und aus den niederdeutschen Dialekten stammend, in der Standardsprache durchgesetzt und den alten *Pips* in die Mundarten und Umgangssprachen abgedrängt hat, bleibt das Geheimnis der Sprache.

Küpper 614; Pape 2001/116; RhWb VI/875; Wrede 2/293

Drüje Pitter

Der *drüje* oder *dröje Pitter* ist so etwas wie ein *stiever Drickes*: ein langweiliger, humorloser Kerl. Am Niederrhein und im Ruhrgebiet heißt er entsprechend *dröger Pitt.*

Der Autor, der von sich behauptet, kein *dröger Pitter* zu sein, bekennt ein persönliches Interesse an diesem Wortartikel. Schon in früher Jugend als Prickelpitt gehänselt oder mit dem Satz *Pitter, Pitter, et gibt en Gewitter* geärgert, hat er es immer als unfair empfunden, dass sein Vorname im Rheinland für eine ganze Reihe von ungerechten Charakterisierungen steht. Um nur ein paar zu nennen: Schon der *Pitter* an sich, also ohne Attribut, gilt als Sonderling: *Wat bis du denn von Pitter? Dat is vielleicht en Pitter!* Dann gibt es die ganze Latte von *dicken, fetten, langsamen, dummen* oder *schwatten Pitters.* Dazu kommen die Zusammensetzungen *Knüselspitt* (schmutziger, unordentlicher Mensch), *Klüngelspitt* (Lumpensammler), *Lügenpitter, Stinkepitter, Quaselspitter* oder *Strunzpitter*, eine Liste, die sich ohne Mühe verlängern ließe. Als besonders bösartig empfindet der Autor den *platten Pitter* als Bezeichnung für die gemeine Blattlaus und die Wendung *Da sitzt der Pitter dren* in der Bedeutung „eine Made im Obst". Daneben kann ein *Pitterken* eine Unterhose oder Penis sein, ein dünner, langer oder schneller *Pitter* Durchfall bedeuten und der einfache *Pitter* sogar für den Teufel stehen.

Woher kommt die Verachtung für diesen unschuldigen Vornamen, der ja schließlich auf einen der wichtigsten Heiligen der Christenheit zurückgeht? Beim *drüje Pitter* scheint die Sache klar zu sein. Auf ihn erheben die Kölner Anspruch, weil vor dem Chor des Domes der Petrusbrunnen mit der Apostelfigur des Patrons der Kathedrale steht. Da der Brunnen meist trocken ist, haben die Kölner ihn in ihrer respektlosen Art zum *drüjen Pitter* gemacht und glauben nun, dass die Wendung sich von hier aus im Rheinland ausgebreitet hat. Da überschätzen sie sicherlich ihren Einfluss auf die Sprechgewohnheiten der Nichtkölner, ganz im Gegenteil werden sie wahrscheinlich die schon bestehende Redensart auf ihren Brunnen angewendet haben. Allerdings haben die Kölner ein Copyright auf den *dicken Pitter*, wie sie die große Petrusglocke des Doms nennen – aber der ist auch nur in Köln bekannt.

Im Ruhrgebiet glaubt man dagegen überhaupt nicht an einen Zusammenhang mit dem Namen Peter/Petrus. Hier leitet man den *drögen Pitt* nämlich von *Pütt* oder *Pött* ab, wie die nordrheinischen Varianten von *Pütz* „Brunnen" lauten. Wie in Köln denkt man hier also auch an einen trockenen Brunnen, wenn man vom *drögen Pitt* spricht. Allerdings vermögen diese Herleitungen nicht zu überzeugen. Die Fülle von „Pitterattributen" macht eine isolierte Ableitung aus einem konkreten Anlass sehr unwahrscheinlich. Es bleibt nur festzustellen, dass der Vorname *Pitter/Pitt* im Rheinland flächendeckend in übertragener Bedeutung benutzt wird. Weshalb gerade dieser Name, dem wir darüber hinaus auch noch im *Pittermännchen* und *Pittermesser* begegnen (siehe dort), in dieser Rolle zu finden ist, kann nur spekulativ beantwortet werden. Da ist zum einen seine weite Verbreitung und Beliebtheit, zum anderen auch seine Verwendung in allen möglichen Reimen und Sprüchen, in denen die übertragene Bedeutung schon angelegt ist.

Fellsches Duisburg 37; Meisen Köln 38; RhWb I/1518 u. VI/632; Wrede 2/299

Pittermännchen

In Köln und um Köln herum versteht man heute unter einem *Pittermännchen* nur eins: ein kleines Kölschfass von etwa zehn Liter Inhalt. Früher gab es wohl auch kleine Holzfässer mit fünf, sieben oder zwölf Litern Kölsch, aktuell scheinen die zehn Liter aber das Normmaß zu sein. Keine Party im zentralen Rheinland ohne *Pittermännchen*, jede Getränkehandlung und jede Kölschbrauerei hält sie gekühlt vor, und die echten Fans bestellen sogar in einigen Kölner Brauhäusern so ein Fässchen am Tisch, um ja nicht zu lange auf das nächste Kölsch warten zu müssen. Solch fanatische Liebhaber sollen es im Übrigen auch gewesen sein, so glauben wenigstens einige, für die die kleinen Fässer ursprünglich entwickelt wurden. Danach waren die ersten *Pittermännchen* schlicht „Reisefässer", damit man, als es noch kein Dosenbier gab, unterwegs auf das geliebte Kölsch nicht verzichten musste. Denn die Vorstellung, dass ein Kölner auf einer Reise nach Norden unterwegs ein Alt gegen den Durst trinken muss, ist in der Tat abwegig.

Die *Pittermännchen* sind eine regionale Besonderheit. Es erscheint daher logisch, auch in der Region nach Erklärungen für diese lustige Bezeichnung zu suchen. Da *Pitter* nun mal die rheinische Koseform des Vornamens Peter ist, liegt es auf der Hand, einen der Namensträger zum Paten des Fässchens zu machen. Da der Vorname aber schon immer sehr verbreitet war, kommen hier gleich vier Kandidaten in Frage. Die weiteste Zustimmung findet in Köln diese Variante: „Früher fiel der Vatertag in Köln auf den 29. Juni: den Namenstag von Peter, auf gut kölsch Pitter. An diesem Tage fuhren die Väter, wie auch heute noch, aufs Land, wo ein Fässchen der Stimmung nie abträglich war. Und so prägte sich im Volksmund der Begriff Pittermännchen." So wie hier auf der Website der Sion-Brauerei kann man die Geschichte im Internet vielfach lesen. Nur nicht bei der Firma Früh, einer der großen Traditionsbrauereien in Köln. Das mag daran liegen, dass eine andere Variante den Gründer der Firma, Peter Josef Früh, zum Namenspatron der *Pittermännchen* erklärt. Dass die Brauerei, die für ihr innovatives Marketing berühmt ist, diese Geschichte noch nicht genutzt hat, mag darauf hindeuten, dass man dort auch nicht so richtig an sie glaubt.

Wie in Köln so üblich, hat auch die katholische Kirche hier ein gewichtiges Wort mitzusprechen. Die beansprucht nämlich ebenfalls das Copyright für den Namen: „Der kölsche Ausdruck ‚ein Pittermännchen‘ rührt von Petrus Martyr oder Petrus von Mailand her, dem Patron der Brauer hier in Köln. Als die Brauer zu den Dominikanern kamen, um dort geistlichen Beistand zu erflehen, schlugen ihnen die Dominikaner als Patron den heiligen Petrus Martyr vor. Bis heute ist ein Dominikaner geistlicher Begleiter der Bierbrauer in Köln und St. Andreas ihre Patronatskirche." Eine letzte Variante der Geschichte sieht in der großen Glocke im Südturm des Kölner Doms den Namengeber. Der berühmte „Dicke Pitter" habe mit seiner bauchigen Form zu der Bezeichnung *Pittermännchen* angeregt.

Belegen lassen sich all diese Legenden nicht. Im Gegenteil sind sie wahrscheinlich alle falsch. Selbst die oft zitierte Vatertagsvariante entbehrt jeder Grundlage. Obwohl immer wieder erzählt, scheint es diese frühen Vatertagsumzüge zu Peter und Paul nie gegeben zu haben, sie werden jedenfalls nirgendwo erwähnt. Die feuchtfröhlichen Vatertagsfeiern sind eine Entwicklung des 20. Jahrhunderts und waren immer mit Christi Himmelfahrt verbunden. Außerdem fanden sie zu Beginn ausschließlich im Saale statt; die Mode, auf Wägelchen kleine *Pittermännchen* mitzuführen, hat sich erst später entwickelt. Deshalb muss man den Ursprung wohl irgendwo anders suchen.

Der Peter kommt in seiner Koseform *Pitterchen* oder *Pitterken* im Rheinland sehr häufig in Zusammensetzungen vor, oft wird damit etwas Kleines bezeichnet. So ist das *Pitterken* oder *Pittermesser* beispielsweise ein kleines Küchenmesser. Das *Pittermännchen* selbst ist nicht nur ein Fässchen, sondern kann im Rheinland alles Mögliche sein: ein kleiner Junge, eine Primel, der kleine Finger, der Penis eines Jungen, ein kleiner Stein, ein kleiner Kreisel oder eine – heute nicht mehr gebräuchliche – Münze. Es kann auch scherzhaft für ein Gefängnis stehen, doch dann heißt es meistens *Pittermann*. In allen diesen Fällen muss man nicht nach einem Namenspatron suchen, es gibt ihn hier genauso wenig wie beim *Klüngelspitt* (Lumpenhändler), *Knüselspitter* (Dreckspatz), *Stinkepitter*, *Frierepitter* oder *Miesepitter*. Warum im Rheinland ausgerechnet der *Pitter* und nicht der *Hännes*, *Tünnes* oder *Schäng* herhalten muss, vermag heute niemand mehr zu sagen. Das *Pittermännchen* jedenfalls ist ein rheinisches Universalwort für etwas Kleines im Gegensatz zu etwas Großem, und von daher ist es eigentlich nicht erstaunlich, dass auch ein kleines Fass irgendwann einmal so genannt wurde. Genau so wenig verwundert es in Köln, dass hier auch mal wieder die napoleonischen Besatzungstruppen ins Spiel gebracht werden, weil der *Pitter* in diesen zusammengesetzten Wörtern eigentlich mit dem Namen gar nichts zu tun habe, sondern auf das französische „petit" zurückgehe. Vielleicht sind die Franzosen ja auch die Erfinder des *Pittermännchens*, weil sie für den weiteren Vormarsch nicht mehr auf das Kölsch verzichten wollten?

Wilhelm 350; RhWb VI/635; Wrede 2//299;
www.sankt-andreas.de/kirche/schutzmantelmadonna.php/1;
www.wer-weiss-was.de/theme197/article1359419.html

Plätzchen

Der Zeitschrift „Stern" war die Herkunft der Plätzchen eine Umfrage wert – und die ging eindeutig aus. Danach kommt Plätzchen von „platzen", weil man von den kleinen süßen Kuchen immer viel zu viel isst. Das ist auch sozialgeschichtlich zu erklären: „Früher gab es unter der ländlichen Bevölkerung oft wenig zu essen. Nur zu Weihnachten wurde alles zusammengesucht, was zum Backen zu gebrauchen war. Da die Familien auch recht groß waren, machte man viele kleine Kuchen. Da es aber in jeder Familie einen Vielfraß gibt, der den anderen alles weg putzt, ist es öfter vorgekommen, dass dieser dermaßen viele kleine Kuchen gegessen hat, dass er platzte. Um auf diese Gefahr zu weisen, wurden die Kuchen dann Plätzchen genannt."

Auf dem zweiten Platz folgte die Ableitung aus eben diesem. Weil die Plätzchen davon wenig einnehmen und weil nach den weihnachtlichen Völlereien nur noch wenig davon im Magen vorhanden ist. Ein kleines Plätzchen geht eben immer noch. Dass der Platz und das Plätzchen miteinander zu tun haben, beweist ja schon die ebenfalls flache italienische Pizza, die auf die Piazza, also ebenfalls einen Platz, zurückgeht.

Für Rheinländer ist die Antwort auf die Frage nach der Herkunft völlig unstrittig. Hier, und nur hier, kennt man den *Platz* oder *Blatz* als ein feines, gesüßtes Weißbrot, das in der Sonntagsversion auch Rosinen haben kann. Früher ein typisches Feiertagsbrot, bekommt man ihn heute bei den meisten Bäckern im Rheinland (außer im Norden am Niederrhein oder im Ruhrgebiet) an jedem Wochentag.

Nun ist dieser *Platz* oder *Blatz* zwar ein rheinisches Alleinstellungsmerkmal, allerdings ist er keine hiesige Erfindung, sondern die Weiterentwicklung eines viel älteren und weit verbreiteten Backwerks. Der ursprüngliche *Platz* ist ein flacher, dünner Kuchen oder ein plattes Fladenbrot. Fladenbäcker oder „placzbecke" sind schon im 14. Jahrhundert sowohl in Thüringen, im Elsass als auch in Köln nachzuweisen. Wer da wann dieses Brot erfunden hat, ist nicht mehr zu klären, eine exklusiv rheinische Geschichte ist der *Platz* also auf keinen Fall, im Gegenteil war *Platz* laut Grimmschen Wörterbuch einmal ein „weitverbreitetes wort". Die rheinhessische Redewendung *Das ist ja mehr*

Platz als Kuchen verweist noch heute auf den eigentlichen Ursprung des Gebäcks.

Im Grimmschen Wörterbuch wird auch die klassische Herleitung beschrieben. Danach ist der Platz aus dem lateinischen „placenta" (Kuchen, heute noch als Plazenta (Mutterkuchen) gebräuchlich) abgeleitet und über polnisches „placek" (Kuchen) in die deutsche Sprache gelangt. Diese Etymologie gilt heute als sehr unwahrscheinlich. Man weiß mittlerweile, dass die unmittelbar aus dem Lateinischen entlehnten Küchenausdrücke (Küche „cocina", Pfanne „patina", Semmel „similia", Kohl „caulis" usw.) sehr viel älter sind als der Platz, der frühestens im 13. Jahrhundert aufgetaucht ist. Eine erst mittelalterliche Entlehnung ist zwar möglich, wäre dann aber eine echte Ausnahme. Auch vom polnischen „placek" weiß man heute, dass es eigentlich eine Entlehnung aus dem Frühneuhochdeutschen und keineswegs direkt vom Lateinischen beeinflusst ist.

Deshalb ist das auf den ersten Blick eher abwegige Mehrheitsvotum der Sternleser, der Platz – und damit die Plätzchen – hätten etwas mit platzen zu tun, gar nicht so weit hergeholt, auch wenn es hier sicher nicht um explodierende Esser geht. So verweist der „Kluge" explizit auf den rheinischen *Platz*, der kreuzweise eingeschnitten wird und so beim Backen an diesen Stellen aufplatzt. Auch bei Makronen platzt die Oberfläche, und Kartoffelplätzchen prasseln beim Backen im heißen Fett.

Nun sind die Plätzchen und das rheinische Weißbrot aber Derivate eines einfachen Fladenkuchens und eindeutig später entstanden. Das Aufplatzen der Kruste war kein Merkmal des ursprünglichen, platten Gebäcks. Deshalb bleiben eigentlich nur noch zwei mögliche Erklärungen übrig. Die eine bemüht das alte, heute kaum noch verwendete Wort „Plätz" für einen Fleck oder Flicken, das wiederum auf ein sehr altes kirchenslawisches Wort „platu" zurückgeht. Da dieses Wort aber etwa gleichzeitig mit dem Platz auftaucht, scheint ein Zusammenhang eher unwahrscheinlich.

So bleibt tatsächlich nur noch der Platz als „Fläche, öffentlicher Raum" übrig. Wann diese Sonderentwicklung des alten, über das französische „place" aus dem griechischen „plateia" (breiter Weg, Fläche) abgeleiteten Wortes eingesetzt hat, ist nicht bekannt. Sie erscheint aber durchaus möglich, vergleicht man etwa die Entwicklung des Wortes „Fladen", der ebenfalls einmal eine Fläche war, nun ein Kuchen ist und auf die selben griechischen Wurzeln wie der *Platz* zurückgeht. Sowohl beim *Platz* als auch beim Fladen wurde also etwas Flaches zum platten Kuchen. Wobei die Analogie zur Pizza an den Haaren herbeigezogen ist. Obwohl sehr flach, hat die runde Torte mit der Piazza überhaupt nichts zu tun (wenngleich das auch das einzig Sichere ist, das man über die sprachliche Herkunft der Pizza weiß).

Völlig unstrittig ist dagegen, dass das Plätzchen ein kleiner *Platz* ist. Ob damit ursprünglich ein Stückchen *Platz* oder von Beginn an nur ein getrennt gebackener kleiner *Platz* gemeint war, darüber kann man spekulieren. Das Wort wird fast überall in Deutschland verstanden, die regionalen Varianten wie *Plätzle*, *Keks*, *Brötle*, *Guetsle*, *Biskuit* oder *Loible* fallen dagegen kaum auf. Völlig unstrittig ist auch, dass die am Niederrhein in dem bekannten Wallfahrtsort Kevelaer erzählte Wortlegende bestimmt falsch ist. Danach sind die *Platze* und Plätzchen nämlich nach dem dort sehr beliebten Bäcker Platzer benannt. Aber das glauben wahrscheinlich nur die vielen niederländischen Pilger.

Eichhoff 4-19; Grimm 13/1915; Kluge 707; Paul 656; RhWb VI/960; Röhrich 2/1189; Trübner 5/152; Zitzen I/116; www.stern.de/ wissenschaft/ natur/552519.html?p=3&nv=ct_cb&eid=501586

Polizeifinger

Polizeifinger kennt man in der Umgangssprache und in den Mundarten mit zwei Bedeutungen. Gerade ältere Rheinländer und Rheinländerinnen wissen, welche Gerichte serviert werden, wenn es heißt „Bratkartoffeln mit Polizeifinger" oder „Frikadellen mit Polizeifinger". In diesem Fall sind *Polizeifinger* Möhren. Man kann aber auch einen *Polizeifinger* bekommen. Dann hat man sich entweder geschnitten oder einen entzündeten Finger. Der heißt so, weil ein verletzter Finger meistens rot ist und dann einer Möhre ähnelt.

Die Bezeichnung geht wohl auf das Rotwelsche zurück. In der Gaunersprache ist der Polizist nämlich eine Mohrrübe. Das ist verballhornt aus dem lautähnlichen jiddischen „meriwa", was eigentlich „Zank" bedeutet. Da aber im Rotwelschen der „Zänker" ein Synonym für den Polizisten ist, heißt er in gewissen Kreisen einfach „Mohrrübe". In der allgemeinen Umgangssprache ist es genau anders herum. Weil man wusste, dass die Mohrrübe eigentlich ein Polizist ist, wurde sie ihrer Form wegen kurzerhand zum *Polizeifinger*. Daran kann man sehen, wie in der Alltagssprache oft um drei Ecken gedacht wird – allerdings mit einem lustigen Ergebnis.

Es mag sogar sein, dass das bekannte *Rübenschwein* eigentlich ein Mohrrübenschwein gewesen ist. Wie die *Polizeifinger* sind *Rübenschweine* in der Soldatensprache gebräuchlich. Im Duden ist zwar zu lesen, dass *Rübenschweine* Frontsoldaten sind, die im Rübenacker gelegen haben, aber diese Ableitung ist ähnlich spekulativ. Natürlich sollte man überhaupt nicht schimpfen, aber Polizisten sollte man nach dieser Wortgeschichte besser nicht so nennen.

Küpper 621; RhWb VI/1018; Wolf 3655 und 4289

Pumpernickel

Es gibt Menschen, die mögen ihn nicht, den *Pumpernickel*. Dazu gehören auch die Franzosen, die solch *schwattes Zeuch* nie anrühren würden. Aber dennoch, und das könnte man Ironie der Sprachgeschichte nennen, sind sie für den Namen dieses schweren Schwarzbrotes verantwortlich, obwohl sie das wahrscheinlich gar nicht wissen. Schuld hat mal wieder ein napoleonischer Soldat, diesmal ein berittener Offizier. Der war im Laufe des Krieges nach Münster gekommen und bei einem Bäckermeister einquartiert worden. Der setzte dem armen, an sein französisches Stangenbrot gewöhnten Soldaten natürlich das übliche Schwarzbrot vor. Der biss auch mutig hinein – und spuckte den ersten Bissen in hohem Bogen wieder aus. Dabei rief er empört: „Ah, bon pour nicole", was so viel heißt wie „Das ist nur gut für Nicole", oder auch „pain pour nicole" (Brot für Nicole), so ganz haben das die zeitgenössischen Münsteraner wohl nicht verstanden. Dabei muss man aber wissen, dass er damit sein Pferd gemeint hatte, an das er den Rest des für

Franzosen ungenießbaren Brotes verfütterte. Der Bäckermeister hingegen verstand nur Bahnhof und interpretierte den Ausruf als Kompliment. Und so verballhornte er das französische Zitat zu *Pumpernickel*, dem heute noch verbreiteten Namen.

In einer Variante dieser Geschichte ist Nicole nicht das Pferd, sondern die Freundin des Offiziers. Ob er das Brot als Geschenk mitnehmen wollte oder eher abfällig an seine Freundin zu Hause dachte, bleibt hier ungeklärt. Überhaupt scheint die Überlieferung nicht so ganz eindeutig zu sein, denn es gibt noch eine dritte Variante. Nach der haben die Franzosen das Brot als „pain pour un nickel" bezeichnet, was man als „billiges Brot" interpretieren könnte. Auch daraus sollen die Münsterländer dann ihren *Pumpernickel* gemacht haben.

Aber wie so oft scheitern die Etymologien, die auf dem Sprachkontakt mit französischen Soldaten beruhen, schon an der Zeit. Der Pumpernickel ist älter als Napoleon und schon im 17. Jahrhundert erwähnt. Es muss also eine andere Erklärung für das seltsame Brot geben, das fast 24 Stunden im Backofen verbringen muss. Die älteste Herleitung stammt aus Osnabrück, was die Münsteraner gar nicht so gerne hören. Danach soll es dort im Jahre 1443 oder, je nach Quelle, 1450 eine schlimme Hungersnot gegeben haben, die den Magistrat oder, je nach Quelle, den Bischof dazu bewog, Brot an die Not leidende Bevölkerung auszugeben. Die offensichtlich kleinen Laibe nannte man „bonum paniculum" (also gutes kleines Brot). Die des Lateins nicht mächtige Bevölkerung machte daraus flugs *Bonpanikel* und schließlich *Pumpernickel*. Damit die Geschichte auch in jede Richtung hieb- und stichfest ist, wird in diesem Zusammenhang auch immer der Bäcker Nikolaus Pumper erwähnt, der in der Pernickelmühle am noch heute zu besichtigenden Pernickelturm in Osnabrück die kleinen Brote gebacken hat. Wenn es nicht das „bonum panickel" war, dann eben der Bäcker mit dem passenden Namen.

So viele und schöne Wortgeschichten haben nicht viele Wörter, und so einen netten Magistrat oder Bischof hatten auch wenige Städte in Zeiten großer Not. Aber es ist nicht das arg optimistische Geschichtsverständnis, das diese Ableitungen so unwahrscheinlich macht, sondern die viel prosaischere Wortgeschichte selbst. Eigentlich waren die Franzosen mit ihrer Ablehnung des Pumpernickels nicht allein. Da Westfalen gegen Ende des Dreißigjährigen Krieges für kurze Zeit Mittelpunkt der Weltgeschichte war und zu den Verhandlungen des Westfälischen Friedens sich viele Gesandte in Münster und Osnabrück aufhielten, sind aus dieser Zeit eine Reihe von Berichten über das bei Fremden wohl äußerst unbeliebte Brot überliefert. So erzählte zum Beispiel der päpstliche Gesandte Fabio Chigi von seinem Aufenthalt in einer Herberge, „wo wir praktisch direkt neben dem Ochsen saßen und zur Stärkung nur schlierige Schwarzbrotscheiben vorgesetzt bekamen". Sein diplomatischer Kommentar: „Ein scheußlicher Fraß, den ich selbst Bauern und Bettlern nicht anbieten würde." Ebenso wenig erbaut von den hiesigen Ernährungsgewohnheiten zeigte sich der Schweizer Gesandte Johann Rudolf Wettstein, der damals fast ein Jahr in Osnabrück verbrachte. Er beschrieb die Mahlzeiten seiner Gastgeber wie folgt: „Da solten wahrlich, die keinen Appetit hetten, hineingeschickt werden zu sehen, wie das Völkhlin ein Schmazens und Gefecht, zwar die Jungen mit Käss und gsalzens Butter, die Alten aber mit rohem Spekh und Bumpernikhel."

Offensichtlich war die heute so populäre Spezialität in früheren Zeiten ein eher ungenießbares und schwer verdauliches Brot – und genau deshalb heißt es auch *Pumpernickel*. Der ist nämlich ursprünglich gar kein Lebensmittel, sondern ein derber, täppischer Geselle, der irgendwie auch übel gerochen haben muss. Denn *Pumpernickel* bedeutet nichts anderes als „Stinkfritz" oder „Furzheini". Das Verb *pumpern* verwendete schon Luther für „Blähungen ablassen", und *Nickel* ist die Abkürzung von Nikolaus, eine Namenskurzform, die häufig im übertragenen Sinn verwendet wurde, man denke z. B. an den *Zornnickel* oder *Saunickel*. Auch das umgangssprachliche *nickelig* für „beleidigt, eingeschnappt" geht darauf zurück. Das Schimpfwort wurde irgendwann schließlich auch zur Bezeichnung des Blähungen und ihre Folgen verursachenden Brotes.

Und das werden die Westfalen wohl auch nicht gerne hören: *Pumpernickel* ist eigentlich gar keine westfälische Erfindung. Es ist zuerst außerhalb Westfalens als allgemeine Bezeichnung für das Kommisbrot aufgetaucht. Schon Grimmelshausen ließ seinen Simplizius davon sprechen, dass er „den treuen Pumpernickel gewaltig beissen ... musste". Erst später ist dann die abfällige

Bezeichnung zum – sogar internationalen – Markenzeichen für das westfälische Brot geworden.

Übrigens: In Teilen Deutschlands versteht man unter *Pumpernickel* eine Schlägerei. Wenn man dort *den Pumpernickel singt*, meint man eine Prügelei unter Eheleuten.

Duden 7/3052; Gutknecht 175; Kluge 729; Paul 671; Röhrich 2/1209; Trübner 5/228; Zitzen 4/115; www.pumpernickel.de/herman.htm

putekrämpig

Auch wenndie wenigsten Rheinländer oder Rheinländerinnen das Wort noch kennen werden, seine Wortgeschichte ist zu schön, als dass sie hier fehlen dürfte. Zur Erinnerung: *Putekrämpig* ist man im Rheinland, wenn man fußkrank ist und die Fußgicht hat. Auch Tiere können *putekrämpig* sein, wenn sie den Winter über im Stall gestanden haben und im Frühjahr etwas unsicher auf den Beinen sind. Sie haben dann den *Putekramp.*

Mundartkundige können das Wort leicht entschlüsseln. *Puten* sind im Rheinland die Füße (es können natürlich auch Hände oder kleine Kinder sein), *Kramp* ist die unverschobene Form des hochdeutschen Krampfes, mithin ein Fußkrampf also. So weit so gut. Interessant wird das Wort erst, wenn man weiß, dass „Podagra" ein griechisches Lehnwort im Standarddeutschen ist. Es bedeutet ebenfalls „Fußgicht" (eigentlich „Fußschlinge"), „podagrisch" dann entsprechend „an Fußgicht leidend". Im Lateinischen wurde daraus „podagra". Schon im Frühneuhochdeutschen konnte man mit diesem Wort oft nichts Rechtes mehr anfangen und machte sich einen eigenen Reim darauf. Es wurde zu „pfotengram" oder auch „fußgrammig" umgedeutet. Im Rheinland ging man noch einen Schritt weiter und machte *putekrämpig* daraus. Das Verblüffende in diesem Fall ist, dass diese Anpassung an den rhei-nischen Sprachgebrauch im Grunde eine ziemlich genaue Übersetzung des griechischen Lehnwortes ist, von dessen Geschichte die Rheinländer und Rheinländerinnen keine Ahnung gehabt haben dürften. Das nennt man eine gelungene Volksetymologie.

Duden 7/2955; Meisen 1955 206; RhWb XI/791; Wrede 2/324

Ratsch im Kappes

Im Januar 2000 wurde in Köln gegen eine Kriminalkommissarin wegen Beleidigung ermittelt, weil sie in einem Vernehmungsprotokoll einem Rentner, der sehr zur Empörung zweier Nachbarinnen nackt durch seinen Garten gelaufen war, „schon äußerlich einen Ratsch im Kappes (total bescheuerte Barttracht)" zugeschrieben hatte. Wie ein Polizeisprecher nach einem Einspruch der Rechtsanwälte des Mannes später mitteilte, war diese Formulierung tatsächlich unpassend. Korrekt hätte die erfahrene Beamtin schreiben müssen, sie „habe den Eindruck gewonnen, dass der Mann in einer psychisch absonderlichen Verfassung gewesen sei". Treffender hätte es ein Wörterbuch auch nicht ausdrücken können; zu fragen bleibt allerdings, wieso ein umgangssprachlicher Ausdruck, obwohl bedeutungsgleich, eigentlich beleidigender ist als der Vorwurf der seelischen Absonderlichkeit. Gegen die erfahrene Beamtin wurde jedenfalls wegen Beleidigung ermittelt.

Im Rheinland hat ein Mensch „in einer psychisch absonderlichen Verfassung" eben einen *Ratsch im Kappes*: *Dem is nich zu helfen, der hat en Ratsch im Kappes. Hasse en Ratsch im Kappes? Hömma wie der schreit, der hat doch en Ratsch im Kappes!* In der allgemeinen Umgangssprache finden sich ähnliche Wendungen: *Du hass wohl en Sprung ine Schüssel!* oder *Hasse en Riss ine Birne?* Auch außerhalb des deutschen Sprachraums gibt es entsprechende Wendungen. So heißt es im Jüdisch-Deutschen *Ich darf es vi a loch in kop*, wenn man etwas so dringend braucht wie einen Kühlschrank am Nordpol. Im amerikanischen Englisch ist daraus die Redensart geworden: *That I need like a loch in kop*, was unter anderem ein klassisches Beispiel für den Einfluss des Jüdisch-Deutschen auf die Sprache der Nordamerikaner ist. Im allgemeinen Englisch ist daraus schließlich *to need something as one needs a hole in the head* (ewas so dringend brauchen wie ein Loch im Kopf) geworden. Sogar ein Film mit Frank Sinatra hieß in den Fünfziger Jahren *Hole in the Head*.

Bei einer solch weltweiten Verbreitung der Redewendung ist es schon verblüffend, dass ihr Ursprung im Rheinland zu suchen ist. Genauer gesagt: in Siegburg. Die Erklärung, wieso die Einwohner dieser Stadt als erste diesen Spruch gebraucht haben, ist dermaßen gruselig, dass sie hier nur in geraffter Form geboten wird. Diejenigen, die es genauer wissen wollen, seien auf die „Erinnerungen eines alten Irrenarztes" von Carl Pelman verwiesen. Danach waren um 1870 sowohl in Siegburg als auch in anderen damals noch „Irrenanstalt" genannten Krankenhäusern Patienten zu finden, die an einer tiefen Delle in ihrem Schädel zu erkennen waren. Die wurde landesweit „Siegburger Siegel" genannt. Diese seltsamen Male gingen auf eine noch seltsamere Behandlungsmethode in der Siegburger Anstalt zurück. Dort glaubte man nämlich, bestimmte psychische Störungen, vor allem die sogenannte Tobsucht, durch eine Öffnung der Schädeldecke lindern oder gar heilen zu können. Zu diesem Zweck wurde eine stark quecksilberhaltige Salbe über längere Zeit auf eine bestimmte Stelle des Schädels aufgebracht. Deren Wirkung war so durchschlagend, dass sich bald darauf die äußere und innere Schädelplatte ablösten und die Hirnhaut freilag, „deren Pulsieren" man sehr gut sehen konnte. Die Heilung dieser Wunde dauerte sehr lange und hinterließ das berüchtigte „Siegburger Siegel". Die damit malträtierten Patienten hatten darüber hinaus nun für die Einwohner der Umgebung eben einen *Ratsch im Kappes*.

Diese Entstehungslegende ist so schön, dass man sie eigentlich nicht hinterfragen sollte. Doch spricht vieles dagegen, dass die Siegburger mit ihrer Selbsteinschätzung recht haben und die barbarische Behandlungsmethode die Keimzelle der Redewendung gewesen ist. Zwar ist es durchaus möglich, dass ein konkreter Anlass wie dieser tatsächlich zu einer solchen Redewendung führt, aber motivgleiche Sprüche sind in diesem Fall einfach zu weit verbreitet, als dass man an eine örtliche Entstehung zu glauben vermag. Vielmehr scheint der *Ratsch im Kappes* die rheinische Variante überörtlicher Redewendungen zu sein.

Der *Ratsch* ist im Rheinland die mundartliche Bezeichnung für einen Riss, eine kleine Wunde oder Kerbe; und der *Kappes* ist ein rheinisches Universalwort mit vielen Bedeutungen, das in diesem Fall für den Kopf steht. Die gruseligen Trepanationen sind im Übrigen ja auch keine Erfindung Siegburger Irrenärzte, sondern schon aus der Antike bekannt. Deshalb glauben viele Rheinländer auch an eine viel einfachere Begründung. Sie denken beim *Ratsch im Kappes* an die vielen durch Erntemesser verletzten Kohlköpfe, die nicht mehr zu verkaufen sind. Das ist zwar naheliegend, aber in diesem Fall zu direkt gedacht.

Pelman 33; RhWb VII/ 137; www.waldfkk.de/messages/1518.htm; mündliche Mitteilung der Wortgeschichte von Hermann Müller, Troisdorf

ratzekahl

Es ist eine verblüffend große Wortfamilie um das Wort *Ratz*. *Die ham dat Buffet ratzekahl leergefressen. Ratzeputz, und alles war weg. Dat ging ratzfatz, un schon war nix mehr da. Lass den in Ruhe, der is schon am ratzen. Der hat so laut geratzt, ich hab kein Auge zugetan. Gib ma dein Ratzefummel rüber! Dat is doch wie verratzt, et klappt heute auch gar nix! Ich hab mir in den Finger geratzt.* All das sind Wörter, die man – nicht nur – im Rheinland täglich hört.

Ob sie aber tatsächlich waschechte Familienmitglieder sind, ist trotz der Familienähnlichkeit allerdings unwahrscheinlich. Es scheinen eher zwei Familien zu sein, die wohl auch nicht verwandt sind. Die schönste Wortgeschichte hat das titelgebende Wort, und die geht so: Vorbild ist das französische Wort „radical", das die rheinischen Mundartsprecher übernommen und gnadenlos ihren Sprechgewohnheiten angepasst haben. So wurde aus dem französischen Vorbild kurzerhand *rattekahl*, das natürlich etymologische Umdeutungen geradezu provoziert. Wer denkt dabei nicht an Ratten, die eine kahlen Schwanz haben oder als Plage ganze Felder *ratzekahl* leer fressen. Diese Variante ist aus *rattekahl* hervorgegangen, denn die *Ratze* ist in weiten Teilen des deutschen Sprachraums eine Wortverwandte der Ratte.

Zwar besteht daneben noch die Möglichkeit, das *ratzekahl* eine selbständige Bildung und keine Umdeutung von radikal ist, doch auch in diesem Fall würde das unbeliebte Tier die tragende Rolle spielen: „kahl wie eine neugeborene Ratte" wäre dann die eigentliche Bedeutung. Die *Ratz/Ratte* ist auch verantwortlich für unser *ratzeputz*, das nichts anderes bedeutet als „wie von Ratten leer geputzt". Dass auch *ratzen* „schlafen, schnarchen" auf die kleinen Nager zurückgeht, hat seine Ursache in dem schlichten Umstand, dass *Ratzen* auch Iltisse, Hamster oder Murmeltiere sein können. Und da die in der Regel Winterschlaf halten, entstand als Ableitung das Verb *ratzen.*

Der oder das *Ratzefummel* lässt sich dagegen beim besten Willen nicht mit Ratten in Verbindung bringen. Der in der Schülersprache bekannt gewordene Radiergummi hat seinen Ursprung im Verb *ratzen,* das auch in den rheinischen Mundarten „kratzen, ritzen" bedeutet. Da die ersten *Ratzefummel* noch gröbere Sandbeimischungen enthielten, produzierten sie oft kleine Ratscher oder Furchen, daher die Bezeichnung. Auch die Wendungen *dat is doch wie verratzt* (verhext) oder *Der is aber jetzt verratzt, der Typ* (in einer schlimmen Lage sein) haben diesen Hintergrund.

Übrig bleibt *ratzfatz,* das eine steile Karriere im Internet macht. Kein Versand oder Online-Dienst, der seine Leistungen nicht mit diesem Label anpreist. *Ratzfatz* wird allenthalben geliefert, gekocht, angefertigt oder repariert. Das Wort scheint aber noch gar nicht so alt zu sein, denn es taucht in Wörterbüchern erst in den späten 1990er Jahren auf. Das macht einen mundartlichen Hintergrund eher unwahrscheinlich. Zwar gibt es – nichtrheinische – Dialekte, die das Wort *ratz* in der Bedeutung von „schnell, eilig" kennen, auch im Rotwelschen ist *ratzen* als „laufen, eilen" weit verbreitet gewesen, doch ist die Annahme eines modernen Wortspiels in diesem Fall wohl eher geboten. Damit ist dieser Wortartikel auch schon *ratzfatz* zu Ende.

Duden 7/3108; Küpper 652; Meisen 1955 215; RhWb VII/26 u. 144; Trübner 5/311; Wahrig 5/293; Wolf 4503

Remmidemmi

bedeutet „Krach, Lärm, ausgelassenes Treiben". Wenn irgendwo *Remmidemmi* ist, dann ist dort ganz schön was los, oft zum Leidwesen von Unbeteiligten. *Wat is denn hier von Remmidemmi* oder *Mach nich son Remmidemmi* heißt es dann. Mit dieser Bedeutung ist das Wort heute im nahezu gesamten deutschen Sprachraum verbreitet.

Im Rheinland gibt es noch eine besondere Bedeutungsvariante. Hier kann man jemandem auch *Remmidemmi* androhen als

Bestrafung wegen eines Fehlverhaltens: *Pass bloß auf mit der neuen Buxe, datte die nich kaputt machs, sonst gibbet Remmidemmi!* Auch die Zurechtweisung selbst kann hier *Remmidemmi* sein: *Der hat ganz schön Remmidemmi gekricht.*

Diese Bedeutung scheint exklusiv rheinisch zu sein, sie ist allerdings im sprachlichen Alltag nicht mehr häufig zu hören. Einen Hinweis auf den Entstehungsort kann man daraus sicher nicht ableiten. Wo, wann und wie das seltsame Wort entstanden ist, weiß man nicht; und wenn man nichts Genaues weiß, darf man kräftig spekulieren. Selbstverständlich fehlt auch hier das Französische als potentieller Lehngeber nicht, wobei unklar ist, welche Vorstellungen mit dem Hinweis auf „remis demi" verbunden sind. Vielleicht dachte der Blogger auf der Bedrohte-Wörter-Website ja auch an den bekannten Sekt „Mont Remis demi sec". Nach unkontrolliertem Genuss dieser süßen Brühe kann durchaus schon mal *Remmidemmi* in der Bude sein.

Über drei Ecken soll *Remmidemmi* sogar mit dem muslimischen Fastenmonat Ramadan verwandt sein, weil im Lombardischen „ramadan, rabatan" ebenfalls „Lärm, Tumult" bedeutet. Dieses Wort wiederum geht tatsächlich auf das arabische „ramadan" zurück. Auch das bairische Mundartwort *Remisuri* würde von der Bedeutung her passen. Damit bezeichnet man die „Ausgelassenheit der Kinder bei Abwesenheit der Eltern". Allerdings ist es lautlich doch weit von unserem *Remmidemmi* entfernt. Dasselbe gilt für das rheinische Verb *ramenten* oder *ramentern*, das „Lärm machen, Krach schlagen" bedeutet. Auch hier passt der Inhalt, jedoch nicht die Form.

So bleibt als letzter Vorschlag der ebenfalls bairische Ausdruck *Ramma damma*, der häufig als Erklärung vorgeschlagen wird. Um den ranken sich allerdings auch wiederum Entstehungsmythen. Zum einen soll damit angeblich der Lärm der Pflasterer in Bayerns Hauptstadt München wiedergegeben sein, zum anderen bedeutet *Ramma damma* so etwas wie „Aufräumaktion, Ausputz, Säuberungsaktion". In diesem Zusammenhang wird der Ausdruck heute in Bayern viel benutzt, um irgendwelche gemeinnützigen Flohmärkte oder kollektiven Verschönerungsveranstaltungen zu benennen. In dem Sinn „Aufräumen tun wir" soll der Münchener Oberbürgermeister Thomas „Dammerl" Wimmer den Ausdruck geprägt haben, als er nach dem

Zweiten Weltkrieg die Bevölkerung zum Beseitigen der Trümmer und zum Wiederaufbau anspornen wollte. Wenn er tatsächlich der Pate von *Ramma damma* ist, dann kann unser Wort unmöglich auf diese Wendung zurückgehen, denn *Remmidemmi* ist schon seit dem Anfang des Jahrhunderts bekannt. Es darf also weiter spekuliert werden.

Dittmaier 102; Horster 422; Kluge 757; Küpper 663; RhWb VII/51; www.bedrohte-woerter.de/forum/index.php?pn=root&page=1603& bwsid=1fd1769405b3531fbcf68989cd3a85ef; www.germanistik. uni-hannover.de/organisation/publikationen/blnlexikon/a_to_z/ r.htm Schlobinski

robotten

Dat ganze Leben robotten un abends vor de Glotze sitzen, dat soll alles sein? Tschüss, ich muss jetzt robotten gehen: Im Ruhrgebiet wird diese Sätze wohl jeder verstehen, mit zunehmender Entfernung zum Pott dürfte die Kenntnis des Wortes *robotten* wohl kontinuierlich abnehmen, obwohl es schon Spuren im Internet hinterlassen hat: „Kunst gegen Robotten" war z. B. die Schlagzeile nach einem Fußballspiel der deutschen Nationalmannschaft gegen eine brasilianische Auswahl; wer da jeweils gemeint war, bedarf keiner weiteren Erläuterung.

Robotten bedeutet ganz allgemein „arbeiten", wobei nicht eine bestimmte Tätigkeit gemeint ist, sondern eher die Lohnarbeit an sich. Es ist damit in etwa dem *malochen* vergleichbar, dass nicht von ungefähr ebenfalls im Pott beheimatet ist. Fragt man nach dem Ursprung des Wortes, ist die erste Assoziation meist der Roboter. Das ist so falsch nicht, allerdings auch nicht richtig. Der „Robot" erscheint erstmals 1920 auf der literarischen Bühne; der tschechische Autor K. Čapek nannte in seinem utopischen Roman „R.U.R." (Rossum's Universal Robots) von 1920 so einen künstlichen Menschen, der Hilfsarbeiten verrichten und sogar reden kann. In der deutschen Übersetzung von 1922 wurde daraus dann der noch heute gültige Roboter.

Unser *robotten* kennt man allerdings in der deutschen Umgangssprache schon seit dem 19. Jahrhundert, sodass es unmöglich aus der literarischen Kunstfigur abgeleitet sein kann. Schon im 14. Jahrhundert verwendete man im östlichen Mitteldeutschen das Wort Robot als Bezeichnung für die Fron oder den Arbeitsdienst und hatte daraus das Verb *robotten* „schwer arbeiten" abgeleitet. Mit der Anwerbung ostdeutscher Arbeitskräfte war das Wort schließlich auch in das Ruhrgebiet gelangt. Allerdings besteht eine Verwandtschaft zwischen *robotten* und dem Roboter, denn beide haben ihre frühen Wurzeln im alttschechischen „robota", was damals schon „schwere, mühevolle Arbeit, Knechtsarbeit" bedeutete (wie heute noch russisch „rabota"). Geht man noch weiter zurück, würde man wahrscheinlich sogar gemeinsame Wurzeln für die Wörter „Arbeit" und „Robot" finden, die auf ein indogermanisches Urwort zurückgehen.

Kluge 768; Küpper 669; Pfeifer 3/1433; www.unmoralische.de/ruhrgebiet/ruhr_r.htm

Rodonkuchen

Damit sind nicht nur im Rheinland Generationen von Kindern auf Kindergeburtstagen gequält worden: ein staubtrockener Kuchen, den man kaum hinunterbekommt und der nur den perfiden Zweck hat, die kleinen Geburtstagsgäste möglichst schnell und günstig ruhig zu stellen. Nach einem Stück *Rodonkuchen* ist der Appetit auf Kuchen unweigerlich verschwunden.

Kein Wunder, dass dieser Mümmelkuchen am Niederrhein auch *Rattekuk* genannt wird. Dieser Hefeklops scheint tatsächlich eher für die kleinen Nager geeignet zu sein, die bekanntlich alles fressen. Der Name kommt also nicht von ungefähr: Da die Form des Kuchens – entfernt – an eine zusammengerollte Ratte erinnert und dieses Tier im Französischen „raton" (eigentlich „Maus, kleine Ratte") heißt, ist der *Rodonkuchen* eigentlich ein Rattenkuchen. Wesen und Erscheinung fallen hier, wie man sieht, in idealer Weise zusammen.

Obwohl diese Erklärung sehr schön zu dem Kuchen passt, liegt sie doch rattenscharf neben der Wirklichkeit. Der *Rodon-* oder besser *Rodongkuchen* ist die rheinische Variante des Ratonkuchens (oder wie am Niederrhein eben *Rattekuk*). Dieser hohe, runde Napfkuchen, der meistens in einer Gugelhupfform gebacken wird, ist in der Pfalz, in Hessen und eben im Rheinland weit verbreitet und sehr beliebt. Im Bergischen Land gehört er sogar zur bekannten bergischen Kaffeetafel. Der Name ist tatsächlich aus dem Französischen übernommen worden. Dort ist „raton" nicht nur die Bezeichnung für die Ratte, sondern auch ein Käsekuchen, der seinen Namen wegen seiner runden, einem Turban ähnlichen Form erhalten hat.

Es bleibt allerdings die Frage, was diesen Kuchen so beliebt macht. Schließlich ist er nur mit Unmengen von Kaffee oder anderen Flüssigkeiten und einer großen Menge von Sahne zu genießen. Pur ist er eigentlich nicht essbar. Wieso er gerade von Franzosen, die doch sehr viel Wert auf eine gute Küche legen, erfunden wurde, ist ein Rätsel. Vielleicht ist der *Radonkuchen* ja auch nur für den Export entwickelt worden, um den Erzfeind im Osten zu quälen.

PfälzWb V/390; RhWb VII/27; Zitzen 1/116

Sabott

Einen *Sabott* kennen nur noch ältere Rheinländer und Rheinländerinnen. Denn eigentlich ist das ein Holzschuh, und mit dem Gegenstand ist in den Jahren auch die Bezeichnung verschwunden. Da heute kaum noch jemand diese klobigen Dinger trägt, benutzt man das Wort in der Eifel und im angrenzenden Saarland nur noch im übertragenen Sinn für getragene oder besonders plumpe Schuhe. In der Westeifel und im deutschsprachigen Belgien kann ein *Sabott* auch ein Pantoffel sein. Überraschenderweise findet man ihn auch wieder in der aktuellen Umgangssprache. Hier ist ein *Sabott* offensichtlich die Bezeichnung für einen orientalisch anmutenden Lederpantoffel oder für hochhackige Damenschuhe.

Wer bei dem Holzschuh an die Sabotage denkt, liegt tatsächlich richtig. *Sabott* ist ein französisches Lehnwort, dort heißt der *Klompen*, wie der Holzschuh im Rheinland auch heißt, ebenfalls „sabot". Das ist eine Kombination aus „botte" (Stiefel), und

„cavate" (Holzschuh), ein Wort, das schon im Altfranzösischen zu finden ist und wahrscheinlich aus dem Arabischen stammt. Von „sabot" leitet sich das Verb „saboter" ab, das somit eigentlich „mit Holzschuhen treten" bedeutet, heute aber „ohne Sorgfalt arbeiten" meint. Aus diesem „saboter" ist unser Fremdwort „sabotieren" hervorgegangen. Ein weiter Weg für einen einfachen Holzschuh.

Duden 7/3260; RhWb VII/663; Zitzen 1957 282

Schäl Sick

Die *Schäl Sick* ist die falsche Seite, da kann man sich nichts vormachen. Auch wenn heute Oberkassel gegenüber von Düsseldorf ein nobles In-Viertel ist, wenn Deutz und Mülheim aufgepäppelt werden oder Bonn-Beuel eine bevorzugte Wohngegend geworden ist, ein Makel bleibt für die Bewohner immer: Sie wohnen einfach nicht auf der richtigen Seite. Das wird sich am Rhein nicht ändern, auch wenn die Bezeichnung ihren abfälligen Unterton langsam zu verlieren beginnt.

Für die Kölner und Bonner ist die *Schäl Sick* immer die rechte Rheinseite, in Düsseldorf (hier ist es die *Schäl Sitt*) ist es genau umgekehrt, in Krefeld (*Schäle Siie*) wechselt es wieder. Zwischen Koblenz und Bonn ist die *Scheel Seit* ebenfalls die rechte Rheinseite, an der Mosel sind es die Nordhänge, die sich nicht zum Weinbau eigenen, die als *Scheel Sait* bezeichnet werden. Die *Schäl Sick* ist also keine Kölner Erfindung, sondern an den Flussufern im gesamten Rheinland anzutreffen.

Warum sagt man aber überhaupt *Schäl Sick*, wenn man abfällig über die andere Seite spricht? Am Rhein beantwortet man diese Frage mit einer alten Wortgeschichte, die sogar schon vom Internet-Lexikon Wikipedia geadelt worden ist. Die geht so: „Die Bezeichnung stammt aus einer Zeit, als es noch keine Dampfschiffe gab und die Frachtschiffe stromaufwärts getreidelt wurden. Pferde, die auf sogenannten Treidelpfaden entlangstampften, zogen die Kähne vom Ufer aus an langen Tauen hinter sich her. Am Beueler Ufer gab es keinen solchen Pfad, weil Untiefen im Rhein den Treideltransport unmöglich machten. Die Pferde keuchten also mit den Lastkähnen im Schlepptau auf der Bonner Seite gegen den Strom. Und damit sie von der Morgensonne, die schon früh über Beuel aufgeht, nicht geblendet wurden, fehltraten und ins Wasser stürzten, trugen sie nach Osten hin Scheuklappen. So lag Beuel für sie nicht im Blickfeld, es war ihre ‚Schäl Sick'."

In Köln ist der Ortsname „Beuel" selbstverständlich durch „Deutz" zu ersetzen, und in Düsseldorf ist es notwendiger Weise die Nachmittagssonne, die die Pferde geblendet hat, weil sie hier auf der anderen Rheinseite ziehen mussten. In einer weiteren Variante sind nicht die Sonnenstrahlen, sondern gefährliche Strudel im Wasser der Grund für die Scheuklappen der Pferde.

Diese oft erzählte Geschichte ist schön, aber unlogisch. Erstens wechselte der Treidelpfad am Rhein mehrmals die Seite, zweitens scheint die Sonne im Laufe des Tages aus mehreren Richtungen, sodass die Pferde abwechselnd aus Osten, Süden oder Westen geblendet worden wären. Drittens kann man Pferde nur schwer blenden, sie sind sehr unempfindlich gegen die Sonneneinstrahlung. Viertens hat sich die „scheele Seite" auch dort etabliert, wo keine Treidelpferde dafür verantwortlich gemacht werden, wie z. B. an der Mosel. Deshalb bietet Wikipedia auch eine alternative Lösung an: „Eine mögliche Erklärung liegt in der frühmittelalterlichen religiösen Trennung der beiden Rheinseiten. Die linksrheinischen Christen betrachteten die rechtsrheinischen Bewohner als Heiden, die dem Odin (Wodan) länger als anderswo am Rhein huldigten. Dieser ist bekannt als einäugiger, schielender germanischer Gott, der als hinterlistig, tückisch und unberechenbar gilt. Die *Schäl Sick* wäre demnach diejenige Rheinseite, auf der die unkultivierten Barbaren ihren *Schäl* (Wodan) verehrten." Diese Variante erzählt man sich heute noch im rechtsrheinischen Gebiet um Leverkusen. Hier ist man stolz auf den Ruf, „Bergische Deckköpp" und besonders unangepasst und obrigkeitskritisch zu sein.

Wotan als Urvater des kölschen „Schäl" ist sicher eine originelle Idee, aber so weit in die Religionsgeschichte muss man in diesem Fall nicht zurückgehen. Denn „schäl" steht in den rheinischen Mundarten beileibe nicht nur für „schielend", im Gegenteil kann das Wort ganz unterschiedliche Bedeutungen haben: dumm, falsch, schief, schräg, betrunken, unansehnlich, abgegriffen. Folgerichtig wurde es im Rheinland auch bevorzugt für

Beschimpfungen verwendet: *scheeler August, scheeler Apostel, scheeler Ammi, scheeler Pimmock* usw. Es ist deshalb auch kein Wunder, dass es benutzt wurde, um die Bewohner der jeweils anderen Rheinseite zu beleidigen, die man damit als schäbig oder eben falsch verunglimpfte. Die Scheuklappen von Treidelpferden braucht man als Erklärung dazu wahrlich nicht. Diese einfache Herleitung wird auch durch den Sprachgebrauch an der Mosel gestützt, wo die für den Weinbau ungeeigneten Hänge noch heute die falschen, eben die „scheel Sait" sind.

Dick/Hoch 35ff; Wilhelm 390; RhWb VII/986; Wrede 3/12;
www.de.wikipedia.org/wiki/Sch%C3%A4l_Sick

Schisslameng

ist ein komplizierter Fall, bei dem man nicht weiß, wo man beginnen soll. Rollt man ihn von hinten auf, beginnt man bei *Schisslaweng* oder *Schisselaweng*. Diese Varianten scheinen weiter verbreitet und auch die älteren zu sein. *Schisslaweng* kennt man zwischen Danzig (!) und Emden und von Flensburg bis Köln. Wie schon der Grimm schrieb, ist es „ein über ganz Norddeutschland verbreitetes wort, das besonders in burschikoser umgangssprache lebt und gedruckt nur gelegentlich in stark mundartlich gefärbter sprache erscheint". *Etwas mit Schisslaweng tun* bedeutet in diesem Gebiet, etwas mit Schwung, Elan und Engagement tun. Es kann auch eine besondere Geschicklichkeit oder Schnelligkeit gemeint sein, mit der eine Aufgabe bewältigt oder eine Angelegenheit geregelt wird. Ein anschauliches Beispiel vermeldet das Frankfurter Wörterbuch: „Die Ritzenschieber der städtischen Straßenbahnen bekamen einen neuen Kollegen. Misstrauisch betrachten sie seine Arbeit. ‚Weißte, Karl', meint der älteste, ‚der Neue mag ja ganz gut sein für die geraden Schienen, aber die bessere Arbeit, so mit Schisslamäng um die Kurven – lernt der nie!'"

Womit wir bei *Schisslamäng* gelandet wären. Diese Variante ist nur im Süden des Verbreitungsgebiets zu hören. Man kennt sie im Ruhrgebiet bis hinunter in die Pfalz und nach Hessen. Das Kölner Beispiel – hier sagt man wie erwähnt *Schiselaweng* – zeigt allerdings, dass die Verwendung nicht einheitlich ist. Im Rheinland findet man zwei Varianten, was auch für die Bedeutung gilt. Denn nur hier und konzentriert im Ruhrgebiet versteht man unter *Schisslameng* „*alles Möchliche*": *Wat is dat denn hier von Schisslameng?* (Durcheinander) *Ich würd den ganzen Schisselameng hier auf en Spermüll tun* (wertloser Krempel, Kram) oder sehr schön in der Dönerbude *En Döner, bitte! Mit Alles? Jou, der ganze Schiselamäng!* (Salat, Tsatsiki, Soße usw.).

Beide Bedeutungen kommen nie gleichzeitig vor. Wer *Schiselameng* als „Kram, Zeug" kennt, würde nie *etwas mit Schiselameng tun* und umgekehrt. Daneben gibt es noch andere Verwendungsmöglichkeiten, die jedoch nicht sehr verbreitet sind. In *Da haste den Schisselameng* steht das Wort für „Schlamassel", als isolierter Aufruf kann *Schisslameng* auch „Ach du Schande" bedeuten.

Im Rheinland wird *Schisselameng/Schisselaweng* eher nicht zu den Mundarten gerechnet. Es ist gerade mal in einem einzigen Kölner Dialektwörterbuch angeführt. Auch in anderen Regionen wird es eher der allgemeinen Umgangssprache zugeordnet, so im gesamten niederdeutschen Raum bis hin nach Berlin und sogar Westpreußen, nur im Pfälzischen ist man sich da nicht so ganz sicher, im großen Pfälzischen Wörterbuch ist es jedenfalls verzeichnet. Gegen die mundartliche Abstammung spricht sicher auch das eher junge Alter. Das Wort ist 1887 erstmals in Berlin schriftlich belegt und dort etwa in den 1850er Jahren entstanden. Es muss sich dann rasend schnell ausgebreitet haben, betrachtet man das heutige Verwendungsgebiet. Nur der süddeutsche Raum hat sich als resistent erwiesen, hier kennt man das Wort überhaupt nicht.

Die Entstehung selbst ist rätselhaft. Dazu trägt auch die Schreibung bei, denn seltsamerweise wird das Wort in nahezu allen Wörterbüchern als *Zisslaweng* oder *Cisslaweng* notiert. Selbst der Fremdwörter-Duden verzeichnet es als *Zislaweng* mit dem an dieser Stelle merkwürdigen Zusatz „Herkunft unsicher", was ja nichts anderes heißen kann als: Wir wissen zwar nicht, wo das Wort herkommt, aber ein Fremdwort ist es bestimmt. Im Rheinischen Wörterbuch wird unter *Schisslaweng* auf das Stichwort *Zisslaweng* verwiesen, das jedoch nirgendwo zu finden ist. Auch im großen Grimmschen Wörterbuch muss man es im Wortartikel *Zislaweng* suchen. Diese Schreibung verblüfft umso mehr, als das Wort fast durchgängig – ob in Danzig, Berlin,

Bochum, Köln oder Trier – als *Schisslaweng, Schiselaweng* oder *Schisslameng* ausgesprochen wird.

Hier liegt der Verdacht sehr nahe, dass die Schreibung die Wortgeschichte antizipiert. Denn, wie bei einem Wort, das auf den Nasal -ng endet, nicht anders zu vermuten, schreibt man *Schisslaweng* französische Eltern zu. Das wäre bei einem Bestimmungswort „Schiss" nicht ganz so einfach. Aber bei *Zislaweng* oder *Cislaweng* geht das schon besser. Und so führt man das Wort auf unterschiedliche, aber immer französische Wendungen zurück: „ainsi cela vint", was soviel wie „so ging das vor sich" heißen soll, „c'est le vent", das man mit „das ist/das macht der Wind" übersetzen könnte, „zest le ven't", angeblich für „Husch, der Wind" oder auch „ce le vin", das schließlich den Wein und nicht den Wind für die Leichtigkeit des Seins verantwortlich macht. Bei der Windvariante denken die Wortdeuter an einen Zauberkünstler, der seine geschickten Fingerübungen mit einem lockeren „Voilà, ainsi cela vint" (Seht her, so schnell geht das!) begleitet, bei dem Wein ist es schlicht der Alkohol, der für die entspannte Atmosphäre sorgt. Die Verballhornung soll selbstverständlich während der Franzosenzeit entstanden sein, dieses Mal jedoch nicht im Rheinland sondern in Berlin, wo es sie auch gegeben hat und wo man auch sehr stolz auf französische Relikte in der städtischen Umgangssprache ist.

Allerdings können diese Ableitungen nicht die Variante *Schisslameng* erklären. Die kommt natürlich auch aus dem Französischen, hat aber nichts mit dem Wind, sondern mit der Hand zu tun: „juste la main" bedeutet „das richtige Händchen" bei einer Angelegenheit haben – hier sei an *etwas aus der Lamäng tun* erinnert (siehe dort). Ein anderer, etwas unappetitlicherer Erklärungsversuch nimmt die Bedeutungsvariante „ach du Schande" wörtlich und übersetzt *Schisslameng* als „Griff in die Sch...", womit hier ein französisches Grundwort mit einem deutschen Bestimmungswort verbunden wäre. Auch in Köln denkt man ähnlich, hier kann *Schiselaweng* offensichtlich die gleiche Bedeutung haben wie *Schiselawuptich*, was schlicht „Durchfall" meint.

Wahrscheinlich sind diese Ableitungen aus dem Französischen alle nicht. Es ist kaum anzunehmen, dass die Lautvarianten *Schisslameng* und *Schisslaweng* auf zwei unterschiedliche französische Wendungen zurückgehen. Da ließe sich *Schissla-*

meng schon eher als eine weitere Verballhornung einer schon verballhornten französischen Redewendung erklären. Aber Untersuchungen haben gezeigt, dass die oft bemühte napoleonische Besatzungszeit kaum sprachliche Spuren in der deutschen Alltagssprache hinterlassen hat. Dazu haben die wenigen Kontakte in der kurzen Zeit kaum ausgereicht, nahezu alle französischen Lehnwörter im Deutschen sind entweder älter oder auf anderem Wege ins Deutsche gelangt. Das Wort *Schisslaweng* hat deshalb wohl kaum soldatische Väter.

Das heißt nun nicht, dass irgendjemand die eigentliche Wortgeschichte kennt. Auch die behauptete Herkunft von „en sislaweng" aus der „sport- und spielsprache, vom ballspielplatz niederdeutscher gaue" bezweifelt das Grimmsche Wörterbuch zu Recht. Ob unser Wort damit gleich als „willkürliche wortbildung ohne bestimmte bedeutung" einzustufen ist, sei dahingestellt. Solange eine einleuchtende Ableitung fehlt, ist dies allerdings noch die einleuchtendste Erklärung. So hat es jedenfalls wohl auch der bekannte Sänger Klaus Hoffmann gesehen, der das Wort eher bedeutungsfrei in einem seiner bekanntesten Songs verwendet:

Schisslawengdingeldongeldingeldeng,
Schisslawengdingeldongeldingeldo,
heute bin ich vielleicht traurig,
aber morgen wieder froh!

In diesem Sinne…

Caspers 199; Cornelissen Fassong; Duden 10/4642; Duden Fremdwörter 1053; Frankfurter Wb 14/2697; Grimm 31/1647; Küpper 151; PfälzWb V/989; RhWb VII/1157; www.thuerk.de/hamburg/lexikon/z.html; www.fbls.uni-hannover.de/sdls/schlobi/berlinisch/lexikon/a_to_z/ c.htm

Schlickefänger

Jürgen von Manger hat das Wort in seinem Fahrschulsketch unsterblich und weit über die Grenzen des Rheinlands hinaus bekannt gemacht. Dort bezeichnet er den Prüfer als *Schlickefänger*, weil der ihn angeblich mit Fangfragen reinzulegen versuche.

Er gebraucht das Wort also nicht als Beschimpfung, das wäre in einer Prüfungsstunde sicherlich Selbstmord, sondern in durchaus bewundernder Weise, die der Intelligenz des Prüfers Anerkennung zollt. Ein *Schlickefänger* ist also eine geschickte und einfallsreiche Person, die mit einer gewissen Gerissenheit zu Werke geht. Er, und es handelt sich hier in der Regel um einen Mann, ist jemand, dem man leicht auf den Leim gehen kann: *Der alte Schlickefänger hat doch glatt versucht, mich zu betuppen.* Es muss aber nicht immer Hinterlist im Spiel sein, ein *Schlickefänger* kann auch über eine gehörige Portion Charme verfügen *Da kannze ma sehen, der Schlickefänger hat sogar die Politesse rumgekricht. Pass auf, datte nich widder auf son Schlickefänger reinfälls.*

Der *Schlickefänger* gilt vielen als typisch für den Regiolekt des Ruhrgebietes. Er ist aber auch in den Dialekten des zentralen Rheinlands, am Niederrhein und im Münsterland zu Hause, dazu sporadisch in der allgemeinen Umgangssprache zu hören. Auf den ersten Blick scheint seine Herkunft eindeutig. Im heutigen Sprachgebrauch kennt man den Schlick als Bezeichnung für den nassen Schlamm an Gewässerrändern. Ein *Schlickfänge*r ist demnach eine Vorrichtung, mit der man Schlick sammelt. Tatsächlich gibt es in der Fachsprache der Deichbauer an der Nordsee das Wort „Schlickfänger" für eine Vorrichtung, die dazu dient, den Schlickfall zu fördern. Und auch in Duisburg, aber nur hier, ist der „Schlickfang" die Stelle zwischen zwei Kribben im Rhein, wo die Verlandung stattfindet. Dennoch scheint es unwahrscheinlich, dass unser Charmeur etwas mit dieser feuchten, klebrigen Masse zu tun hat. Dagegen sprechen viele Gründe: Erstens ist das Fachwort auf den engen Bedeutungszusammenhang beschränkt, selbst im nahen Niederdeutschen an der Küste kennt man die Bedeutung „Schlammfänger" nicht, das gleiche gilt für das Ruhrgebiet. Zweitens weisen die Wortformen zwar kleine, aber eben entscheidende Unterschiede auf: hier der Schlickfänger/Schlickfang, dort der *Schlickefänger* oder *Schliekenfänger* im Münsterländischen. Und drittens wäre der Bedeutungswandel völlig ungewöhnlich.

Die Form *Schlickefänger/Schliekenfänger* deutet darauf hin, dass es hier nicht um den Schlamm/Schlick gehen kann, denn der kommt weder in der Hochsprache noch in den Mundarten in der Pluralform vor. Vielmehr scheint hier wirklich etwas gefangen zu werden; die Frage ist nur: was? In den zentral- und niederrheinischen Mundarten waren die aus dem Verb „schleichen" abgeleiteten *Schleichen/Schlicken* früher Tiere, die irgendwie auf dem Boden herumkrochen, etwa Würmer, Schnecken oder Schlangenartige (wir kennen noch heute das Wort Blindschleiche). Diese *Schlicke(n)* findet man in sehr vielen Redewendungen – und eben auch in der eher ironischen Zusammensetzung *Schlickefänger.* Ob ursprünglich das Fangen von oder das Fangen mit Würmern gemeint war, sei dahingestellt, aber der alte Jürgen von Manger kannte schon den Zusammenhang, als er seinem nett gemeinten Vorwurf die Bemerkung folgen ließ: „Ja, ja, mit Speck fängt man Mäuse, Sie!"

Fellsches Duisburg 150; Piirainen/Elling776; RhWb VII/1290; www.ruhrgebietssprache.de/lexikon/schlickefaenger.html

armer Schlucker

Im Rheinland kennt man überall *arme Schlucker* als bemitleidenswerte Menschen und Bettler. Aber man kann auch zu kleinen Kindern *Armer Schlucker!* sagen, dann ist es sogar ein Kosewort. Umso verblüffter werden Rheinländerinnen und Rheinländer sein, wenn sie erfahren müssen, dass der eigentliche arme Schlucker ein Wiener gewesen ist. So kann man auf der Website der Stadt Wien folgende Geschichte lesen: „Dieser Name stammt von einem Maurermeister namens Philipp Schlucker, der von Kaiser Joseph II. 1782 den Auftrag erhalten hatte, die 24 km lange Mauer (um den Linzer Tiergarten) zu errichten. Er hat sich leider bei seinem Kostenvoranschlag gewaltig verschätzt, musste aber trotzdem die mehrere Jahre dauernde Arbeit fertig bringen. Fortan nannten ihn die Wiener ‚den armen Schlucker'. Das hat sich bis heute erhalten."

Das ist eine sehr schöne Geschichte, und sie leuchtet sofort ein. Sie erklärt allerdings nicht, wieso ein anderer Fürst, nämlich Ferdinand II. von Tirol, schon 200 Jahre vorher diese Wendung kannte. Denn der warnte bereits 1584 seinen Sohn vor solchen *„gesellen,* (die) *dich loben, die beßten wort geben, Bruederschafft mit dir machen, dich darnach umb Geltanlehen ansprechen und Exempel*

fürwerffen: der und diser habe auch andern Gesellen und armen Schlu-
ckern geholffen, thuest du es nit, so bist du ein karger filtz." Die Wiener werden sicher nicht zögern und weiter an ihren armen
Schlucker glauben, denn sie werden sich nach aller Erfahrung
ihre schöne Legende schon gar nicht von einem Tiroler nehmen
lassen. Für alle anderen wird damit allerdings der Beweis er-
bracht sein, dass auch hier wieder eine personalisierende Ableitung auf dem Altar der sprachwissenschaftlichen Quellenarbeit
geopfert werden muss.

Wieso sagen wir also *armer Schlucker* zu einem Habenichts?
Ursprünglich war der Schlucker eigentlich ein übler Prasser und
Säufer mit sehr schlechten Essmanieren, ähnlich dem Schlemmer,
der früher auch keineswegs ein Genießer wie heute, sondern ein
schlichter Vielfraß war. Beide Bedeutungen haben sich im Laufe
der Zeit geändert, wie das Grimmsche Wörterbuch auf seine
unnachahmliche Art beschreibt: „eine zeit, die die freuden der
tafel und des bechers mit derber sinnlichkeit zu würdigen verstand, musste den sinn von *schlucker* mildern, sodass sich unter
umständen gar kein tadelnder begriff mehr mit dem worte verband; besonders wird in älterer sprache der ehrliche und eifrige
trinker ein *guter schlucker* genannt." Glücklich die Zeit, in der ein
sattelfester Trinker noch die Bewunderung seiner Zeitgenossen
fand. In den rheinischen Mundarten hat sich diese Bedeutung
übrigens bis heute gehalten, auch hier ist der *gute Schlucker* ein
angesehener und trinkfester Geselle.

Der *arme Schlucker* wiederum geht auf die ursprüngliche,
heute verblasste Bedeutung zurück als eines Menschen, der alles
in sich hineinschlingt und gierig auf jedwedes Essen ist. Der *arme*
Schlucker kann sich seine Gier eigentlich nicht leisten und muss
nun mit allem vorlieb nehmen, was man ihm vorsetzt. Er ist zum
Schmarotzer geworden. Und so transportiert diese Wendung den
alten Bedeutungsinhalt, ohne dass wir ihn heute noch erkennen
können.

Grimm 15/804; Grimm neu 3. Bd. 267; Küpper 721; RhWb VII/1385;
Röhrich 3/1369; Schneider (Pdf)

Schmand

Da kennt der Duden nichts. Der *Schmant* wird Schmant geschrieben, auch wenn die meisten Deutschen Schmand schreiben. Selbst als Variante ist das t nicht erlaubt. Da halten wir es mit dem Rheinischen Wörterbuch, das ungerührt Schmand schreibt.

So nennt man im Rheinland und in den niederdeutschen Mundarten die Sahne auf der ungekochten Milch und die besonders bei Kindern äußerst unbeliebte Haut auf der abgestandenen, gekochten Milch. Auch auf dem Pudding, als der noch richtig gekocht und nicht als Fertigprodukt gekauft wurde, konnte sie einem den Spaß gründlich verderben. Südlich der Mosel kennt man keinen *Schmand*, da schöpft man wie im Hochdeutschen den Rahm von der Milch. Aus Neuwied ist ein besonders schöner Spruch belegt: *Nett un reinlich moss mer sin: Dat es Dress, und dat es Schmand*. Das sagte eine Bauersfrau, als ihr Schwein in die Küche gestürmt war, den Topf mit Schmand umgestoßen und gekotet hatte und sie nachher mit einem Löffel den *Dress* in einen alten Eimer und den Schmand in einen anderen Topf schöpfte.

Heute gibt es diesen *Schmand* nicht mehr, die Milch hat so wenig Fett, dass sich die dicke Sahne nicht mehr im Flaschenhals absetzen kann. Der *Schmand*, der heute in den Regalen der Supermärkte steht, ist eigentlich gar keiner, sondern eine fettreiche saure Sahne, die zur Verfeinerung von vielen Gerichten benutzt wird. In der Umgangssprache findet man den *Schmand* jedoch noch häufig als Bezeichnung für fest haftenden, klebrigen Schmutz: *Wat hasse denn da fürn Schmand anne Hose*? und anderes Klebriges, das im *Schmandsack* angedeutet ist. So bezeichnet man im Ruhrgebiet einen Mann mit vielen Kindern. In der Bergmannssprache ist der *Schmandsack* übrigens ein besonders ergiebiger Flöz.

Schmand kommt von Smetana, das ist im Internet vielfach zu lesen. Das ist zwar nicht richtig, aber ganz so verrückt auch wieder nicht. Der Name des berühmten Komponisten leitet sich tatsächlich vom tschechischen Wort „smetana" für *Schmand* ab. Es bedeutet aber auch Ruhm, und in diesem Sinne wird in der Heimat des Komponisten der Name auch aufgefasst. Ob das tschechische „smetana" und der deutsche *Schmand* eine gemeinsame Geschichte haben, ist eher unwahrscheinlich, auch wenn der aktuelle „Kluge" das anders sieht. Das Wort ist seit dem 15. Jahrhundert bezeugt und geht auf älteres niederdeutsches „Smand" zurück, das verwandt ist mit altsächsischem „smothi", dem man wiederum die Verwandtschaft mit englischem „smooth" (glatt, eben, weich) direkt ansieht.

Die Verbindung von *Schmand* und Smetana wird auch deshalb immer wieder betont, weil es im ostdeutschen Sprachraum das Wort *Schmetten* für den Rahm gibt. Die beiden sind sicherlich miteinander verwandt, wahrscheinlich ist *Schmetten* aus dem Tschechischen entlehnt und hat damit nichts mit unserem westdeutschen *Schmand* zu tun. Wir kennen die *Schmetten* allerdings auch, und zwar in Form des hochdeutschen Schmetterlings. Den, das heißt das Wort, gibt es erst seit dem 18. Jahrhundert, als er sich vom ostdeutschen Sprachraum aus immer weiter ausbreitet. Das Wort geht wohl tatsächlich auf einen alten Volksglauben zurück. „Die Hexen, aber auch elbische Wesen, haben es vor allem darauf abgesehen, ihren Nachbarn Milch und Butter zu verderben oder in ihr eigenes Haus herüberzuzaubern. Bei diesen Übeltaten nehmen sie gern die Gestalt eines Schmetterlings an." In den deutschen Landschaften finden sich deshalb die unterschiedlichsten Bezeichnungen für die unschuldigen Insekten: Molkendieb, Buttervogel, Milchdieb, Butterfliege. Der ostdeutsche, die *Schmetten* liebende Schmetterling hat sich schließlich in der Standardsprache gegen die anderen mundartlichen Varianten durchgesetzt. Dass auch die Engländer diese Sagen kennen, zeigt ihr entsprechendes Wort „butterfly".

Fellsches Dortmund 151; Duden Herkunft 728; Honnen KKK 179; Pfeifer 3/1543, 1546; RhWb VII/1436; Trübner 6/147

schnorren

Was hat eine Katze mit einem Bettler zu tun? Beide *schnorren*. Was sich wie ein blöder Witz anhört, ist gar keiner. Zwar denkt man bei einer friedlich schnurrenden Katze kaum an lästige Zeitgenossen, die sich durch ihr Leben *schnorren*, aber sprachgeschichtlich haben beide viel miteinander zu tun. Womit auch klar ist, dass der *Schnorrer* nichts mit dem *Schnorres* zu tun hat, wie man schon mal lesen kann. Das rheinische Wort für Schnurrbart hat eine ganz andere Geschichte, auch wenn eine Katze im Rheinland durchaus einen *Schnorres* haben kann.

Sprachgeschichtlich sind *schnorren* und *schnurren* nur lautliche Varianten desselben Wortes. Genau so ist es in den rheinischen Mundarten, die ebenfalls keinen Unterschied machen. *Schnorren* steht hier für das Schnurren der Katze, das Surren von Insekten oder Ventilatoren, für schnarrend oder leiernd sprechen und eben für betteln. Diese Bedeutung ist die jüngste in dieser Palette. Die Frage ist nun, wieso ein Wort, das sich eigentlich auf akustische Erscheinungen bezieht, zum Synonym für Betteln und Schmarotzen werden konnte.

Erstmals belegt ist die Bedeutung im 18. Jahrhundert in studentischen Kreisen, die das Wort offensichtlich aus der Gaunersprache übernommen haben. Dort war *schnorren* als betteln schon länger in Gebrauch. Sehr wahrscheinlich hat es seinen Ursprung in der alten Bettlermasche, mit Schnurrpfeifen und Maultrommeln als Bettelmusikant umherzuziehen. Das Geld verdienten sich diese „Musikanten" wohl weniger mit ihrer Musik als mit der Angst der betroffenen Hörer vor dem disharmonischen Krach, den die schnurrenden Töne verbreiteten. Man konnte es wohl auch eine akustische Erpressung nennen. Im Kölnischen nennt man einen Bettelmusikanten noch heute *Schnorrant*, auch wenn die musikalischen Fähigkeiten der Straßenmusiker deutlich besser geworden sind. In der Umgangssprache kennt man dagegen nur noch *Schnorrer*, die aber nicht unbedingt gewohnheitsmäßige Bettler sein müssen.

Eine lautliche Variante von *schnorren* ist übrigens auch das rheinische *Schnörzen*. So nennt man in manchen Teilen des Rheinlands die Heischegänge zu St. Martin, bei denen Kinder mit Fackeln von Haus zu Haus ziehen und Süßigkeiten sammeln.

Becker 1982 24; Küpper 736; Pfeifer 3/1559; RhWb VII/1646; Wolf 5103; Wrede 3/57

Schniepel

Der *Schniepel* ist auch nicht mehr das, was er mal war. Heute ist er oft so etwas wie ein *Pinörkel*, *Nuppsie* oder *Nöppel*, ein laschenähnliches Teil, das irgendeine Funktion hat, an dem man ziehen oder drehen kann. Das kann man an dem ursprünglichen *Schniepel* zwar auch, aber das geht dann an der eigentlichen Funktion vorbei.

Früher war der *Schniepel* ein Frack oder der dazugehörige Träger. Das Wort ist in der Studentensprache des 19. Jahrhunderts entstanden und wurde schnell auch ein Synonym für den Penis. Während die erste Bedeutung kaum noch bekannt ist, hat sich die zweite in der Umgangssprache gehalten. Lustigerweise wird *Schniepel* oft mit schneiden oder *schnippeln* assoziiert, womit das Wort nichts zu tun hat. Selbst Amateurpsychologen werden hier als Motiv auf verborgene oder offene Kastrationsängste schließen.

Im Rheinland gibt es zwar den *Schnippel* oder *Schnibbel* als abgeschnittenes Stück Stoff oder Papier, der auch in seltenen Fällen „männliches Glied" meinen kann, der *Schniepel* jedoch hat eine ganz andere Vergangenheit. Der besagte Frack wurde früher so benannt, weil die spitz zulaufenden Schöße an einen Schnabel erinnern. Auch die Bedeutung „Penis" geht auf die Vorstellung des Schnabels zurück. Schnabel und *Schniepel* sind also Verwandte. Wie übrigens auch die Schnepfe, die nach ihrem langen Schnabel benannt wurde. Warum aus diesem harmlosen Vogel eine umgangssprachliche Bezeichnung für eine Frau oder gar Dirne wurde, kann man nur vermuten. Hier mag der Schnepfenstrich, also das abendliche Anfliegen der Schnepfen, Pate gestanden haben oder aber der Schnabel selbst, der in gewissen Kreisen auch die Bedeutung „weibliche Scheide" hat.

Kluge 819f.; Küpper 735; RhWb VII/1624

Mein lieber Scholli

Nicht nur im Rheinland kann man im Alltag seiner Überraschung durch einige seltsame Wendungen Ausdruck geben. In *Ach du lieber mein Vater* schwingt dabei wie in *Ach du grüne*

Neune eher die Ahnung eines kommenden Unheils mit; wenn man dagegen einen ganzen Verein mit *Mein lieber Herr Gesangsverein* anruft, ist durchaus eine unterschwellige Bewunderung zu hören. Genau so ist es mit der Anrede *Mein lieber Scholli. Mein lieber Scholli, dat hasse aber gut hingekricht* oder *wat fürn toller Schlitten, mein lieber Scholli* sind durchaus als Ausdruck von Anerkennung und sogar leichten Neides zu verstehen. Auch Erleichterung kann im Spiel sein: *Mein lieber Scholli, dat war aber knapp!* Wenn dagegen die Mutter früher ausrief: *Mein lieber Scholli, wat hasse dir da wieder geleistet. Waat ma, Männeken!*, da wusste man, dass *Matthäus am letzten war* und zog besser schon mal den Kopf ein.

Ob sich der kleine Unglücksrabe in dieser brenzligen Situation Gedanken über diesen ominösen Herrn *Scholli* gemacht hat, ist eher unwahrscheinlich. Dabei neigen ja gerade Kinder zu Personalisierungen, man denke nur an die kindliche Vorstellung von Schreckgestalten, die Eltern zur Disziplinierung ihrer Sprösslinge weidlich ausnutzen. Wer aber ist nun Herr *Scholli*? In Süddeutschland und im angrenzenden Österreich weiß man das ganz genau. Es ist der 1765 geborene Ferdinand Joly, den man zu seinen Zeiten den „ausgejagten Studenten von Salzburg" nannte, da er auf Grund seiner Verwicklung in ein mysteriöses Vorkommnis 1783 der Salzburger Universität verwiesen worden war. Er führte nach seiner Relegation bis zu seinem Tod im Jahr 1823 das Leben eines Wanderpoeten und Vaganten, der sich in Dörfern einquartierte und die Landbevölkerung mit Sakral- und Hirtenspielen unterhielt. Von seinen Dichtungen ist zwar wenig erhalten geblieben, sein Andenken wird aber in Bayern durch Straßennahmen und auf Volksbühnen bewahrt. Eines dieser Theaterstücke (von Martin Winkelbauer aus Altötting), das seinem Leben und Wirken gewidmet ist, trägt den bezeichnenden Titel „Mei liaba Schole", also die bairische Variante unserer umgangssprachlichen Redewendung *mein lieber Scholli*. In Süddeutschland benennt man heute so jemanden, den man eigentlich mag, der aber gleichzeitig etwas weltfremd und introvertiert erscheint.

Natürlich haben die Menschen in Norddeutschland diese Abstammungslegende nicht auf sich sitzen lassen. Sie führen dagegen den Hamburger Buchhalter David Konrad Scholl ins

Feld, der von seinem Abteilungsleiter – wohl zu Unrecht – unablässig ob seines mangelnden Arbeitseifers gerügt wurde. Die alltägliche Tirade begann regelmäßig mit der Ansprache *Mein lieber Scholli* und wurde so angeblich im Laufe der Zeit zum sprachlichen Allgemeingut.

Solche Personalisierungen findet man bei Herkunftsvermutungen regelmäßig. Bekannte Belege sind die Familie Hempel, unter deren Sofa es verboten aussieht (siehe dort) oder der Berliner Kneipenwirt Oskar, dessen Frechheit sprichwörtlich geworden ist (siehe Einleitung). Das berühmteste Beispiel ist wohl die Wortgeschichte zum Amerikanismus *okay* oder *o.k.* Neben unzähligen anderen Herkunftsvermutungen werden immer wieder auch historische oder gar fiktive Personen als „Erfinder" dieses Wortes angeführt. Als ältester Kronzeuge dient dabei der ehemalige amerikanische Präsident Marten van Buren, dessen Spitzname nach seinem Geburtsort „Old Kinderlook" gewesen ist. Dieser soll ihm derart gut gefallen haben, dass er in späteren Jahren nur noch mit dem Kürzel O.K. unterzeichnet hat. Auch der Kekshersteller Orrin Kendall gilt vielen als Urheber des umstrittenen Wortes. Der Star unter allen Worterfindern ist ohne Zweifel der legendäre Controller am Fließband für die Montage des Modell T in den Ford-Automobilfabriken mit Namen Oswald Kowelski. Sein Namenskürzel O.K. unter den Prüfprotokollen ist danach die Keimzelle für den weltweiten Siegeszug von *okay*. Diese Auslegung hat viele Sprachreiniger in Deutschland, die sich über das Eindringen des verhassten Amerikanismus echauffierten, nicht schlafen lassen. Ihren intensiven Recherchen ist die Erkenntnis zu verdanken, das der verantwortliche Qualitätsprüfer bei Ford gar kein Amerikaner, sondern ein Deutscher namens Oskar Krause gewesen und das Kürzel o.k. mithin gar kein Fremdwort sondern eine deutsche Erfindung ist.

Doch zurück zu unserem *Herrn Scholli*. Das Rheinland hat sich an dem Abstammungswettbewerb bislang nicht beteiligt. In den rheinischen Mundarten ist *Scholli* nämlich weit verbreitet als Rufname für ein besonders hübsches Tier, sei es ein kleiner Hund, eine Stute, eine Kuh; daneben kann es auch die Bezeichnung für einen jungen, etwas schlaksigen Mann sein. Deshalb glauben die Rheinländer auch, dass das Wort auf das französi-

sche Wort „joli" (hübsch, niedlich) zurückzuführen ist, eine Annahme, der sich auch der allerneueste Duden anschließt.

Duden 8/3425; Röhrich 3/1394;
www.alois-rottaicher.de/schole_presse. htm

Schottelplack

– es gibt noch die Varianten *Schöttelplack, Schoddelpluck* und
Schöddelschlett – ist das mit Abstand wichtigste Mundartwort im
Rheinland. Auch wer es ungewöhnlich oder gar unangebracht
findet, Wörter in wichtige und eher unwichtige zu unterteilen,
wird sich damit abfinden müssen, dass der oder das *olle Schottelplack* für rheinische Mundartsprecher und -sprecherinnen
etwas ganz Besonderes ist.

Und das liegt, anders als etwa bei den *Fisematenten* oder beim
Fisternöll, nicht an einer aufregenden Wortgeschichte. Die ist im
Gegenteil eher langweilig. Ein *Schottelplack* ist schlicht und einfach
ein Spültuch oder Putzlappen, je nachdem, was man damit an-
stellt. Das Wort birgt keinerlei Geheimnisse, auch wenn man im
Internet lesen kann, es gehe auf den lockeren Bodenbelag zurück,
der gemeinhin mit Schotter bezeichnet wird. Diese Deutung ist
der gelegentlichen Verwendung des Lappens als Aufnehmer
verpflichtet, die aber eher die Ausnahme ist. Eigentlich ist ein
Schottelplack ein „Schüsseltuch", also ein Spültuch. Die *Schottel* ist
die alte, unverschobene Variante der Schüssel, wie sie in den
rheinischen und niederdeutschen Dialekten überall vorkommt.
Das Grundwort *Plack* findet man heute noch in der modernen
Alltagssprache in Rasenplaggen oder Erdplaggen. Ein *Plack* oder
eine *Plagge* ist irgendein Stück, Fleck, Fetzen oder Tuch.

Auch der Gegenstand selbst gibt nichts her, was auf die anhaltende Begeisterung der Rheinländer für das Wort schließen
lassen würde. Im Gegenteil hatten die Schottelplacken in früheren
Zeiten eher eine zwielichtige Vergangenheit und wurden oft aus
abgetragenen Unterwäscheteilen oder alten Handtüchern und
Laken rekrutiert. Dabei stellt sich die Frage, ob die modernen
Wisch-und-weg-Tücher ebenfalls Schottelplacken sind oder ob nur
ihre eher unappetitlichen Vorfahren so genannt werden. Tatsache

ist jedenfalls: In einer Umfrage, mit der die Rheinische Landeskunde Bonn 1995 das „typischste" und „rheinischste" Mundartwort ermitteln wollte, wurde *das* oder *der* Schottelplack, so ganz
sind sich die Rheinländerinnen da nicht einig, mit einem so großen Abstand an erster Stelle genannt, dass die anderen Plätze
eigentlich gar nicht hätten vergeben werden dürfen. Und damit
nicht genug. Seit Frühjahr 2007 ist das Rheinische Mitmachwörterbuch online, und obwohl es eigentlich keine Mundartdokumen-
tation ist, gibt es bei den bislang eingesandten, immerhin 6500
Vorschlägen wieder nur einen Spitzenreiter: das Schottelplack.

Um die Sonderstellung des seltsamen Putzlumpens zu unterstreichen: In einer ähnlich angelegten Umfrage bei unseren
niederländischen Nachbarn gab es für die rheinlandnahen Pro-
vinzen Gelderland, Limburg und Drenthe ebenfalls einen souve-
ränen Sieger: Es ist seine, wen wundert es, kleverländische
Variante *Schottelschlett* (*Schlett* ist ein anderes Mundartwort für
„Tuch, Lappen"). In diesem Zusammenhang muss man allerdings die Bewohner des südlichen Rheinlands ausdrücklich in
Schutz nehmen. Südlich einer gedachten Linie zwischen Bonn
und Monschau haben die Menschen andere Präferenzen, hier
wird das *Schottelplack* schlicht ignoriert – allerdings nur, weil es
in den regionalen Mundarten nicht vorkommt. Man kennt das
Wort eben nur in einem Gebiet zwischen Emmerich im Norden
und dem Eifelnordrand im Süden.

Was ist die Ursache für die anhaltende Begeisterung der
Rheinländer und Rheinländerinnen für das/den *Schottelplack*?
Darauf gibt es leider nur eine Antwort: Man weiß es nicht. Im
Gegenteil werden diese seltsamen Vorlieben noch rätselhafter,
wenn man auf den zweiten Platz der Beliebtheitsskala schaut.
Den besetzt beim Mitmachwörterbuch ein Wort, das einen ähnlich unappetitlichen Hintergrund hat. Es ist die Bezeichnung für
einen Gegenstand, von dessen Existenz die meisten Leserinnen
und Leser sicher gar keine Ahnung haben dürften: der *Jütsch-*
klomp. Es gibt dieses Ding in einer ganzen Reihe von lautlichen
Varianten. Im zentralen Rheinland kann es auch *Jötschklomp*,
Jötschkump oder *Jütschklömp* heißen, im Süden, außerhalb des
rheinischen J-Anlautgebietes, findet man den *Götschklomp*.

Der *Jütschklomp* ist eine Jauchekelle, eine Schöpfe, mit der
Jauchefässer oder -gruben ausgeschöpft wurden. Wie der zweite

Wortbestandteil schon vermuten lässt, wurde dazu anfänglich ein alter Holzschuh (*Klompen* heißen im Rheinland diese heute nur noch bei Folkloredarbietungen zu findenden Schuhe) benutzt, später eine aus Zinkblech hergestellte Schöpfkelle. Die *Jütschklömp* waren einmal sehr verbreitet, denn sie dienten zur Entleerung der Plumpsklos, die außerhalb der großen Städte noch bis in die fünfziger Jahre des vergangenen Jahrhunderts überall anzutreffen waren. Erst spät überließ man diese wenig erfreuliche Arbeit Fachfirmen, weil die angesammelte Jauche (*Jötsch*) in der Regel im eigenen Garten oder auf dem Feld nützlich entsorgt werden konnte.

Die beiden – mit großem Abstand – beliebtesten und in Umfragen meist genannten Mundartwörter im Rheinland sind also Bezeichnungen für Gegenstände, über deren Herkunft und Verwendung man eigentlich lieber keine großen Worte machen möchte. Deshalb steht zu vermuten, dass nicht der semantische Gehalt, sondern die Form den Ausschlag gegeben hat. Offensichtlich war hier die Entfernung zur Hochsprache das Motiv für die vielen Nennungen. Kronzeugen für diese Erklärung können auch die anderen Kandidaten dieser mundartlichen „Hitlisten" sein. So sind weitere rheinische „Lieblingswörter" *Seikoomes* (Ameise), *Dörpel* (Türschwelle), *Fisternöll* (sieh dort), *Schavur* (Kohl), *Wiemelchen* (Johannisbeeren), *Öllech/Üllech* (Zwiebel) oder *Schürreskarr* (Schubkarre). Alle zeichnen sich dadurch aus, dass sie keine Ähnlichkeit mit der Standardsprache haben und ohne Mundartkenntnisse nicht erschlossen werden können. Die beliebtesten Mundartwörter unterstreichen also die Eigenständigkeit der rheinischen Dialekte gegenüber der überdachenden Hochsprache.

Ein besonders schönes und in der Rangliste an dritter Stelle gelistetes Wort sei hier abschließend genannt. Es ist die *Plüschprumm*, wie im Rheinland der Pfirsich genannt wird. *Prummen* sind in allen rheinischen Mundarten die normalen Pflaumen, eine plüschige Pflaume kann dann nur ein Pfirsich mit seiner samtigen Haut sein. Man sieht, auch die Rheinländer und Rheinländerinnen lieben nicht nur seltsame, sondern auch irgendwie nette Wörter.

Honnen Hitliste; RhWb VI/903 u. VII/1945;
www.mitmachwoerterbuch.lvr.de/lieblingswoerter.php

Seeger

oder *Seegers* (beide Formen findet man nur im Singular) ist ein wichtiges Kennwort des Ruhrgebiets. Hier wird es gebraucht als kumpelhafte Anrede für männliche Bekannte oder Freunde *Ey Seegers, wie gehdet? Rech dich nich auf, Seeger!* Ein *Seeger* kann aber auch ein lebenslustiger oder auch leichtfertiger Typ sein: *Dat is en richtigen Seegers. Auf son Seegers würd ich mich nich verlassen!* Manchmal ist er auch Frauenheld oder gar Sexprotz: *Dat is en echten Seeger, der hat en Schlach bei de Frauen.*

Auch wenn man im Ruhrgebiet davon nichts wissen will, kann man *Seeger* auch in anderen Teilen des Rheinlands und des Münsterlands finden. Das macht die Suche nach der Herkunft des Wortes allerdings nicht leichter. Denn im Pott hat man eine ganz einleuchtende Erklärung für den *Seeger*: Der kommt nämlich ursprünglich aus Segeroth, einem früher berüchtigten Stadtteil in Essen, wo die Miete angeblich *mit 'm Panzer kassiert* wird und *der Papst auf Rollschuhen boxt*. Da musste man schon ein taffer Typ sein, wenn man sich behaupten wollte.

Wäre der *Seeger* nur kleinräumig verbreitet, dann könnte diese Erklärung durchaus einleuchten. Leider findet er sich aber schon in dem großen Wörterbuch der Umgangssprache von Heinz Küpper. Die dort vorgeschlagene Ableitung aus *Seecher/Seicher*, also Urinierender, überzeugt allerdings kaum, schon gar nicht die Erläuterung: „Gemeint ist wahrscheinlich die Fähigkeit des Harnens bei Unfähigkeit des Koitierens." Die auch logisch schlecht nachvollziehbare Schlussfolgerung widerspricht der entgegengesetzten Verwendung als Bezeichnung für einen eher potenten Mann oder gar Frauenhelden im Ruhrpöttischen.

Nicht ganz unwahrscheinlich erscheint eine Übernahme aus dem Rotwelschen, denn *Seeger* bezeichnet in der Münsteraner Geheimsprache Masematte ganz allgemein einen Mann, ein *Seeger mit Zerche* ist ein Experte (*Zerche* ist die „Ahnung von etwas") und *Seegers un Kalinen* sind einfach „Leute". Wobei die in Münster behauptete Ableitung von „se goi (jidd.) = Nichtjude" allerdings wieder etwas spekulativ anmutet.

Möglich ist auch eine Ableitung aus den Mundarten. *Seeger* ist im Bergischen ein Adjektiv und hat dort und in Essen die Bedeutung „abgestanden" und „verkommen", in der Bergmannssprache des Potts kennt man es mit der Bedeutung „gerade". Noch einfacher wäre es allerdings, wenn *Seeger/Seegers* nichts anderes als der am Niederrhein und im Ruhrgebiet verbreitete Familienname *Seeger/Seegers/Zeeger* ist, der hier in einer übertragenen Bedeutung Verwendung findet, wie es bei Personennamen im Rheinland sonst nicht unüblich ist (*Drickes*, *Pitter*, *Köbes* usw.). Auch Seeger war einmal am Niederrhein ein üblicher Vorname, heute kennt man das Wort in dieser Funktion nicht mehr.

Küpper 761; Fellsches Bochum 248, Sievert 105; Sprick 103; RhWb VIII/49; www.folker.de/200301/03baier.htm#1; www.wiki.muenster.org/index.php/TackoPediaS

spanse Wettfrau

Im Deutschen kann einem vieles spanisch vorkommen, was auf den „Spanier" auf dem deutschen Kaiserthron, Karl V. (1519 bis 1556), zurückgehen soll. Das gilt besonders für die rheinischen Mundarten. Hier gibt es *spansch Hawer* (Strandhafer), *spans Wegge/Wick* (Weiden), *spansch Gewörz* (Nelken), *spants Brod* (Lakritz), *spansche Flieg* (Pferdebremse), *spansche Engländer*(!) (aufgeputzter Mensch), *spansche Micken* (späte Schneeflocken), *spansche Säp* (Seife) usw. Die größten Spanienhasser trifft man dagegen in Winnekendonk, einem kleinen Ort bei Kevelaer am Niederrhein. Hier wurde offensichtlich alles als *spanz* bezeichnet, was einem nicht in den Kram passt: ein besonders bissiger Hund, ein störrisches Pferd, ein Braten, der nicht gar wird, ein Faden, der nicht durchs Nadelöhr will oder Nägel, die sich krümmen. Und nur in Winnekendonk kannte man eine *spanse Wettfrau*, wie die Platt sprechenden Einwohner ein „liederliches Weib" bezeichneten. Und da eine ordentliche Niederrheinerin natürlich keine Schlampe sein kann, und den Südländern alles zuzutrauen ist, erklärt man sich diese Bezeichnung so: Das Wort „ist ein Überbleibsel aus der spanischen Besatzung. Damit wurden jene Mädchen bestimmt, die von einem Spanier ein uneheliches Kind empfangen hatten."

Bäcker 1983/31; RhWb VIII/250

Spekulatius

Heute, da in jedem Supermarkt zu jeder Zeit nahezu alles zu kaufen ist, vergisst man schon mal, dass auch Lebensmittel eine Heimat haben. Das gilt auch für den Spekulatius, denn der stammt tatsächlich aus dem winterlichen Rheinland. Obwohl das auch nicht ganz richtig ist, weil der *Spekelaz* oder *Spekulaz*, wie man hier auch sagt, eigentlich ein Imi ist, der aus den Niederlanden eingewandert ist. Aber im Rheinland ist er groß geworden und hat sich von hier aus in Deutschland ausgebreitet.

Heute muss man niemandem mehr erklären, was ein Spekulatius ist. Selbst in Dresden oder München kennt man die in Modeln hergestellten figürlichen Plätzchen aus einem würzigen oder buttrigen Teig. Sie gehören überall in Deutschland auf den Nikolaus- oder Weihnachtsteller. Interessanter ist da schon die Frage nach der Herkunft des seltsamen Namens, der sich nicht sonderlich rheinisch anhört. Da das Gebäck – zumindest früher – ausschließlich im Dezember gegessen wurde, hat man es auf unterschiedlichste Art mit dem heiligen Nikolaus in Verbindung gebracht. Da der legendäre Bischof von Myra den Beinamen „episcopus speculator" erhalten hatte, weil er gleichsam als wachsamer Beobachter seiner christlichen Herde gilt, nimmt man vielerorts an, dass daraus der Spekulatius entstanden sei. Angeblich ist das besondere Gebäck auch schon kurz nach seinem Tod, um ihn zu ehren, gebacken worden. Allerdings ist dieser Namenszusatz, vor allem in den Niederlanden, kaum bekannt gewesen, eine direkte Verwandtschaft erscheint hier sehr konstruiert. Das gilt auch für die Theorie, der Spekulatius gehe auf die Anfangsbuchstaben von „Sanctus Papa Nicolaus", also „S.P.Clas" zurück, die an dem Mangel leidet, dass der berühmte Bischof nie Papst gewesen ist.

Auch wenn der Nikolaus eine typische Spekulatiusfigur ist, ist er doch nur eines unter vielen Motiven. Deshalb gilt der Heilige heute nicht mehr als der Ahnvater des trockenen Weihnachtsgebäcks, auch wenn das in vielen populären Darstellungen noch zu lesen ist. Die Herleitung aus lateinisch „species" (Gewürze) oder – sehr anschaulich – aus „species artificiales", wie früher in Apotheken spezielle Schubladen beschriftet waren, ist ebenfalls kaum haltbar, weil lautgeschichtlich nur über abenteuerliche Umwege zu erklären.

Damit kommen wir zu dem Kölner Schriftsteller Ernst Weyden, der als erster 1826 die berühmte Geschichte der Kölner Heinzelmännchen aufgeschrieben hat. Auf ihn geht angeblich eine Herleitung zurück, die lange Zeit als „volksetymologisch" galt und die die Modeln selbst zur Erklärung heranzieht. Danach „steckt in Spekulatius das lateinische Wort „speculor", d. h. „ich spekuliere, nehme an", und bei diesen Modeln müsse man eben nachgrübeln, was die einzelnen Figuren darstellen." Allerdings weiß man heute sicher, dass das Gebäck ein Import aus den Niederlanden ist. In Köln ist es erstmals 1877 schriftlich als „Spikulazius" gebucht, ob der Schriftsteller also tatsächlich schon über den Namen spekuliert hat, ist also eher unwahrscheinlich. Wie es heute aussieht, hätte Weyden seiner Zeit mit dieser eher lustig gemeinten Vermutung aber gar nicht so weit daneben gelegen. In den Niederlanden ist „spekulatie" im 18. Jahrhundert zuerst als plastisches Zuckerwerk, später auch als figürliches Gebäck belegt. Dort wird es auf das mittelniederländische „speculatie" (Betrachtung, aber auch Überlegung, Phantasie (aus lateinisch „speculatio")) zurückgeführt. Damit ist es so etwas wie ein Phantasiegebäck, das auch als Tischschmuck diente und über dessen Aussehen und Bedeutung man trefflich spekulieren konnte. Im gelehrten Rheinland hat man aus dem niederländischen „spekulatie" oder auch „spekulaas" die latinisierte Variante Spekulatius gemacht.

Hörandner 49; Jansen 127; Metzger 143 und 273; Pfeifer 3/1667; Tonnar/Evers 186; van Veen/van der Sijs 826; Werner 375; Wrede 3/105; www.nikolaus-von-myra.de/lexikon/spekulatius.html

Tobak

Der Tabak begegnet uns in der Umgangssprache häufig, meist in den niederdeutschen Varianten *Tubak* oder *Tobak* (die nichts mit dem englischen „tobacco" zu tun haben, wie oft zu lesen ist). Am Niederrhein findet sich sogar noch die ganz alte mundartliche Lautung, bei der die zweite Silbe betont wird. Hier fragt man *Bisse wieder durch Kappes un Tabák gestalpt?* wenn jemand mit lehmverschmierten Schuhen ins Haus kommt. Die Wendung erinnert daran, dass Kohl und Tabak einmal in großer Menge auf niederrheinischen Feldern angebaut wurden.

Weiter verbreitet sind *starker Tobak, anno Tubak* und die Verben *tubaken* und *vertobaken.* Wobei das eigentliche Wort keine Probleme bereitet. Es ist eine Entlehnung aus den karibischen Tainosprachen und bezeichnete dort ein mit Bambus hergestelltes Rauchrohr, das man heute noch bei indigenen Stämmen finden kann, oder eine Art Zigarre, die in der Karibik schon lange vor Columbus verbreitet war. Auch der Inselname Tobago ist das gleiche Wort. Im Deutschen ist die spanische Variante „tabaco" seit der Mitte des 17. Jahrhunderts gebräuchlich, im Laufe des 19. Jahrhunderts entwickelt sich die eingedeutschte heutige Form.

So weit so gut. Wie aber entstand daraus die Wendung *Dat is aber starker Tobak, wat du da erzähls!* oder *Starker Tobak, wat die Politiker uns da zumuten!* mit der Bedeutung „Unverschämtheit, derbe Geschichte, Zumutung"? Die landläufige Erklärung dazu geht so: Die Wendung geht auf einen niederdeutschen Schwank zurück, in dem der Teufel einem Jäger begegnet und sich nach dessen Gewehr erkundigt. Der Jäger macht ihm weis, dass es sich dabei um eine Tabakspfeife handelt, und bietet ihm eine Probe an. Als der Teufel darauf hin eine volle Schrotladung ins Gesicht erhält, kommentiert der dies mit der Bemerkung, dass es sich dabei wohl um starken Tobak gehandelt habe. Die anschließenden deftigen Prügel sollen die Herkunft des Verbs *vertobacken* erklären. Ältere niederdeutsche Mundartsprecher kennen auch noch den Spruch *Dat's barschen Toback, säd de Düwel, as de Jäger em en't Mul schoten harr.*

Allerdings ist dieser niederdeutsche Schwank gar keiner. Er greift lediglich eine von unzähligen Wanderlegenden auf, die den Teufel zum Thema haben. Auch im Rheinland gibt es eine Version dieser weit verbreiteten Geschichte. Hier ist der Protagonist kein Jäger, sondern eine im Rechtsrheinischen sehr bekannte Gestalt, die als Spielbähn oder Spielkässer in vielen Volkserzählungen zu finden ist:

„Spielkässer, der im Rheinlande noch in gutem Andenken steht, der jedes Fest durch sein Fiedelspiel verherrlichen half, fuhr einst von seinem Wohnorte, dem Birkenhahnenberg bei Steinbüchel, nach Siegburg zum Schützenfeste. Gegen Mitternacht fuhr er über die Iddelsfelder Hardt, wo es nicht geheuer sein soll. Doch war er ohne Furcht, da er seine Büchse geladen bei sich auf dem Wagen hatte. Wie er so an einem Gehölz vorüber fährt, taucht plötzlich eine dunkle Gestalt vor ihm im Wege auf. Die Rosse scheuen und bäumen sich, sodass der Künstler sie nur mit Mühe halten kann. ‚Wer steht da mitten in der Straße?' ‚Ich bin's', sagte der Dunkle, ‚ich muss noch vor Hahnenkraht nach Urbach und nach Troisdorf. Der Weg ist weit, du könntest mich mitnehmen.' ‚Wohlan, so räume den Weg vorn und spring hinten auf!' ruft Kässer. Der Schwarze verschwindet vorn und springt hinten in den Wagen. Die Rosse, die eben sich gebäumt, rennen nun wie toll, so daß der Spielmann sie kaum zügeln kann. Als er aber zu fluchen beginnt, werden sie plötzlich zahm und schlagen die gewohnte Straße ein. Alsbald beginnt der Gesell, den er aufge-nommen, ein Gespräch mit ihm und fragt, was er in der Hand führe bei dieser Nachtfahrt. ‚Nun', entgegnete der Spielmann, ‚es ist ein Weihewedel, mit dem ich manchmal den Segen zu erteilen pflege. Dieser fruchtet bei Menschen und Vieh; schade ist's, dass mancher nicht mehr davon bekommen hat.'. ‚Hum', sagte der Gesell, ‚was hast du da in dem Bündel eingewickelt?' ‚Das ist ein Kreuz von wunderbarer Kraft, das ich mit mir führe. Wenn ich das an den Hals lege und mit meinem Finger andächtig betaste, kann ich die bösen Geister alle bannen.' Der Schwarze, der die Hand schon nach dem Bündel ausgestreckt hatte, zog sie jetzt scheu zurück, deutete auf die Büchse, die an der linken Seite des Spiel-mannes ruhte, und fragte, was dieses Werkzeug zu bedeuten habe. ‚Das da', sagte Kässer, ‚ist meine Pfeife, aus der ich meinen Tabak zu rauchen pflege.' ‚Tabak?' sagte der Schwarze. ‚Ich habe schon viel davon gehört, aber das Rauchen noch nicht versucht, obwohl ich viel mit Feuer und Rauch umzugehen pflege!' Der Tabak war um diese Zeit noch selten, viele Leute kannten das Rauchen nur vom Hörensagen. Spielkasser hatte unterdessen wohl gemerkt, wen er vor sich hatte, wollte dem Schwarzen einen Possen spielen und sagte daher: ‚Wenn du es versuchen willst, steht dir die Pfeife zu Diensten, sie ist bereits prächtig gestopft. Nimm nur das Rohr in den Mund, ich will dann schon nachhelfen und Feuer machen.' Der Schwarze ließ sich das nicht zweimal sagen und schlug die Zähne um die Mündung der Büchse, während Kässer losdrückte.

Auf den furchtbaren Knall musste der Teufel gewaltig niesen. Die Kugel, die er zwischen den Zähnen einigemal hin und her schob, spie er dann aus und sprach: ‚Du hast starken Tabak und bist ein tüchtiger Kerl! Ich dachte, dich hier etwas zu hänseln, ich sehe aber, dass ich an dir meinen Mann gefunden habe. Fahre ruhig deiner Wege.' Hiermit sprang der Schwarze vom Wagen und behelligte den Fiedler nicht weiter."

Hier, wie in allen anderen Überlieferungen der Geschichte, ist von abschließenden Prügeln leider nicht die Rede, die Verben *vertobaken* oder *vertubaken* sind zumindest nicht auf der Iddellsfelder Hardt bei Siegburg geprägt worden. Ob diese Geschichten überhaupt Pate für die Redewendung gestanden haben, ist sowieso mehr als zweifelhaft, anzunehmen ist vielmehr, dass der in früheren Zeiten oft noch sehr scharfe Geschmack des *starken Tobaks* der Hintergrund der Legende ist. Das glaubt auch der alte Grimm.

Auch die Wendung *Anno Tobak/Tubak* kann nicht sicher erklärt werden. Oft wird angenommen, sie sei eine Umgestaltung aus „Anno Domini", weil der Name Gottes nicht in unchristlichem Zusammenhang gebraucht werden dürfe. Genau so gut kann der Spruch aber auch auf die Zeit vor der Endeckung des Tabaks oder auf die altertümliche Lautung (als der Tabak noch Tobak hieß) anspielen, sie kann auch ganz einfach ein Unsinnsspruch sein wie die Wendungen *Anno Blumenkohl, Anno Schnee* oder *Anno Krug*. Die Verben *tubaken* oder *vertobaken* können übrigens im Rheinland auch die Bedeutung „viel essen oder trinken können" haben. So kann man sagen: *Der kann aber ordentlich wat vertubaken, der Kerl!* Die Hauptbedeutung ist aber auch hier in der Regel „jemanden verprügeln, sich schlagen". Deshalb ist es durchaus möglich, dass das Wort gar nichts mit dem Tabak zu tun hat, sondern aus dem Rotwelschen stammt, wie schon das Grimmsche Wörterbuch vermutet: „vertobacken, verbreitetes, vulgäres wort für ‚durchprügeln, verhauen', das der kunden- und verbrechersprache entstammt." Dann könnte es auf das rotwelsche Tabboch/Tabbach „Schlächter" zurückgehen oder sogar auf das jüdisch-deutsche „taboch", das sowohl Schlächter als auch Scharfrichter bedeutet. Es wäre also ein weiteres Wort der Umgangssprache, das aus den alten Geheim- und Gaunersprachen übernommen wurde.

Grimm 21/3, 25/1855; Küpper 34, 837; RhWb VIII/1018; Röhrich 1/87; Trübner 7/1; Wolf 5726; www.koeln-merheim.de/mersage. html#karreR

Trabanten

Trabanten sind meistens lästig, sonst wären sie *Pänz, Blagen* oder einfach Kinder. Meist männlich, ungezogen oder gar in den Flegeljahren und immer in der Mehrzahl, können sie Rheinländern ganz schön auf den Wecker gehen: *Ihr lästigen Trabanten, geht bloß irgendwo anders spielen!* oder *Mit den Trabanten ine 7a komm ich nich klar!* oder auch *Die ham ihre ganzen Trabanten mitgebracht!* kann man im rheinischen Alltag des Öfteren hören. Auch in den Mundarten ist das Wort weit verbreitet.

Dass Kinder als *Trabanten* bezeichnet werden, leuchtet ein. Sind Trabanten doch eigentlich unselbständige und abhängige Begleiter, die um einen Bezugspunkt kreisen. Wie der Mond um die Erde umrunden sie ihre Eltern und lassen sich nur schwer aus ihrer Umlaufbahn bewegen. Weil sie so unruhig und oft ungebärdig sind, hat man verwandtschaftliche Beziehungen zu englischen „truants" vermutet. Aber diese Schulschwänzer haben mit unseren *Trabanten* genauso wenig zu tun wie die niederländischen Landstreicher, die „trawanten" genannt werden, was auf das Verb „trawen" (traben) zurückgeht.

Man hat auch unsere *Trabanten* mit „traben" in Verbindung bringen wollen, aber auch diese Ableitung ist sehr unwahrscheinlich. Woher sie genau kommen, weiß man eigentlich nicht, aber mit Sicherheit sind sie zuerst in Böhmen aufgetaucht. Im frühen 15. Jahrhundert nannte man dort so die Fußsoldaten. Das Wort hat wohl einen alttschechischen Ursprung, als „drabant" wurden „Mitglieder einer persönlichen Wache für Adelige" bezeichnet, aber auch schon Fußsoldaten und kleine Kinder. Da haben wir unsere kleinen Nervensägen also schon. Vor dieser Zeit verliert sich das Wort im Dunkel der Sprachgeschichte. Ob persisches „derban" (Türhüter) oder polnisch/russisches „drab" (Knecht, Fußsoldat) in Frage kommen, ist noch ungeklärt, interessanterweise diskutieren Slawisten sogar eine dunkle deutsche Herkunft. Damit wären die *Trabanten* also eine doppelte Entlehnung.

Tatsache ist jedenfalls, dass sich die *Drabanten/Trabanten* rasend schnell in ganz Europa ausbreiteten. Im Zuge der Hussitenkriege waren sie als Fußsoldaten allgegenwärtig, sie wurden zum Synonym für böhmische Fußtruppen und schließlich für Böhmen schlechthin. Aber so schnell das Wort den gesamten deutschen Sprachraum eroberte, so schnell wurde es auch wieder verdrängt. Im Dreißigjährigen Krieg kamen die Landsknechte auf, und das Wort „Trabanten" entschwand in die sprachlichen Nischen, in denen es bis in unsere Tage überlebt hat. Heute sind sie nur noch Satelliten, ob kosmischer oder menschlicher Natur.

Kluge 922; Pfeiffer 3/1821; RhWb VIII/1263; Tonnar/Evers S. 203; Trübner 7/76

Tütenüggel

Tütenüggel ist im zentralrheinischen Raum ein Schimpfwort für einen Dummkopf, Tolpatsch oder eine irgendwie ungeschickte Person. Neuerdings ist das Bedeutungsspektrum erweitert um einen Typus, den es in vergangenen Zeiten noch nicht gegeben hat: das Weichei oder den Frauenversteher. Daran kann man erkennen: Der *Tütenüggel* ist auf jeden Fall ein Mann. Es ist nicht immer ein böses Schimpfwort, sondern kann auch nur leicht abwertend und sogar ein wenig liebevoll gemeint sein. Es soll ja auch Frauen geben, die Weicheier mögen.

Das in der Mundart beheimatete Wort scheint sich in der Umgangssprache über seinen eigentlichen Geltungsbereich hinaus auszubreiten. Selbst im Ruhrgebiet gibt es schon seit langer Zeit einen gleichlautenden Fußballklub, und in Internetforen ist der Gebrauch beileibe nicht mehr auf das Rheinland beschränkt, auch wenn der *Tütenüggel* oft auf Unverständnis stößt.

Die Herleitung des Wortes ist nicht ganz einfach. Die relativ neue Nebenbedeutung „Weichei" provoziert gleichsam eine Entstehungslegende, die man prompt auch in vielen Erklärungsversuchen wiederfindet. Danach ist der *Tütenüggel* ein Mann, der sich nicht von seiner Mutter lösen konnte, psychisch ein Säugling geblieben ist und immer noch an der Mutterbrust nuckelt. Unterstützt wird diese Theorie durch das Grundwort

Nüggel, das in Köln einen Schnuller und eine Saugflasche bezeichnet. Ein *Nüggelsche* ist hier das Kosewort für ein moppeliges Kleinkind.

Gegen diese Theorie spricht jedoch, dass diese Bedeutungsvariante eindeutig jüngeren Datums ist. Ursprünglich ist der *Tütenüggel* nur ein Dummkopf und Tolpatsch. Außerdem müsste das Bestimmungswort in diesem Zusammenhang die „Titte" sein. Die ist aber in den rheinischen Mundarten gar nicht verankert, hier herrschen die verschiedenen Varianten der *Mämme*, darüber hinaus wäre die Lautung *Tüte* auch sehr ungewöhnlich. Ein „Brustnuckler" ist der *Tütenüggel* bestimmt nicht.

Was ist er dann? Wahrscheinlich ist die Heimat aller *Tütenüggel* der Hunsrück und die Eifel. Hier kennt man das Verb *totern* für „unverständliche Laute sprechen, plappern, einfältig schwatzen, inhaltslose Gespräche führen" und „träge, müde gehen, langsam arbeiten" und entsprechend den *Toternickel* als Bezeichnung für einen „dummen, ungeschickten Menschen, Tölpel". *Nickel* ist die bekannte rheinische Variante des Vornamens „Nikolaus", die oft im übertragenen Sinn Verwendung findet. Die Bedeutungen von *Tütenüggel* und *Toternickel* sind also exakt deckungsgleich. Die Wahrscheinlichkeit ist groß, dass das kölsche Schimpfwort die zentralrheinische Variante einer Eifeler Erscheinung ist. Da die Bewohner der Eifel in Köln schon immer als einfältige Hinterwäldler galten, wäre dieser sprachliche Import nur logisch.

RhWb VIII/1260; Wrede 2/240; www.arl.lvr.de/internet/app/olwb/Artikel.php?Artikel=Tütenüggel

usselig

oder *uselig*, je nachdem, ob das s weich oder stimmlos gesprochen wird, ist ein im Rheinland äußerst beliebtes und oft zu hörendes Wort. Es wird hier sogar als besonders typisch „rheinisch" angesehen.

Uselig, seltener auch *oselig* oder *üselisch*, ist gemeinhin mit dem Wetter verbunden: *Bah, dat is aber heute so richtich uselich draußen, da bleib se besser hintern Ofen*! sagt man, wenn es draußen ausgesprochen unfreundlich, regnerisch und kühl in einem ist. Bei *useligem* Wetter geht man im Rheinland freiwillig *nich vor de Tür*.

Uselich kann aber auch „klein, zurückgeblieben, kränkelnd" bedeuten: *Wat hasde denn da von useligen Weihnachtsbaum angeschleppt. Dat eine Kätzchen aus dem Wurf is aber en bisken uselich, ob dat durchkommt?* Und schließlich kann *es einem auch usselig* sein, dann fühlt man sich nicht wohl, ist aber noch nicht so richtig krank *Mir isset ein bisschen usselig, ich glaub, ich geh heut abend nich mit inne Kneipe.*

Ein wichtiges Wort der rheinischen Umgangssprache also, für das es eigentlich keine exakte Entsprechung im Standarddeutschen gibt. Deshalb kann man ihm sogar in Internetforen begegnen, wo es allerdings bei vielen Nutzern regelmäßig auf Unverständnis stößt. Dort wird es meist mit *asselig* gleichgesetzt, was nicht ganz falsch ist. *Asselig* meint „schmutzig, ungepflegt, prollig", eine Bedeutung, die *usselig* im mundartlichen Kontext auch hat, die aber in der Umgangssprache heute im Rheinland kaum mehr zu finden ist, anders als beispielsweise im Münsterland. *Asselig* könnte deshalb eine münsterländische Mundartvariante (dort heißt es *oaselig*) oder eine modernere Hybridform sein, die aus der Kombination von *usselig* und *assig/asig* (verkommen) und/oder Assel (Kellerassel) entstanden ist.

Wenn ein Wort auf Unverständnis stößt, wird über seine Herkunft spekuliert und wie so häufig auch hier das Jüdisch-Deutsche bemüht. Nach dieser Herleitung geht *uselig* auf das Verb *uzen* zurück, das auch im Rheinland gebräuchlich ist und „jemanden foppen, ärgern" bedeutet. Dieses *uzen* wiederum sei aus jiddischem „uze" abgeleitet, das in etwa das gleiche meint. Ein „*Ussiliger* ist also jemand, dem man nicht so ganz trauen kann, ein schlechter, hässlicher Mensch."

Diese Erklärung ist gleich in zweifacher Weise falsch. *Uselig* hat nichts mit *uzen* und *uzen* wohl auch mit dem Jiddischen nichts zu tun. Da man auch im Rheinland jemanden *uzen* kann (*Die Blagen sind den Kleinen schon widder am uzen*), sei hier ein kurzer Exkurs erlaubt: *Geuzt* wird beileibe nicht nur im Rheinland, sondern nahezu im gesamten deutschen Sprachraum. Dort heißt es meistens *utzen*, also im Gegensatz zum Rheinischen kurz gesprochen. Deshalb wird das Wort in der Regel auch auf Utz zurückgeführt, eine weit verbreitete Abkürzung des Vornamens

Ulrich, die aber auch für „einfältiger Mensch, Dummkopf, Trunkenbold" steht. Wenn man also jemanden *uzt* oder *utzt*, macht
man ihn zum Utz in – vermeintlicher – Analogie zu Hans und
hänseln. Diese Etymologie ist jedoch noch nicht ganz gesichert.
Eine Alternative ist die Ableitung aus polnisch „uciecha" (Belustigung), von dort soll *uzen/utzen* über das Jiddische in die deutsche Umgangssprache gelangt sein. Damit wäre das Jüdisch-
Deutsche doch wieder im Spiel. Diese Erklärung muss man aber
eher als „Minderheitenvotum" ansehen.

Zurück zu *uselig* und damit wieder zum Jiddischen. Im
Wörterbuch zur Münsteraner Geheimsprache Masematte kann
man nämlich folgende Einträge lesen: **ösel** (Subst., Mask.):
dreckiger Mensch, schmuddeliger Mensch. Herkunft: ōzel (jüd.-dt.),
ozel (rotw.) = Faulpelz, und **öselich** (Adj.): *dreckig, schmutzig.*
Herkunft: ōzel (jüd.-dt.), ozel (rotw.) = Faulpelz. Ist damit also
doch das Jüdisch-Deutsche bei der Etymologie von *usselig* im
Rennen? Das setzt voraus, dass *öselich* und *usselig/üsselig* verschiedene Lautformen ein und desselben Wortes sind – und das
ist nicht sicher. Die Ö-Variante kommt nur im Ruhrgebiet und im
Münsterländischen und nur in der Bedeutung „schmutzig,
verkommen" vor. *Öselig* und *usselig* könnten demnach tatsächlich
eine unterschiedliche Wortgeschichte haben, obwohl beide in der
Mundart, anders als in der Umgangssprache, dasselbe meinen.

Wie auch immer, auch wenn *öselig* tatsächlich eine jüdisch-
deutsche Geschichte haben sollte, was sehr zweifelhaft bleibt,
uselig hat sie sicher nicht. Es handelt sich hier vielmehr um ein
altes Mundartwort mit einer großen Wortfamilie. Das dazugehörige Verb lautet *useln* oder *oseln*. Wenn ein Strauch im Garten *vor
sich hin oselt*, dann kränkelt er und wird wohl nichts Gescheites
mehr. Wenn man entsprechend den *Usel/Osel* hat oder leidet,
dann ist man kränklich oder sonst nicht ganz glücklich: *Die
müssen ganz schön den Usel leiden* (Elend, Not) *Hasse den Osel?*
(Krankheit). Am Niederrhein und im Ruhrgebiet kennt man den
Osel oder *Usel* auch als neutrale Bezeichnung für ein kleines Kind
oder den Jüngsten in einer Familie: *Pass auf, dat der Osel nich aufe
Straße rennt* oder *Dat is der Usel ausse Familie.*

Woher kommt dieses vielseitige Wort nun tatsächlich?
Wahrscheinlich ist es wirklich alt. Im Althochdeutschen als „usil-
var" belegt, war es im Mittelhochdeutschen als „üsele, üsel,

221

usele" und im Mittelniederdeutschen als „osele" verbreitet. Die Bedeutung war „aschfarben" und „glühende Asche, Aschenstäubchen". Man findet es so noch in alemannischen Mundarten. Unser *uselig* wäre damit als „aschfahl" zu interpretieren, also die Farbe, die ein Gesicht annimmt, wenn der entsprechende Mensch sich eben *uselig* fühlt.

Fuß XXV; Grimm 24/2615-2620; Küpper 870; Piirainen/Ellling 119 u. 964; RhWb IX/82; Werner 404; Wolf 4000 u. 6012; Wrede 3/189; www.wiki.muenster.org/index.php/TackoPediaO; www.ruhrgebietssprache.de; www.wer-weiss-was.de/theme197/article920282.html

veräppeln

Veräppeln kann ich mich selber! oder *Willse mich etwa veräppeln?* sagt und hört man ganz oft im Alltag, ohne dass man sich groß Gedanken macht, wieso die armen Äpfel herhalten müssen, wenn man jemanden zum Narren hält. In der Pfalz kann *veräppeln* auch „jemanden verraten" oder „jemanden verprügeln" bedeuten; aber das nur nebenbei.

Wieso also *veräppeln* und, vor allem, wieso die mundartliche Variante? Der Gegensatz von Appel/Apfel ist für die deutschen Dialekte übrigens so bedeutsam, dass die Wissenschaft daraus eine berühmte Sprachgrenze gemacht hat, die appel-apfel und pund-pfund-Linie. Der Unterschied markiert hier das Aufeinanderstoßen der oberdeutschen Mundarten im Süden und der mitteldeutschen im Norden. Die Linie zieht sich quer durch den deutschen Sprachraum. Kein Alemanne, Bayer oder Franke würde jemals *Appel* oder *Kopp* (Kopf) sagen. Ob ein Bayer allerdings weiß, dass er wie die Preußen denkt, wenn er sich *veräppelt* fühlt? Aber auch das nur nebenbei.

Wieso also? Meist wird auf diese Frage mit dem Hinweis auf die früher in Theatern übliche Sitte, schlechte Leistungen mit einem Hagel von faulen Äpfeln zu reagieren, geantwortet. Vor allem den Berliner Theaterbesuchern wird hier eine besondere Leistungsbereitschaft attestiert. Hier sollen sogar *Pferdeäppel* zum Einsatz gekommen sein. Ein wenig stört bei dieser Herleitung jedoch, dass das Wort mit dieser Bedeutung in den Mundarten schon viel länger verbreitet und deshalb der Theaterhintergrund nicht so wahrscheinlich ist. Dies mag ein Grund dafür sein, dass auch hier das Rotwelsche zur Erklärung bemüht worden ist. Danach geht *veräppeln* auf das Jüdisch-Deutsche „ewil" (Narr, Tor) zurück und hat mit den mundartlichen *Äppeln* rein gar nichts zu tun. Diese Ableitung erscheint etwas phantastisch, bleibt aber so lange in der Konkurrenz, bis sie durch eine bessere ersetzt werden kann.

Duden 9/4179; Kluge 950; Küpper 872; Mengel 46; PfzWb 2/1123; Pfeifer3/1889; RhWb I/220; Wolf 121

verfranzen

Wenn man sich *verfranzt* hat, ist einiges durcheinander. Man kann sich verfahren haben und rettungslos in einem Gewirr von Einbahnstraßen gefangen oder in einer völligen Einöde gelandet sein. Man kann sich aber auch in einem Gedankengang *verfranzen* und nicht mehr wissen, was man eigentlich sagen wollte. Besonders peinlich ist das, wenn man gerade ein Rede hält oder ein Interview gibt. Man hat den Eindruck, dass sich besonders Politiker sehr oft *verfranzen* und deshalb besser gleich gar nichts Konkretes sagen. Der berühmteste *Verfranzer* auf diesem Feld ist der Bayer Edmund Stoiber, dessen Irrwege auf dem Weg zum Münchener Flughafen legendär geworden sind.

Im Rheinland ist völlig klar, wer für das *Verfranzen* verantwortlich ist. Es können nur die „Franzmänner" gewesen sein. Die sind nämlich während der napoleonischen Besatzungszeit orientierungslos durch das Rheinland gelaufen und haben vergeblich versucht, die Straßen- und Ortsschilder zu entziffern. Da sie des Deutschen nicht mächtig oder gar Analphabeten waren, haben sie sich heillos „verfranzt", während die besetzten Rheinländer dabei hämisch grinsend hinter ihren Gardinen zugesehen haben. Seitdem erinnern hier orientierungslose Menschen immer an unsere französischen Nachbarn.

So schön diese Geschichte vom passiven Widerstand der Rheinländer ist, so phantastisch ist sie auch. Die Vorstellung eines mit Straßen- und Ortsschildern vollgestellten Rheinlands um 1800 geht völlig an der historischen Realität vorbei, und außerdem waren es gerade die französischen Besatzer, die hier für Ordnung und erstmals genaue Karten gesorgt haben. Das berühmte Kölner Duftwasser 4711 ist durch den Ordnungssinn der französischen Verwaltung bekanntlich erst zu seinem Namen gekommen.

Es waren also nicht die Franzosen, die sich massenhaft *verfranzt* haben. Das Wort geht auch nicht auf irgendetwas Ausgefranstes zurück, wie schon mal zu lesen ist, obwohl man sich in den zunehmend in die Landschaft ausfransenden Städten durchaus verlaufen kann. Dagegen spricht die Lautung, die nie ein stimmhaftes S, sondern immer die Affrikate Tz erkennen lässt. Außerdem ist das Wort augenscheinlich sehr jung, es ist in der Umgangssprache erst seit dem Ersten Weltkrieg nachgewiesen. Damit wird eine Erklärung wahrscheinlich, die auf den ersten Blick recht ungewöhnlich erscheint. Das Wort entstammt danach der Fliegersprache: „Ursprünglich bedeutete es ‚sich verfliegen'. Im Ersten Weltkrieg nannte man nämlich den (ohne technisches Gerät navigierenden) Beobachter eines deutschen Flugzeugs ‚Franz', den Piloten ‚Emil'. Wenn nun Franz einen falschen Kurs angab und Emil sich verflog, so hatte sich das Flugzeug verfranzt." Dieses im Internet aufgelesene Zitat wird in den großen deutschen Wörterbüchern tatsächlich bestätigt, wenn auch mit einem einschränkenden „vielleicht". Solange also kein älterer Beleg auftaucht, ist diese Geschichte die „offizielle" Etymologie von *verfranzen*.

Duden 9/4209; Kluge 952; www.arl.lvr.de/internet/app/olwb/ Artikel.php?Artikel=verfransen

verkimmeln

ist nicht gleich *verkimmeln*: *Den Grand hasde aber satt verkimmelt* (beim Skat verlieren). *Der kann aber ordentlich wat verkimmeln* (viel essen). *Der hat dat ganze Zeuch bei E-Bay verkimmelt* (verkaufen). *Der hat sein ganzes Elternhaus verkimmelt* (verjuxen, verschwenden) sind die vier Bedeutungen, die das Wort haben

kann. Und, wie es scheint, handelt es sich hier gar nicht um ein-
und dasselbe Wort.

Besonders viel verkimmeln kann man eigentlich nur im Rheinland. Nirgendwo sonst kennt man diese Bedeutungsvariante.
Das gilt wohl auch für die oder den *Kimme, Kimm* oder – in
Düsseldorf-Benrath – *Kimmel,* die in den rheinischen Mundarten
für eine dicke Schnitte Brot oder ein besonders großes Butterbrot
stehen. Es leuchtet ein, dass diejenigen, die davon besonders viel
verdrücken können, *ordentlich wat verkimmeln können.* Damit
dürfte diese Variante erklärt sein.

Kann man aber Haus und Hof *verkimmeln*? Zwar ist vorstell-
bar, das jemand sein ganzes Vermögen in Sternetempeln ver-
frisst, solche Esssucht ist aber kaum belegt. Anders steht es mit
der Trunksucht. Auf diese Fährte bringt uns eine weit verbreitete
Lautvariante, die neben *verkimmeln* oft zu hören ist: *verkümmeln.*
Sowohl in den pfälzischen als auch den rheinischen Mundarten
ist *sich bekümmeln/bekimmeln* als „sich betrinken" und *verküm-
meln/verkimmeln* als „vertrinken, verjubeln, verschwenden" flächendeckend belegt. Dass derjenige, der sich oft betrinkt, sein
Hab und Gut vertrinkt, leuchtet ein. Pate für diese Variante des
Verbs stand natürlich der Kümmelschnaps, der neben dem Korn
einmal eine sehr übliche Spirituose gewesen ist und in Teilen des
Rheinlands auch *Kimmel* heißt. Allerdings soll hier nicht unerwähnt bleiben, dass zu dieser Bedeutung noch eine weitere
Erklärung möglich ist. Die bezieht sich auf das früher weit verbreitete Glücksspiel *Kümmelblättchen,* das mit drei Karten gespielt
wurde und dem modernen Hütchenspiel gleicht, bei dem in den
Fußgängerzonen der Städte gutgläubige Passanten abgezogen
werden. Es ist bekannt, dass man bei diesem Spiel nur *verkimmeln* kann. Diese Erklärungsvariante ist nicht von der Hand zu
weisen, aber weniger wahrscheinlich als die Verwandtschaft mit
dem Kümmelschnaps.

Damit wären zwei weitere Bedeutungen (vom Verjuxen
zum Verlieren ist es nicht weit) geklärt. Es bleibt die Variante,
die im deutschen Sprachraum die weiteste Verbreitung gefunden hat. Etwas *verkimmeln* oder *verkümmeln,* also verkaufen,
kann man sowohl in Österreich, Frankfurt oder Hamburg. Oft
ist damit aber kein sauberes, sondern ein eher anrüchiges
Geschäft gemeint, in dem man jemandem etwas Minderwerti-

ges andreht oder sogar Hehlerware losschlägt. Damit ist auch hier die Fährte in die Wortgeschichte gefunden. Wie immer, wenn es um krumme Touren in der Sprache geht, wird das Rotwelsche verantwortlich gemacht, so auch in diesem Fall. In der alten Gaunersprache bedeutet *verkimmern* oder *verkümmeln* tatsächlich „etwas (Gestohlenes) verkaufen". Abgeleitet ist dieses Verb wiederum aus dem jüdisch-deutschen *kinjen* „kaufen".

Damit wäre auch der letzte Fall geklärt und gleichzeitig ein wunderschönes Beispiel für sogenannte Homonymie gefunden: die gleiche Lautung und Aussprache bei verschiedener Bedeutung und unterschiedlicher Herkunft in gleich drei Fällen. Ein Wort, das eigentlich drei Wörter ist.

Frankfurter Wb 3372; Küpper 880; PfälzWb II/1205; Post 208; RhWb IV/468 u. 1718; Werner 409; Wolf 2616

verschütt

Wenn etwas oder jemand *verschütt gegangen* ist, dann ist er, sie oder es verschwunden: *Der neue Regenschirm is auch schon wieder verschütt gegangen. Der is beim Zug durch die Gemeinde gestern Abend verschütt gegangen und nich wieder aufgetaucht.* Die drastischere Variante ist heute nicht mehr so häufig zu hören: *Die sind im Krieg verschütt gegangen* (gestorben).

Nach einer oft zu hörenden und auf den ersten Blick naheliegenden Ansicht stammt das Wort aus der Bergmannssprache. Die „verschütteten" Bergleute der großen Bergwerkskatastrophen in den sechziger und siebziger Jahren des letzten Jahrhunderts sind noch im öffentlichen Bewusstsein präsent. Doch auch wenn man *verschütt* im rheinischen Wörterbuch unter schütten „gießen" findet, hat es wohl nicht die Bedeutung „verschüttet". Es ist damit auch nicht in den rheinischen Mundarten verankert, sondern ein Import aus der überregionalen Umgangssprache. Wo die es allerdings herhat, ist eine interessante Frage. Unbestritten ist, dass *verschütt* auf das niederdeutsche Wort *schutten/schütten* zurückgeht, das „einsperren, pfänden" bedeutet. Der *Schutter* war früher ein Feldhüter, der entlaufenes Vieh einfing und in einem Pfandstall so lange einsperrte, bis es von den Besitzern ausgelöst wurde. Die Viecher waren *verschütt gegangen*.

Das Wort hätte aber wahrscheinlich nicht den Weg in die Umgangssprache gefunden, wenn es nicht ein wichtiges Wort der Gaunersprache geworden wäre. Im Rotwelschen ist daraus nämlich der *Verschütt* geworden, eines der vielen gaunersprachlichen Wörter für die „Haft"; *verschütt gehen* eben die Ganoven, die sich haben erwischen lassen. Und da die Eingesperrten damit erst mal für eine Weile verschwunden sind, erklärt sich unser alltagssprachlicher Gebrauch. Wieder einmal war hier offensichtlich das Rotwelsche der Umweg, über den ein Wort in die Umgangssprache gelangt ist. (Der öfter zu lesende Verweis auf das tschechische „chudy" für „arm" ist in diesem Zusammenhang wohl überflüssig).

Čircić 149; Duden 9/4274; Kluge 956; RhWb VII/1961; Werner 412; Wolf 6090

versifft

Auch wenn das Wort nichts dafür kann – es selbst und nicht nur das Bezeichnete erscheint irgendwie unappetitlich. Unter einem *versifften Klo* oder gar einem *versifften Typen* mag man sich erst recht lieber nichts Konkretes vorstellen. Wenn etwas *versifft* ist, dann ist es schmutzig, verdreckt und irgendwie eklig. Das Wort kann heute aber auch im übertragenen Sinne gebraucht werden, eine Situation, ein Geschäft oder auch eine Prüfung kann *versifft* sein; dann ist sie irgendwie mies oder schlecht, auf jeden Fall aber negativ zu bewerten. Die Hauptbedeutung bleibt aber „verschmutzt": *Dat war dat versiffteste Hotel, wo ich je gepennt habe. In sonne versiffte Bude könnt ich nich leben.*

Die schönste Herleitung des Wortes findet man im Internet. Danach geht *versifft* auf den „Siffon" (oder „Siffong", wie man im Rheinland sagt) zurück, den allseits bekannten Abfluss, aus dem es auch schon mal streng riechen kann. Leider führt diese Geschichte, so phantasievoll sie auch ist, ins etymologische Abseits. Der Siphon, wie er richtiger Weise geschrieben werden muss, ist ein griechisches Lehnwort, das über das Französische ins Deutsche gelangt ist. Es bedeutet ursprünglich „Wasserröhre" oder „Saugheber" und hat mit unserem *versifft* nichts zu tun.

Folgt man den großen deutschen Wörterbüchern, dann geht das Wort auf die einst gefürchtete Geschlechtskrankheit Syphilis zurück. Diese Erklärung bietet sich geradezu an, kennt die Umgangssprache doch auch die Ableitung *Siff* in Wendungen wie *Der hat Siff am Hals* oder *Dem klebt der Siff anne Hacken*. Damit ist dann allerdings meist gar keine Krankheit gemeint, sondern eher „Pech" oder „Schicksal". Die Bedeutung „Geschlechtskrankheit" ist eher selten zu finden: *Ich hab mir den Siff geholt*.

Deshalb ist es gar nicht so eindeutig, dass unser *versifft* oder *Siff* tatsächlich auf die Syphilis zurückzuführen ist, denn letzteres kann auch einfach nur Dreck oder Schmutz bedeuten. Wendungen wie *Wat is dat denn hier von Siff inne Ecke* oder *In dem Siff kann ich et keine Minute aushalten* korrespondieren eindeutig mit dem Adjektiv *versifft*, ein *Siffkopp* ist ein rheinischer *Schmierlapp*. Daneben gibt es noch andere Ableitungen. Außer *versifft* kann etwas auch *siffig* sein, dann ist es ebenfalls verschmutzt oder auch irgendwie eklig feucht. Wenn etwas *sifft*, dann tropft es oder scheidet eine klebrige Flüssigkeit aus. *Die Wunde is am siffen* sagt man, wenn eine Verletzung nässt: *Der Verband is schon wieder durchgesifft*. Und schließlich kennt man im Rheinland das Verb *siffen* als „regnen" und „fieseln": *Draußen is et schon wieder am siffen* ist ein oft zu hörender Satz.

Damit sind wir bei einer Wortfamilie, die im Rheinischen und im Niederdeutschen weit verbreitet ist. *Siffen, siepen, sippeln, seifen* oder im Niederländischen *sijpeln* bedeutet in allen diesen Mundarten „tröpfeln", „sickern", „regnen" oder „nässen", die vielen Ableitungen haben alle mit den Ergebnissen dieser Erscheinungen zu tun. Immer geht es dabei um Dreck, Schleim, Matsch, Eiter oder Tränen. Hier ist also die Verbindung mit dem Bedeutungsinhalt „Schmutz" bereits gegeben, ein Bedeutungsübergang von „von der Syphilis befallen" zu „schmutzig" muss also gar nicht erst stattfinden. Außerdem erklärt diese Ableitung auch das sonst überraschende Geschlecht von *Siff*. Man sagt schließlich *Ich habe den Siff am Hals* und nicht „die Siff", wie es bei einer Abstammung von „Syphilis" doch eigentlich lauten müsste.

Das Wort *siepen* oder *siffen* wird im Übrigen auch für den Namen des Siebengebirges verantwortlich gemacht. Ein *Seifen* oder *Siepen* ist im südlichen Rheinland eine „abschüssige Schlucht zwischen zwei Berghängen, die sich langsam verbreitert". Danach hat das bekannte kleine Gebirge, das das Ende des Mittelrheins bildet, nichts mit der – sagenhaften – Zahl sieben zu tun. Allerdings ist dies Herleitung, die in der Ortsnamenforschung lange Zeit unbestritten war, heute wieder in Zweifel gestellt. Hier ist das letzte Wort noch nicht gesprochen.

Duden 9/4279; Honnen KKK 189; Kluge 857; Küpper 887; RhWb VIII/46; Wrede 3/94; www.ciao.de/Ruhrpott_Dialekt_Test_2648733

Über die Wupper gehen

Der is doch schon längs über de Wupper gegangen oder kürzer *Is die auch schon über de Wupper* heißt es nicht nur im Rheinland, wenn man ausdrücken will, dass jemand gestorben ist. Auch Dinge können über die Wupper gehen, dann sind sie kaputt und unbrauchbar oder haben ihren Geist ganz aufgegeben: *Mein neuer Computer is gestern über die Wupper gegangen.*

Warum geht man über die Wupper, wenn man stirbt? Die gängigste und sicher im Prinzip auch richtige Herleitung erklärt den Satz als Analogiebildung zum bekannten Spruch *Über den Jordan gehen*. Diese Wendung bezieht sich auf den wundersamen Übergang der Israeliten über den berühmten Fluss in Palästina. Dass diese eigentlich glückliche Fügung Aufhänger einer düsteren Redewendung wurde, liegt an der pietistischen Interpretation der Flussquerung als Eintritt in das Himmelreich und somit als Symbol des Sterbens (Pietisten werden in der abendländischen Geschichte immer für solche Sachen verantwortlich gemacht). Es liegt auf der Hand, dass es die deutschen Sprecher und Sprecherinnen reizen musste, eine solche Redewendung in geographisch bekannteren Gefilden zu verorten. Neben der Wupper kam so auch ein kleines, eher unscheinbares Mittelgebirge zu besonderen Ehren, von dem man sonst wohl nie gehört hätte: der Deister. *Über den Deister gehen* bedeutet demnach dasselbe wie über die Wupper gehen, nämlich „sterben, kaputt gehen, verschwinden". *Der Monitor ist übern Deister gegangen. Auf einmal war der Bildschirm schwarz. 100.000 Arbeitsplätze sollen dabei über den Deister gehen* sind zufällige Fundstücke aus dem Internet. Der Deister ist ein kleiner Höhenzug in der Nähe von Hannover.

Doch auch wenn man die These der Analogiebildungen akzeptiert, bleibt die Frage, wieso gerade ein eher unbedeutender Hügel und ein nicht eben beeindruckender Fluss Pate für die landschaftlichen Varianten der Redewendung wurden. Die Alpen oder der Rhein und die Donau hätten sicher näher gelegen. Zu vermuten ist also, dass beide Redewendungen an örtliche Traditionen anknüpfen. So ist auffällig, dass die Mundartsprecher im Bergischen Land wie auch im gesamten Rheinland diese Redewendung gar nicht kannten, obwohl die Jordan-Variante auch in den Dialekten allgemein verbreitet war. Wenn bei ihnen einer *üver der Wopper es*, dann hatte er sich schlicht und einfach aus dem Staub gemacht und war verschwunden – vom Sterben keine Spur. Es gab also einen ähnlichen Spruch, jedoch mit einer anderen Verwendung. Diese erklären sich die Wuppertaler übrigens so: Im 18. Jahrhundert war die Wupper Grenzfluss zwischen dem rheinischen Herzogtum Berg und der preußischen Grafschaft Mark. Dort ließ der Soldatenkönig Friedrich Wilhelm I. nach seiner Krönung 1713 massenweise junge Männer für das Militär ausheben. Seine Nachfolger hielten während der Schlesischen Kriege diese Praxis bei, sodass junge Männer haufenweise von der märkischen Wupperseite auf die bergische flohen, wo ihnen keine Rekrutierung drohte.

Auch für die später hinzugekommene Bedeutungsvariante „pleitegehen", die ursprünglich auch nicht mit der Jordan-Version verknüpft war, haben die Wuppertaler eine wunderschöne Erklärung, in der sicherlich auch etwas antikapitalistische Schadenfreude mitschwingt, was man in der Heimatstadt von Friedrich Engels ja auch erwarten kann: Das rechte Wupperufer ist die Sonnenseite der Stadt, während das linke Ufer auf Grund der Tallage länger im Schatten bleibt. Folglich wohnten und lebten die Schönen und Reichen, früher waren das die Unternehmer, auf den attraktiven Höhen der rechten Wupperseite, während ihre armen Arbeiter, die für sie schuften mussten, am dunklen linken Ufer lebten. Wenn ein Fabrikant allerdings einmal pleiteging, musste er sein Anwesen auf der Sonnenseite verkaufen und unter reger Anteilnahme des einfachen Volkes *über die Wupper* auf die andere, billigere Seite *gehen.* Eine ähnliche, etwas prosaischere Erklärung, die offensichtlich die „offizielle" Stadtführungsversion ist, geht so: Die Geschäftsleute *gingen früher über die Wupper,* wenn sie beim Amtsgericht auf der vom Fluss umspülten Gerichtsinsel die Insolvenz beantragen mussten.

Mit dem Hinweis auf das Gericht sind wir endlich auch bei der dunklen Seite der Geschichte angelangt. Es verwundert nicht, dass einer Redewendung, die vom Sterben handelt, düstere Ursprungslegenden zugeschrieben werden, man vergleiche nur die Artikel zu *Schmitz Backes* und dem *Krausen Baum.* Weit zurück in die Geschichte Wuppertals reicht die Herleitung von Zitzen: Vor dreihundert Jahren war Barmen bereits ein Zentrum der Textilproduktion. Die Garnbleicher legten ihre Garne zu dieser Zeit wochenlang auf den Bleichen entlang der Wupper aus. Dies lockte vermehrt Garndiebe an, die man mit hohen Strafen abzuschrecken suchte. Schließlich sah man sich gezwungen, sogar Todesstrafen auszusprechen. Zu diesem Zweck und zur Abschreckung wurde deshalb auf dem Hatzfeld ein Galgen aufgerichtet, zu dem die Delinquenten über die Wupper gebracht worden sein sollen.

Auch wenn diese Theorie sehr unwahrscheinlich ist, da die Redewendung mit dieser Bedeutung bekanntlich in Mundartdokumentationen bis in die 1950er Jahre nicht auftaucht, ist sie doch so etwas wie die Blaupause für eine Reihe von ähnlichen Erklärungsversuchen. So soll es in Wuppertal ein Gefängnis gegeben haben, dessen Todestrakt (hier haben wohl schon amerikanische Filme die Phantasie beflügelt) auf der anderen (!) Seite der Wupper lag. Wurde ein Verurteilter zur Hinrichtung geführt, musste er zuerst *über die Wupper gehen.* Da bislang ein solches Gefängnis mit einer bergischen Seufzerbrücke nicht nachgewiesen werden konnte, wurde auch die jüngere Geschichte bemüht. Danach ist das NS-Konzentrationslager Kemna, das direkt an der Wupper lag, für den morbiden Touch der Redewendung verantwortlich. Schließlich wurde, als neutrale Variante, ein Friedhof angeführt, der wiederum auf der anderen(!) Seite des Flusses gelegen haben soll und zu dem man auf dem letzten Gang über die Wupper gebracht wurde.

Allen Erklärungsversuchen ist gemeinsam, dass sie zwar mögliche Motive für die Redewendung beschreiben, aber eindeutig als nachträgliche Rechtfertigungen einer beliebten Redewendung entlarvt werden können. Allein schon, dass historische Begebenheiten für jeweils unterschiedliche Bedeutungsvarianten angeführt werden, macht die Herleitungen unwahrscheinlich. Festzuhalten bleibt, dass die bekannte Redewendung *über den Jordan gehen* an die bereits bestehende Redewendung *öve de Wopper* angedockt und so heimisch wurde.

Ach ja, der Deister. Er passt sehr schön ins Bild. Über ihn zu gehen war in früheren Zeiten deshalb gefährlich, weil er Schauplatz einer germanischen Kultstätte war, an der den Göttern Menschenopfer dargebracht wurden.

Buchrucker 177; Duden 10/4566; Halbach 853; Köllmann 141; Leithaeuser 173; RhWb III/1198, IX/652; Picard 298; Röhrich 2/786; Westdeutsche Zeitung v. 2.8.2005; Zitzen 1/247; www.tetti.de/WUPPER/

die Zimtzicke

„Warum schreibt der Boschmann eigentlich Zymzicke?" lautete vor einigen Jahren eine Anfrage an das Amt für rheinische Landekunde. Wer da mit „der Boschmann" gemeint war, muss man eigentlich nur Rheinländern erklären, die nicht im Ruhrgebiet wohnen. Werner Boschmann ist der mittlerweile legendäre Autor des ersten Ruhrgebietswörterbuchs „1000 Worte Bottropisch", das der Lehrer gemeinsam mit einer Schulklasse 1982 in einem Projekt erarbeitet hatte (und das heute immer noch als „Wörterbuch der Ruhrgebietssprache" erhältlich ist). Es war die erste Dokumentation, die sich unvoreingenommen dem Ruhrdeutschen widmete und damit den Blick auf eine Sprachvariante lenkte, die bis dahin eher als schlechtes oder falsches Deutsch diffamiert worden war. Heute wimmelt es im Internet von Wortsammlungen, die sich meist sehr liebevoll dieses Regiolekts annehmen.

Warum der „Boschmann" damals allerdings *Zymzicke* schrieb und damit eine Tradition begründete – so liest man im Internetlexikon „Ruhrgebietssprache" noch heute *Zymtzicke* –, kann nur bedeuten, dass seinen Schülern, Schülerinnen und ihm das Wort *Zimtzicke* in jenen Tagen unbekannt war, das man heute aber in vielen umgangssprachlichen Wörterbüchern zwischen Rhein und Spree findet. Die *Zimtzicke* ist danach eine schnippische, ewig unzufriedene und nörgelnde Frau, die einem fürchterlich auf den Zeiger gehen kann, eine Superzicke eben: *Die Zimtzicke von nebenan labert heut widder nur Stuss mit Senf. Die alte Zimtzicke von Lehrerin hab ich echt gefressen. Du alte Zimtzicke, lass mich in Ruh!* Allerdings wird das Schimpfwort heute von Frauen auch ganz offensiv als Spitzname oder auch als Codename im Internet benutzt und sogar auf T-Shirts gedruckt. *Zicken* oder *zickige* Frauen bringen damit zum Ausdruck, dass sie sich männlichen Kategorien nicht mehr unterwerfen wollen und bewusst unangepasst sind. Über *Zickenkriege* wird sogar in den Medien berichtet.

Dass Frauen *zicken* – ob Männer *zicken* können, ist umstritten – oder *Zicken machen*, ist so neu nicht, denn schon das Rheinische Wörterbuch kennt das Wort mit der Bedeutung „necken, aufstacheln, reizen, zanken". Allerdings waren sich die Autoren zu der Zeit noch nicht sicher, ob beide Wörter zur Wortfamilie *Zicke* gehören. Heute besteht wohl kein Zweifel mehr, dass *zickig*, *Zicken machen*, *rumzicken* usw. Ableitungen der armen *Zicke* sind, wie die Ziege nicht nur in den rheinischen Mundarten genannt wird (mit konkurrierenden Nebenformen wie *Hippe* oder *Jeis*). Wie die Kuh muss auch die Ziege traditionell als Schimpfwort für Frauen herhalten. Mehr Probleme bereitet da schon das Bestimmungswort Zimt, denn wieso ein Gewürz aus einer *Zicke* eine besonders *zickige Zicke* machen soll, leuchtet nicht so recht ein. Die gängigen Erklärungsversuche (Röhrich, Duden) verweisen in diesem Zusammenhang auf eine Nebenbedeutung des Wortes Zimt, die in der modernen Umgangssprache allerdings kaum bekannt ist. Danach bedeutet Zimt „wertloses Zeug, Kram, Krempel, Unsinn" (*Werf doch den alten Zimt hier endlich weg! Rede doch nich sonen Zimt!*). Laut Grimm ist diese Variante vor 1880 in Berliner Literatenkreisen aufgekommen. Ob hierbei, wie behauptet, das rotwelsche *Zimt* Pate gestanden hat, das in bestimmten Kreisen „Geld, Schmuck, Ware" bedeutet und auf jüdisch-deutsches „simon" (Zeichen) zurückgehen soll, ist allerdings mehr als fraglich.

Aber vielleicht ist die *Zimtzicke* ja auch nur ein Missverständnis und „der Boschmann" hat seinerzeit mit seinen Schülern genau hingehört, als er *Zymzicke* für seine Sammlung notierte. Er hätte wohl auch *Zymp-* oder *Zimpzicke* schreiben können und damit den eigentlichen Sinn dieses Schimpfwortes viel besser getroffen. Viele Mundarten, vor allem die rheinischen, kennen eine umfangreiche Wortfamilie, die in der Standardsprache in dem Adjektiv „zimperlich" ihre Entsprechung hat. Im Rheinland kennt man beispielsweise *Zimp* (heruntergezogene Mundwinkel), *Zimpe/Zimpel* (weinerliche, quengelnde Person), *zimpeln* (weinen) und *zimpen*, was soviel wie „nörgeln, unzufrieden sein" bedeutet. Und hier findet man auch die Ableitungen *Zimpbuckse, Zimploch, Zimpmaul, Zimpnase* usw., die alle dasselbe wie unsere *Zimtzicke* bedeuten. Auch wenn die *Zimpzicke* im Rheinischen Wörterbuch nicht explizit erwähnt wird, so ist ihre Entstehung in diesem Zusammenhang sicher wahrscheinlicher als die Ableitung von Zimt. Lautlich sind beide Varianten nicht weit auseinander, und dass in der Alltagssprache irgendwann die eigentliche Bedeutung flöten gehen kann und ein völlig neuer Zusammenhang konstruiert wird, dafür liefert ja auch dieses Wörterbuch genügend Beispiele. Das nennt man dann Volksetymologie.

Boschmann 1982/110; Duden 10/ 4636;Grimm 31/1370; Küpper 946; RhWb IX/766; Röhrich 3/1773; Trübner 8/406; Wolf 6363

Literatur

Ackermann, Herbert: Grefrather Mundartwörterbuch, 3 Bde. Krefeld 2003.

Altenkirch, Gunter: Wörter, die verloren gehen: „Bies". In „Die Hott" (Hunsrücker Hefte zur Geschichte und Gegenwart) 19/2001, S. 27.

Assenmacher, Jean: Retzefäje on Schüerendresche. Mundartliche Ausdrücke und Redewendungen hochdeutsch erklärt. Königswinter 1988.

Augst, Gerhard: Dialektwörterbuch der Verbandsgemeinde Altenkirchen. Hrsg: Arbeitskreis für Heimatgeschichte und Brauchtumspflege. Siegen 2003.

Bächtold-Stäubli, Hanns/Hoffmann-Krayer, Eduard (Hrsg): Handwörterbuch des deutschen Aberglaubens. 10 Bde. Berlin/Leipzig 1927 bis 1942.

Bäcker, Thomas: Enne grote Krentekacker. In: An Niers und Kendel 9/1983, S. 30–31

Bäcker, Thomas: „Ambacht" und Ambition. In: An Niers und Kendel 14/1985, S. 22–23.

Bäcker, Thomas: Van „benaud" än „fummele". Einige Gedanken zur Umgangssprache. In: An Niers und Kendel 24, 1991, S. 28–29.

Becker, Anne Katrin: „Ruhrdeutsch". Die Sprache des Ruhrgebietes in einer umfassenden Analyse. Diss. (online) Freiburg i.Br. 2003.

Boschmann, Werner: Lexikon der Alltagssprache des Ruhrgebietes. 1000 Worte Bottropisch. Essen 1982.

Braubach, Max: Beiträge zur Geschichte der Stadt Köln im 18. Jahrhundert. In: Jahrbuch des Kölnischen Geschichtsvereins 12. Köln 1930, S. 99–117.

Braun, Hans-Gert: Wenn die Wörter wandern. Eine unterhaltsame Geschichte von Begriffen und ihr Weg ins Deutsche. Stuttgart/Leipzig 2003.

Braun, Susanne: Das Gefängnis als staatliche Bauaufgabe dargestellt am Beispiel der Kölner Strafanstalt „Der Klingelpütz" (1834–1838 und 1843–1845). Köln 2003.

Breidenbach, Wolfgang: Der Wahner Krausbaum. In: Rechtsrheinisches Köln, Jahrbuch für Geschichte und Landeskunde 6/1980, S. 167–182.

Brockhaus Wahrig. Deutsches Wörterbuch in sechs Bänden. Hrsg. von Gerhard Wahrig/Hildegard Krämer/Harald Zimmermann. Stuttgart 1980.

Buchrucker, Bruno (Hrsg.): Wörterbuch der Elberfelder Mundart nebst Abriß der Formenlehre und Sprachproben. Elberfeld 1910, Nachdruck Wiesbaden 1967.

Caspers, Peter: Op Kölsch. Das Wörterbuch Kölsch–Hochdeutsch, Hochdeutsch–Kölsch. Köln 2006.

Čirčić, Jasmina: Rotwelsch in der deutschen Gegenwartsprache. Diss. Darmstadt 2006 (ubm.opus.hbz-nrw.de/volltexte/2008/1589/pdf/diss.pdf).

Cornelissen, Georg: Das Faible für Fisimatenten. Die Rheinländer und ihre ‚franzosenzeitlichen' Lehnwörter. In: Kerstin Theis/Jürgen Wilhelm (Hrsg.): Frankreich am Rhein. Die Spuren der Franzosen im Westen Deutschlands. Köln 2008 (im Druck).

Cornelissen, Georg: Fassong, Filu, Pavei, Plafong. Über die Franzosenzeit und die französischen Lehnwörter in den rheinischen Mundarten. In: Volkskultur an Rhein und Maas 1/89, S. 31–37.

Cornelissen, Georg: Fisimatenten. Zu einer rheinischen Wortsage. In: Volkskultur an Rhein und Maas 1/96, S. 20–23.

Cornelissen, Georg: Meine Oma spricht noch Platt. Dialektverlust zwischen Emmerich und Eifel, zwischen Aachen und Bergischem Land. Köln 2008.

Cramm, Tilo/Huske, Joachim: Bergmannssprache im Ruhrrevier. Auswahl und Erläuterung einiger, vornehmlich älterer Ausdrücke der Bergmannssprache im Steinkohlenbergbau an der Ruhr. Werne 2002.

Crompvoets, Herman: fisternölles en fispernölles. In: Volkskultur an Rhein und Maas 2/1989, S. 31/32.

Deutsches Wörterbuch von Jacob und Wilhelm Grimm, 33 Bände. Nachdruck München 1984.

Deutsches Wörterbuch von Jacob und Wilhelm Grimm. Neubearbeitung. Hrsg. v. der Akademie der Wissenschaften der DDR in Zusammenarbeit mit der Akademie der Wissenschaften zu Göttingen.

Dick, Heinz/Koch, Theo: Ooßeköpp op d'r Schäl Sick. Spitznamen, Deutungen, Anekdötchen. Odenthal 1990.

Dietmar, Carl: Kölner Mythen. Wie die Kölner sich ihre Wahrheit(en) basteln. Köln 2005

Dittmaier, Heinrich: Rheinische Flurnamen. Unter Mitarbeit von P. Melchers auf Grund des von A. Bach begründeten Flurnamenarchivs. Bonn 1963.

Dittmaier, Heinrich: Zum Wortschatz der rheinischen Umgangssprache. In: Rheinisch-Westfälische Zeitschrift für Volkskunde Bd. IV. Bonn/Münster 1957, S. 79–108.

Duden. Das große Wörterbuch der deutschen Sprache in zehn Bänden. Hrsg. vom Wissenschaftlichen Rat der Dudenredaktion. 3. Aufl. Mannheim/Leipzig/Wien/Zürich 1999.

Duden. Fremdwörterbuch. 7., neu bearbeitete und erweiterte Auflage. Mannheim/Leipzig/Wien/Zürich 2001.

Duden. Herkunftswörterbuch. Etymologie der deutschen Sprache. Die Geschichte der deutschen Wörter bis zur Gegenwart. 3., völlig neu bearbeitete und erweiterte Auflage. Mannheim/Leipzig/Wien/Zürich 2001.

Eichhoff, Jürgen: Wortatlas der deutschen Umgangssprachen, Bde. 1–6. Bern und München 1977–2000.

Fellsches, Josef/Küster, Rainer: Bochumer Wortschätzchen. 6. Aufl. Leck 2003.

Fellsches, Josef/Gronemann, Peter: Dortmunder Wortschätzchen. 4. Aufl. Leck 2005.

Fellsches, Josef: Duisburger Wortschätzchen. 3. Aufl. Leck 1999.

Frankfurter Wörterbuch. Aufgrund des von Johann Oppel (1815–1894) und Hans Ludwig Rauh (1892–1945) gesammelten Materials herausgegeben in Verbindung mit der Frankfurter Historischen Kommission von Wolfgang Brückner. 18 Lieferungen. Frankfurt a. M. 1971–1985.

Fuß, M.: Zur Etymologie nordrheinfränkischer Provincialismen. In: Programm der Rheinischen Ritter-Akademie zu Bedburg 1873–1880.

Greive, Arthur: Französisches Kölsch. Kölsches Französisch. In: Universität im Rathaus. Veranstaltungen im akademischen Jahr 1992/93. Köln 1993, S. 69–84.

Gutknecht, Christoph: Pustekuchen! Lauter kulinarische Wortgeschichten. München 2002.

Hackland, Erich: Et kruse Bömken, in: Zeitschrift des Vereins für rheinische und westfälische Volkskunde 1/1904.

Halbach, Gustav Hermann: Bergischer Sprachschatz. Volkskundliches plattdeutsches Remscheider Wörterbuch. Remscheid 1951.

Harndt, Ewald: Französisch im Berliner Jargon. Berlin 1998.

Henrich, Karl-Heinz: Ruhrdeutsch, die Sprache des Reviers. Bielefeld 2002.

Henrichs, Winfried: Einflüsse des Jiddischen auf den Mülheim-Kärlicher Dialekt. In: Heimat-Jahrbuch für den Landkreis Mayen-Koblenz 1991, S. 143–145.

Hermanns, Will: Aachener Sprachschatz. Wörterbuch der Aachener Mundart. Aachen 1970.

Hermann-Winter, Renate: Kleines plattdeutsches Wörterbuch für den mecklenburgisch-vorpommerschen Sprachraum, Rostock 1985.

Hilgers, Heribert A.: Von der Bedeutung des kölschen Klüngels. Gedanken über die Herkunft des Wortes und über seinen Inhalt. In: Alt-Köln, Mitteilungen des Heimatvereins Alt-Köln 89/1993, S. 20–22.

Hoff, Helmut: Nun haben wir Abraham gesehen. In: Das Monschauer Land, Jahrbuch 1979, S. 128–129.

Hönig, Fritz: Wörterbuch der Kölner Mundart. Hrsg. von seinen Freunden und Verehrern. Köln 1905.

Honnen, Peter: Geheimsprachen im Rheinland. Eine Dokumentation der Rotwelschdialekte in Bell, Breyell, Kofferen, Neroth, Speicher und Stotzheim. Köln 1998.

Honnen, Peter: „Grillage" oder „Grillasch"? Was ist eine Grillaschtorte, wo wird sie gegessen, woher stammt der Name. In: Volkskultur an Rhein und Maas 1–2/98, S. 57–61.

Honnen, Peter: Hitliste des mundartlichen Wortschatzes. In: Volkskultur an Rhein und Maas 1/95, S. 44–60.

Honnen, Peter: Kappes, Knies und Klüngel. Regionalwörterbuch des Rheinlands. 5. Aufl. Köln 2006.

Hörandner, Edith: Geschnitzte Formen für Lebkuchen, Spekulatius und Springerle. München 1982.

Houben, Alfons: Do beste platt. Düsseldorfer Mundartbrevier. Düsseldorf 1988.

Irsiegler F./Lassotta A.: Bettler und Gaukler, Dirnen und Henker. Randgruppen und Außenseiter in Köln 1300–1600. Köln 1984.

Jansen, Hein: Woher kommt das Wort Spekulatius. In: Öcher Platt, Zeitschrift für Aachener Mundart und Volkskunde, 37. Jg. 1955, S. 127–128.

Kanies, Helga: ,Saret ährlich'. Die Sprache im Ruhrgebiet, Bonn 1991.

Kesternich, Hermann Josef: Napoleons Spuren noch heute im Eifeler Platt? in: Kreis Euskirchen, Jahrbuch 2004, S. 122–129.

Klar, Hugo: Wer kennt die alten Wörter noch? Eine Plauderei über unsere Mundart in vergangener Zeit. In: Heimatkalender des Landkreises Birkenfeld 1974, S. 181–184.

Kliesen, Johannes Heinrich: Witzbold aus Kreuznaaf erfand 1877 den berühmten Kölschen Halven Hahn. In: Lohmarer Heimatblätter 15, 2001, S. 118–119

Kluge, Friedrich: Etymologisches Wörterbuch der deutschen Sprache / Kluge. Bearb. von Elmar Seebold, 24. Aufl. Berlin/New York 2002.

Kluge, Friedrich: Unser Deutsch. Einführung in die Muttersprache. Heidelberg 6. Aufl. 1958.

Köllmann, Wolfgang: Wirschafts- und Sozialgeschichte der Stadt Wuppertal von den Anfängen bis zum Ersten Weltkrieg. In: Heimatchronik der Stadt Wuppertal, Wuppertal-Elberfeld o.J., S. 134–302.

Konrads, Manfred: Eifeler Platt auf Schwedisch. Eine interessante Parallele neu betrachtet. In: Jahrbuch des Kreises Euskirchen 1978, S. 166–170.

Kraeber, Hannelore: Schängels Zeitreise durchs 20. Jahrhundert. Blickpunkte, Einblicke in ein Zeitalter. Koblenz 2005.

Kreiner, Karl: Das Neusser Alphabet. Hrsg. v. Förderkreis Wierstraet. Neuss 1978.

Kreischer, Georg: Platte Wört – gau verklört. Grafschafter Mundart aus Baerl und Umgebung. Mit dem Mundartkreis „Baalsche Kraien" zusammengetragen und verfasst. Hrsg. v. Mundartkreis „Baalsche Kraien". Baerl 1984.

Kremer, Ludger: Pinnaokel-Pinnörkel-Pinnorek. Ein lateinisch-niederländisches Lehnwort im Rheinland und in Westfalen. In: Niederdeutsches Wort 43/2003, S. 107–114.

Kromme, Erich: Eine germanische Kult- und Thingstätte an der Südgrenze Mülheim a. d. Ruhr. In: Mülheimer Jahrbuch 1956, S. 16–20.

Küpper, Heinz: Pons-Wörterbuch der deutschen Umgangssprache. Nachdruck der 1. Aufl. Stuttgart/Dresden 1993.

Legros, Waltraud: Was die Wörter erzählen. Eine kleine etymologische Fundgrube. 8.Aufl. München 2004.

Leithaeuser, Julius: Wörterbuch der Barmer Mundart nebst einem Abriß der Sprachlehre. Elberfeld 1929.

Lerch, Hans-Günter: Das Manische in Giessen – Reste einer Geheimsprache (Mitteilungen des Oberhessischen Geschichtsvereins Neue Folge Band 58). Giessen 1973.

Ludewig, Georg: Stadt-Hannoversches Wörterbuch. Bearb. und hrsg. von Dieter Stellmacher (Name und Wort 10). Neumünster 1987.

Mayer, Alois: Hals- und Beinbruch. Unsere Umgangssprache im Visier. In: Heimatjahrbuch Kreis Daun 1987, S. 278–279.

Menge, Heinz H.: Sprachgeschichte des Ruhrgebiets. In: Rheinisch-Westfälische Sprachgeschichte, hrsg. von Jürgen Macha, Elmar Neuss, Robert Peters (Niederdeutsche Studien 46). Köln/Weimar/Wien 2000, S. 337–347.

Mengel, Erich: Altgold, Talmi und Rotwelsch. Ein Gang durch unser mundartliches und umgangssprachliches Wörterbuch. Remscheid o.J.

Meisen, Karl: „Jo woll, Flötekies!" Die Entstehung und Bedeutung einer rheinischen Redensart. In: Rheinisch-Westfälische Zeitschrift für Volkskunde 1954, S. 169–177.

Meisen, Karl: Köln und die Kölner nach alten Zeugnissen und im Munde des Volkes. In: Rheinisches Jahrbuch für Volkskunde 15. und 16. Jg., S. 7–55.

Meisen, Karl: Rheinische Volksetymologie. Ein Beitrag zur rheinischen Wort- und Namenkunde und zum rheinischen Volkshumor. In: Rheinisch-Westfälische Zeitschrift für Volkskunde 1955, S. 201–237.

Metzger, Werner: Sankt Nikolaus. Zwischen Kult und Klamauk. Zur Entstehung, Entwicklung und Veränderung der Brauchformen um einen populären Heiligen. Ulm 1993.

Neft, Walther: Französische Elemente und Einflüsse in der Köln-Bonner Mundart. In: Jahrbuch des Rhein-Sieg-Kreises 1991, S. 59–62.

Öcher Platt. Zeitschrift für Aachener Mundart und Volskunde, 64. Jg. 1983.

Olschansky, Heike: Täuschende Wörter – Kleines Lexikon der Volksetymologien. Ditzingen 2004.

Orywal, Erwin: Kölner Stammbaum. Zeitreise durch 2000 Jahre Migrationsgeschichte. Köln 2007.

Pape, Wilhelm: Beitrag zur Pflege der Mundart. In: Lohmarer Heimatblätter 14, 2000, S. 44–45.

Pape, Wilhelm: Beitrag zur Pflege der Mundart. In: Lohmarer Heimatblätter 15, 2001, S. 116/117.

Paul, Hermann: Deutsches Wörterbuch. 9., vollständig neu bearbeitete Auflage von Helmut Henne und Georg Objartel unter Mitarbeit von Heidrun Kämper-Jensen. Tübingen 1992.

Pelman, Carl: Erinnerungen eines alten Irrenarztes. Bonn 1912.

Peters, Karl: Nokixeleien von A bis Z. Alphabetisch geordnet von Horst-Dieter Jansen. Beek 1987.

Pfälzisches Wörterbuch. Begründet von Ernst Christmann, fortgeführt von Julius Krämer und Rudolf Post. 6 Bände mit einem Nachtrag. Wiesbaden/Stuttgart 1965–1997.

Pfeifer, Wolfgang: Etymologisches Wörterbuch des Deutschen. Erarbeitet von einem Autorenkollektiv des Zentralinstituts für Sprachwissenschaft unter der Leitung von W. Pfeifer. 3 Bde. Berlin 1989.

Picard, Rudolf: Solinger Sprachschatz. Wörterbuch und sprachwissenschaftliche Beiträge zur Solinger Mundart. 2. Aufl. Duisburg 1981.

Pies – Piesen – Piesacken. Neue Gedichte, Erzählungen, Anekdoten, Stickelcher, Romane, Anmerkungen und Urkunden über eine sprichwörtliche Familie. Familienstiftung Pies-Archiv, Forschungszentrum Vorderhunsrück e.V., 1992.

Piirainen, Elisabeth/Elling, Wilhelm: Wörterbuch der westmünsterländischen Mundart. Hrsg. vom Heimatverein Vreden unter Mitarbeit zahlreicher Gewährsleute (Beiträge des Heimatvereins Vreden zur Landes- und Volkskunde Band 40). Vreden 1992.

Post, Rudolf: Lehn- und Reliktwörter im Rheinland. Köln 1985.

Post, Rudolf: Pfälzisch. Einführung in eine Sprachlandschaft, 2. Aufl. Landau/Pfalz 1992.

Rheinisches Wörterbuch: Im Auftrag der Preußischen Akademie der Wissenschaften […] hrsg. und bearb. von Josef Müller u. a. Bonn/Berlin 1928–1971.

Röhrich, Lutz: Das große Lexikon der sprichwörtlichen Redensarten. 3. Bde. Freiburg i. Br. 1991.

Rösen, J.: Das Wort „boks". In: Die Truhe. Verein für Heimat- und Brauchtumspflege Bürgerverein Mönchengladbach 14/1981, S. 15–16.

Rovenhagen, Johann Ludwig: Wörterbuch der Aachener Mundart. Aachen 1912.

Sass, Johannes: Kleines plattdeutsches Wörterbuch mit Regeln für die plattdeutsche Rechtschreibung. Neumünster 1990.

Schiller, Karl/Lübben, August: Mittelniederdeutsches Wörterbuch, 5 Bände. Reprint Liechtenstein 1982.

Schleef, Wilhelm: Dortmunder Wörterbuch. Köln/Graz 1967.

Schmitt, Eva-Maria: Über Vorlieben und Vorurteile rheinländischer Wörterbuchbearbeiter. Französische Lehnwortsammlungen im nördlichen Rheinland. In: Volkskultur an Rhein und Maas 1–2/1997, S. 38–44.

Schmitt, Josef: Der „Weiber-Donnerstag". Deutung eines alten Brauchtums. In: Jahrbuch für den Kreis Bernkastel-Wittlich 1983, S. 212–213.

Schmitz, Heinz: Der Krause Baum in Angermund. In: Jahrbuch des Angermunder Kulturkreises, Bd. 6 1984, S. 37–40.

Schneider, Marco: Kultur- und bildungsgeschichtliche Informationen in der Neubearbeitung des Deutschen Wörterbuchs, als pdf auf 150-grimm.bbaw.de/links/scheider.pdf.

Sedlaczek, Robert: Das österreichische Deutsch. Wie wir uns von unserem grossen Nachbarn unterscheiden. Ein illustriertes Handbuch. Wien 2004.

Siewert, Klaus: Olf, bes, kimmel, dollar, hei… Handwörterbuch der Münsterschen Masematte. Münster/New York 1993.

Sprick, Claus: Hömma. Sprache im Ruhrgebiet. Mit einem Nachwort von Klaus Birkenheuer. Straelen 1984.

Steinröx, Hans: Französische Fremdwörter in unserer Mundart. In: Das Monschauer Land. Jahrbuch 1978, S. 152–160.

Telling, Rudolf: Französisch im deutschen Wortschatz. Lehn- und Fremdwörter aus acht Jahrhunderten. Berlin 1987.

Tonnar, Aug./Evers. Wilh.: Wörterbuch der Eupener Sprache. Mit vergleichenden Worterklärungen von Wilh. Altenburg. Eupen 1899.

Trübners Deutsches Wörterbuch. Begründet von Alfred Götze. Hrsg. v. Walter Mitzka. 8 Bde. Berlin 1957.

van Veen, P.A.F./van der Sijs, Nicoline: Etymologisch woordenboek. De herkomst van onze woorden. Utrecht/Antwerpen 1997.

De Vries, Jan: Nederlands Etymologisch Woordenboek. Leiden 1971.

Wellmann, Karl-Heinz (Hg.): Haben Fische Durst? 111 Antworten auf Fragen, die Ihnen schon immer auf den Nägeln brannten. Marburg 2003.

Wentzke, Ernst: Der Krause Baum. Er gab einer Straße seinen Namen. In: Heimatjahrbuch Wittlaer 1981, S. 79–82.

Werner, Johannes: Lexikon des alten Krefelder Platt. Wörter, Wendungen, Redensarten, ihre Bedeutung und ihre Herkunft. Aus dem Nachlass herausgegeben und zu Ende geführt und bearbeitet von Paula Coerper-Berker. Krefeld 2004.

Weyden, Ernst von: Aus Köln's Vorzeit. Köln 1826.

Winschuh, Karl-Heinz: Von Häkmäk, Fisternölleken und bloke Poschen. In: Jahrbuch des Freundeskreis Lebendige Grafschaft e.V. 1994/95, S. 126–127.

Weijnen A.A.: Etymologisch dialectwoordenboek. Assen 1996.

Wilhelm, Jürgen (Hrsg.): Das große Köln Lexikon. Köln 2005.

Wolf, Siegmund A.: Deutsche Gaunersprache. Wörterbuch des Rotwelschen. Unv. Nachdruck der 2. Aufl. von 1985. Hamburg 1993.

Wrede, Adam: Eifeler Volkskunde. 3. Aufl. Reprint Frankfurt a. M. 1983.

Wrede, Adam: Neuer kölnischer Sprachschatz. Mit Anhang: Altkölnisch, Kölnisch-Ripuarisch, Suchhilfe. 3 Bde. 7. Aufl. Köln 1978.

Zimmers, Peter: Vom „Bäschje" bis zur „Zommel". Eine Sammlung mundartlicher Kose-, Scherz-, Spitz-, Spott- und Schimpfnamen. In: Jahrbuch des Kreises Euskirchen 1973, S. 87–96.

Zimmers, Peter: „Schmückende Beiwörter". Mundartliche Eigenschafts- und Umstandswörter aus der Eifeler Mundart. In: Jahrbuch des Kreises Euskirchen 1974, S. 83–91.

Zitzen, E.G.: Scholle und Strom. Rheinischer Agrargeschichtlicher Wortschatz. 2 Bde. Bonn 1950.

Register

Fett gedruckt sind alle selbständigen Stichwörter. Mager sind dagegen alle die Wörter gesetzt, die kein eigenes Stichwort haben, aber in den einzelnen Wortartikeln vorkommen und ebenfalls erläutert werden. Der Hinweis auf das entsprechende Stichwort ist durch → gekennzeichnet.

Ömmel → Eumel
ömmelich → Eumel
Ommer → Ömmes
Ömmes und ömmes
Onkel Bräsig → bräsig
Opek → Mottek
kurze Fuffzehn
Oschek → Mottek
Oschi → Mottek
Osel → usselig
öselig → usselig
Oskar, frech wie → Einleitung
Ötte → Ette
Padschonek → Mottek
Paddenzieher → Kröte
Pajuffen → Bajuffen
paletti
Panhas
Pannas → Panhas
Pannasathlet → Panhas
Pannaskopp → Panhas
Pannhütte → Koks
Paselacken
Pastek → Mottek
Patte → Kröten
Pempek → Mottek
Pennäler → klamüsern
Pesek → piesacken
Peserich → piesacken
Peserik → piesacken
petzen
pfetzen → petzen
Pfingstochse → aufdonnern
Pfister → Fisternöll
Pick → Hickepick
pick → picobello
picobello
piek → picobello
piekfein → picobello
piesacken
Pieserich → piesacken
Pillek → Mottek
Pimack → Pimmock
Pimmau → Pimmock
Pimmei → Pimmock
Pimmlakei → Pimmock

Pimmock
Pimpernellen
Pimpernölles → Pimpernellen
pinkeln → Pinnörkel
Pinn → Pinnörkel
Pinnökel → Pinnörkel
Pinnöpel → Pinnörkel
Pinnörkel
Pips
pitschen → petzen
Pitter
Pitterken → Pitter, Pittermänn-
chen
Pittermännchen
Pittermesser → Pittermännchen
Pizza → Plätzchen
Platz → Plätzchen
Plätzchen
Platzek → Mottek
Plottek → Mottek
plümerant → blümerant
Plüschprumm → Schottelplack
Polack → Paselacken
Polizeifinger
Pömpek → Mottek
Printenmännchen → Knöllchen
Proschek → Mottek
prossich → Mottek
Protoknülleschen → Knöllchen
Protowippchen → Knöllchen
pück → picobello
Pumpernickel
Pustekuchen → Einleitung
putekrämpig
Pütt → Drüje Pitter
Püttes → Panhas
Radongkuchen → Rodonkuchen
ramentern → Remmidemmi
Ratsch im Kappes
Rattekuk → Rodonkuchen
Ratze → ratzekahl
Ratzefummel → ratzekahl
ratzekahl
ratzen → ratzekahl
ratzeputz → ratzekahl
ratzfatz → ratzekahl